上图 / 大学毕业时的庄逢甘

下图 / 1957年，庄逢甘（后排左五）与国防部五院七室建室时的同志们合影

上图 / 1985年，庄逢甘（左）与国际著名流体力学教授李普曼（右）在西安

下图 / 1962年2月2日，国防部第五研究院科学技术委员会成立留影（前排右三为庄逢甘）

上图 / 1991 年，在钱学森家中（左起为 F.Marble，钱学森，庄逢甘，郑哲敏）
下图 / 1996 年，庄逢甘与任新民、梁思礼、黄纬禄、梁守槃在三亚合影

上图 / 1999年，庄逢甘（中）在酒泉卫星发射中心神舟一号发射场，与张庆伟（右二）、曾庆来（左一）、戚发轫（左二）、张宏显（右一）合影

下图 / 2005年5月12日，庄逢甘与航天英雄杨利伟合影

上图 / 2006年，庄逢甘（左二）在西班牙荣获国际宇航科学院工程科学奖时在颁奖仪式上讲话
下图 / 2009年6月23日，庄逢甘（右三）赴四川省北川县考察地震灾情

上图 / 庄逢甘在现场检查指导十一院基础研究工作
下图 / 庄逢甘（前）与他的学生们在办公室合影

上图 / 2008 年春节，庄逢甘等人看望钱学森（左起：郭永怀夫人李佩、郑哲敏夫人卢凤才、郑哲敏、钱学森、戴淑芬、蒋英、庄逢甘）

下图 / 1958 年，庄逢甘夫妇与儿子合影

上图 / 庄逢甘与夫人在家合影

下图 / 2009年，庄逢甘儿女回国探亲时与家人合影

庄逢甘院士传记

Academician Zhuang Fenggan's Biography

《中国航天院士传记丛书》总编委会 组织编写

谭邦治 著

中国宇航出版社

·北京·

图书在版编目(CIP)数据

庄逢甘院士传记 / 谭邦治著 ;《中国航天院士传记丛书》总编委会组织编写. -- 北京 : 中国宇航出版社, 2019.5

(中国航天院士传记丛书)

ISBN 978-7-5159-1635-4

Ⅰ. ①庄… Ⅱ. ①谭… Ⅲ. ①庄逢甘(1925－2010)—传记 Ⅳ. ①K826.16

中国版本图书馆 CIP 数据核字(2019)第 090412 号

责任编辑　黄　莘
责任校对　马　喆　　**装帧设计**　宇星文化

出版发行	中国宇航出版社		
社　址	北京市阜成路 8 号　**邮　编** 100830 (010)60286808　(010)68768548	**版　次**	2019 年 5 月第 1 版 2019 年 5 月第 1 次印刷
网　址	www.caphbook.com	**规　格**	787×960
经　销	新华书店	**开　本**	1/16
发行部	(010)60286888　(010)68371900 (010)60286887　(010)60286804(传真)	**印　张**	23.75　**彩　插** 8 面
		字　数	345 千字
零售店	读者服务部 (010)68371105	**书　号**	ISBN 978-7-5159-1635-4
		定　价	78.00 元
承　印	三河市君旺印务有限公司		

本书如有印装质量问题，可与发行部联系调换

《中国航天院士传记丛书》
总编委会名单

《庄逢甘院士传记》编审委员会名单

编审委员会

主　任　包为民

副主任　江　帆

委　员　陈学钏　周晓飞　贾　可　邓宁丰　霍明儒　王双军　白燕强

编审委员会办公室

主　任　周晓飞

成　员　张铁钧　杨利伟　戴品华　于　宁　刘　毅　李卫东　徐　睿　丁雅清　李念滨　苏大亮　黄　莘

序　一

Preface I

中国航天事业自1956年创建以来，已经走过50多年的发展历程。在党中央、国务院、中央军委的亲切关怀和英明领导下，中国航天人团结一心、顽强拼搏、勇于创新、无私奉献，不仅取得了以“两弹一星”、载人航天工程和月球探测工程为代表的辉煌成就，孕育形成了航天传统精神、“两弹一星”精神和载人航天精神，也造就了一支技术精湛、作风优良的航天人才队伍。

航天系统的中国科学院院士和中国工程院院士就是这支队伍的杰出代表。中国航天科技集团公司和中国航天科工集团公司先后有50多位科学家和航天工程专家当选为两院院士。其中，有7位院士获得过“两弹一星”功勋奖章，2位院士获得过国家最高科学技术奖。他们不仅是航天成就的主要创造者，也是航天精神的重要孕育者和忠实践行者。

中国航天事业是在新中国成立不久，工业实力、科技实力、综合国力都很薄弱，帝国主义严密封锁，苏联撕毁协定、撤走专家的情况下发展起来的。以航天院士为代表的中国航天人，自力更生，艰苦奋斗，奋发图强，顽强拼搏，在一穷二白的基础上，独立自主地创建起了中国的航天事业。

航天型号研制是复杂的系统工程，涉及很多领域，需要众人参与，必须大力协同、集智攻关才能完成。以航天院士为代表的中国航天人，在航天工程研制实践中，齐心协力，密切配合，实现了一次又一次技术突破，铸造了一项又一项辉煌成就。他们为祖国的航天事业作出了巨大贡献，却淡泊名利，不计得失，将个人利益置之度外。

航天事业属于尖端技术领域，难度大、风险高、技术复杂，在发展历程中碰到过很多难题，经历过各种坎坷，甚至遭受过重大失利。以航天院士为代表的中国航天人，在困难和失败面前不动摇、不退缩，树立百折不挠、锲而不舍、脚踏实地、严谨务实的工作作风，不断攻坚克难、勇攀高峰，取得了一个又一个胜利，树立了一座又一座丰碑。

今天，在由航天大国向航天强国迈进的征程中，航天院士的科学思想、创新意识、坚定信念和爱国情怀是全体航天人宝贵的精神财富。中国航天科技集团公司和中国航天科工集团公司决定出版《中国航天院士传记丛书》，不仅是为了宣传航天院士的科研成就，总结航天院士的成长规律，更是为了传承航天院士的宝贵精神，使之生生不息、薪火相传，为“续航天梦、筑强军梦、圆中国梦”的伟大实践提供精神动力和思想源泉。

2014 年 1 月

序　二

Preface Ⅱ

中国航天事业创建半个多世纪以来，培养和塑造了一大批功勋卓著、德高望重的中国科学院院士和中国工程院院士。他们具有坚定的理想信念和强烈的爱国情怀，理论功底深厚，技术水平高超，善于引领科学发展和技术创新，在中国航天事业发展的关键时期发挥了重要作用，为中国航天事业取得辉煌成就、孕育航天精神作出了突出贡献。

为了全面、系统地总结航天院士的成长规律，把航天院士的科学思想和创新方法记录下来、传承下去，为中国航天事业积累精神财富，为航天强国建设提供有益借鉴，中国航天科技集团公司和中国航天科工集团公司研究决定，组织编写一套《中国航天院士传记丛书》（以下简称《丛书》）。

党的十八大描绘了坚持中国特色社会主义道路、全面建成小康社会、实现中华民族伟大复兴的宏伟蓝图，同时也为加强国防和军队现代化建设、推进我国由航天大国向航天强国迈进指明了方向。在中国航天事业“续航天梦、筑强军梦、圆中国梦”的新形势下，出版这套《丛书》，具有重大的现实意义和深远的历史意义。

记载航天历史。航天院士是中国航天事业的宝贵财富，他们的成长历程反映了航天事业的发展轨迹。这套《丛书》不仅是航天院士个人的传记，也从不同侧面记载了中国航天从技术到管理、从思想到精神的真实历史。

弘扬航天文化。宣传航天院士，就是站在科学的高度，向社会各界全面宣传航天事业，弘扬航天文化，使其成为中华民族文化宝库的重要组成部分，增强中华民族的自信心、自豪感和凝聚力，提升国家的软实力。

传承航天精神。航天精神是包括航天院士在内的几代航天人，在中国航天事业发展历程中，不断积累、提炼、传承而逐渐形成的，是民族精神、时代精神与航天实践相结合的产物，是中国航天事业之魂。《丛书》全面反映了航天院士的学术成就、科学作风和思想品格，有助于航天精神薪火相传。

培育航天人才。中国航天事业已经完成了新老交替，一代航天新人正在茁壮成长。《丛书》是泽被后世的人才工程，对于培育航天人才、发展航天事业、铸造新的辉煌将产生积极的促进作用。

总之，《丛书》是一套具有航天特色的爱国主义教材，是不可多得的精神食粮。相信这套《丛书》的出版发行，必将吸引更多的年轻人热爱航天、投身航天、奉献航天，以饱满的热情和昂扬的斗志再攀高峰，使中国航天事业后继有人，蓬勃发展，续写辉煌。

2014 年 1 月

目录
Contents

引 子

空气动力学是研究空气的流动与物体之间相互作用的一门科学，在航空航天事业的发展中具有举足轻重的先行军作用。在空气动力学领域辛勤耕耘一辈子的庄逢甘院士曾形象地说：“有空气的地方就有空气动力学。”然而，空气是无色、无味、看不见的气体，所取得的绚丽辉煌的空气动力学研究成果也隐含于产品之中。因此，庄逢甘院士半开玩笑地说：“我们从事空气动力研究工作的人，始终是工作在‘看不见的战线’上。”

中国航天空气动力学事业是伴随导弹与航天事业的创建发展应运而生的。1956 年 10 月 8 日，我国成立了第一个导弹研究机构——国防部五院；11 月 23 日，国防部五院成立了 10 个研究室，这 10 个研究室的技术负责人分别是：任新民主任、庄逢甘副主任、屠守锷主任、梁守槃主任、李乃暨主任、梁思礼副主任、朱敬仁副主任、冯世璋副主任、朱正副主任、吴德雨副主任。庄逢甘被任命为七室（空气动力研究室）副主任，主持工作，这 10 位既为中国导弹与航天事业的技术元老，亦是最早的航天拓荒人。1957 年 11 月 21 日，国防部五院成立一分院和二分院，七室划归一分院，改称一分院三室，庄逢甘仍任副主任；1957 年 12 月，国防部五院成立第三研究室，庄逢甘任副主任；1959 年 4 月 24 日，第三研究室改组为空气动力研究所，庄逢甘任副所长；1961 年 9 月 1 日，国防部五院三分院成立，9 月 15 日，国务院总理周恩来任命庄逢甘为三分院副院长兼空气动力研究所所长，这个研究所的隶属关系虽几经变革，他始终担任副院长兼研究所所长；1970 年 5 月，成立了风洞建设指挥部，后更名为中国空气动力研究与发展中心；1978 年 12 月 25 日，庄逢甘被中央军委任命为中国空气动力研究与发展中心副主任（即国防科委29基地副司令）。他亲历了我国航天空气动力事业创建发展的全过程，并为之作出了不可或缺的卓著贡献。

庄逢甘在空气动力学事业中的学术、技术活动，亦是他学术思想的发展，经历了三个阶段。第一阶段，以湍流统计理论为代表的纯理论研究；第二阶段，运用系统工程理论，践行技术科学思想，竭力解决航天型号工程气动力和气动热问题；第三阶段，将航天型号需求与科学发展紧密结合，开展应用基础研究。在空气动力学中，他主要从事三个领域的研究，即湍流研究、气动力学防热研究以及计算空气动力学研究。他在三个不同阶段开展三个领域的研究工作中，自始至终注重理论计算、风洞试验和飞行试验三大技术手段的创建与应用，发挥了领导与开拓的作用。

庄逢甘不仅在航天空气动力学事业中付出了艰辛劳动和聪明智慧，他还十分关注整个航天事业，特别是航天型号工程的研制。1980年11月6日，他被任命为七机部总工程师；1983年，他调赴航天工业部科技委任常委，后升任副主任、常务副主任和中国航天科技集团公司科技委主任。他或领导或主持或参加了中国航天多项发展战略与规划的制订，航天型号工程重大预研项目和技改项目的立题评审，航天型号研制、飞行试验中重大故障的分析及审查等，为部党组、总公司党组、集团公司党组及领导起到了参谋和咨询作用。

撰写《庄逢甘院士传记》，就是要寻觅他的人生历程和科技生涯，全面而系统地记述他的业绩与贡献，彰显他热爱祖国、忠诚事业、奉献航天的家国情怀，颂扬他知识渊博、思维缜密、见解前瞻、创新进取的大师风范，弘扬他光明磊落、谦虚谨慎、团结共事的融合精神，追忆他甘为人梯、诲人不倦、举贤荐才的育人之道……

撰写出版这本传记，一是对科技巨匠庄逢甘的缅怀与悼念，愿他老人家含笑九泉，二是祈望并相信广大的航天工作者，一定能从他的业绩与贡献、思想与作风、品格与风范中受到启迪，沿着老一辈科学家所开辟的道路，勇往直前，步调一致地为中国航天的持续发展、为航天强国的早日建成、为中华民族的伟大复兴而拼搏奋斗！

庄逢甘

庄逢甘院士传记

Academician Zhuang Fenggan's Biography

第一章

殷实忠厚　读书为高

庄逢甘出生于江苏常州，父母言传身教，使其自幼养成了勤奋刻苦的品格，加上他聪颖睿智，具有强烈的求学愿望，几经辗转，成为上海南洋模范中学的模范学生，后考取国立交通大学。

人才的成长与环境条件，包括人文、地理、家庭环境，还有学校教育等都息息相关。庄逢甘出生地江苏省常州市，地处江苏省南部，位于长江三角洲中心地带，北临长江，南临太湖，与上海、南京东西等距相邻，山清水秀，历史悠久，源远流长。在中国的近代史上，江、浙、沪地区的经济、文化、科技、教育相对比较发达，尤其是“万般皆下品，唯有读书高”的氛围与风气甚浓。这些都为庄逢甘树立读书求知的理想产生了深远影响。

常州庄氏家族迄今已有400多年的历史，虽历经朝代变迁，但始终保持着忠厚为本、勤劳为荣的美德。庄逢甘的父亲庄德成，虽是庄氏这一代的独子，但靠勤奋节俭、艰辛劳作，开办了榨油厂，庄德成亲力亲为，苦心经营，精打细算，家境尚可。值得称颂的是，庄德成和夫人潘淑贞不仅用自己的忠厚、善良、勤劳、节俭为子女作表率，更对子女严格要求，尤其是要子女诚实做人、刻苦攻读，这些对庄逢甘兄妹六人养成勤奋努力、正直谦和的品格产生了积极的影响。

1. 江南毗陵 源远流长

1925 年 2 月 11 日，庄逢甘出生于江苏省常州城内西门早科坊池塘沿七号。常州古称毗陵，近现代以来，其经济、文化、科教等方面都比较发达，在人文科学和自然科学领域，涌现出了一批常州籍的精英才俊。截至 2012 年，常州籍的中国科学院院士和中国工程院院士就达 56 人之多，这其中包括中国科学院院士庄逢甘和其弟庄逢辰。

长江三角洲地区沿海临江，开发比较早，文化教育相对比较发达，“万般皆下品，唯有读书高”的信念，对所有的富豪、商贾和平民百姓都有深刻的影响，读书求知的气息浓郁。常州处于江苏省南部，庄氏家族源远流长、历史悠久、迄今已有 400 多年历史。庄逢甘是“西庄”（即常州郡城西门织机坊）第 8 世庄起元嫡系后裔，为第 20 世。庄逢甘的祖父是位中医，家庭经济情况尚可。天有不测风云，庄逢甘的祖父在他父亲三四岁时撒手人寰，丢下了孤儿寡母，家境也变得拮据。庄逢甘的祖母虽识字不多，但是位刚毅、坚强、自立的女性，一人带着独子打拼，与命运抗争。庄逢甘的父亲庄德成自幼很懂事，深知自己母亲的艰辛，读书十分用功，学习成绩优秀，并写一手好字。无奈受家庭经济情况限制，他只好到一家潘姓的溥利油坊做练习生，实际上是干些端茶倒水擦桌子扫地之类的杂役。好学上进的庄德成很想学习会计知识，但当时的陈规陋俗是“教会徒弟，饿死师傅”，没有人肯教，庄德成只好暗中观察，了解来往账目的记录方法，暗自学习会计知识。几年下来，他不仅出色地完成了练习生的工作，还基本掌握了会计工作的本领。刚好原来的会计出了问题，被老板开除了，庄德成是会计的不二人选，后来庄德成又任营业部主任。

庄逢甘的母亲潘淑贞是潘姓溥利油坊老板的女儿，潘家家境尚佳，潘淑贞的兄弟都就读名牌大学。潘淑贞也是乖巧聪慧，学习成绩优异，可由于其父潘老板重男轻女，潘淑贞只读了四年书，但她本人刻苦努力，好学上进，能熟读四书（《大学》《中庸》《论语》《孟子》）五经（《诗经》《尚书》《礼记》《易经》《春秋》），知书达理。潘老板慧眼识珠，对庄德成的人品才华了如指掌，认定他日后会事业有成，便通过媒人促成庄德成与潘淑贞喜结连理。尔后，庄德成与人合伙，开办了大丰油坊。天行健，君子以自强不息。由于庄德成竭尽全力，不辞劳苦，诚信至上，精细管理，油坊日渐红火，步入佳境，家庭经济情况开始向好。潘淑贞是一位贤妻良母，更是贤内助，起早贪黑，操劳家务，抚养和教育子女。

在紧张而劳累的油坊劳作和繁杂的家务中，潘淑贞尽心尽力地做好子女的教育与培养工作，通过言传身教传承庄氏家学。在学问研习上，她要求子女娴熟经典，博览群书，勇于实践，经世致用；在人品修身上，要求子女恪守礼教，修身齐家，奋勉自励，事业有成。潘淑贞更是子女们称职的第一任老师，她在家里购买了很多识字卡片，一有空闲就教子女们识字、写字；她还利用家中购买柴米油盐酱醋茶的机会，让子女们算账、做算术题，为入学学习打下基础。更重要的是让子女们养成爱学习的习惯，懂得知识就是力量的道理。

正是由于这种良好的地理、人文环境与氛围，父母严格的言传身教，再加上庄逢甘自身的聪颖睿智、刻苦钻研、求真务实、创新进取，为铸就这位学者、科学家的辉煌业绩与成功奠定了初步基础。

毗陵庄氏人才辈出，群星璀璨，庄逢甘是当代杰出者的代表。庄氏族人为了褒扬不同历史时期的庄氏佼佼者，传承庄氏家学，弘扬中华民族优秀的传统精神，评选出了三大杰出人物：清代的庄存与、民国时期的庄蕴宽、当代的庄逢甘，并在新的《毗陵庄氏族谱》中记述了这三位杰出者。

庄存与：第 12 世养恬公讳存与（1719 年—1788 年）。清代著名经学大师，常州今文经学派的开创者。字方耕，号养恬。乾隆十年进士。历任翰林院编修、侍讲学士、侍读学士、湖北与浙江乡试主考官，乾隆辛卯恩科会试副总裁，湖南和顺天及河南学政，内阁学士兼礼部侍郎等职。精通六经，尤长于《春秋》。提倡今文经学，发挥《公羊传》，宣扬《春秋》中的“微言大义”。所撰《春秋正辞》，是常州学派的第一部著作。所著各书，后人汇为《味经斋遗书》。其学术思想提倡改良，对清代改良主义前驱思想家龚自珍和魏源，乃至“康梁变法”均有深刻影响。

庄蕴宽：第 20 世思缄公讳蕴宽（1866 年—1932 年）。辛亥革命元老。字思缄，号抱闳居士。光绪辛卯副榜。郎中衔广西候补同知，署平南县知县，百色直隶厅，升泗城府知府，调补梧州府知府，升太平思顺道，擢浙江布政使。花翎二品顶戴，尝于黄埔创办陆军学堂。寻督办广西边防，筹设练督公所，训练新军，以文人知兵，佩印绶，建粤西武功，厥后桂西名将接踵，负天下盛名，其中佼佼者有蔡锷、李济深、李宗仁、白崇禧等人。同情革命，保护黄兴，国父中山先生引为同志。民国肇始，代理江苏都督。民国三年，任肃政厅都肃政使。袁世凯称帝，独立上书反对。民国五年，任审计院院长。后任故宫博物院图书馆馆长、《江苏通志》编委会总纂。对推翻封建王朝，建设民主政治，培养国家人才，保护故宫珍宝，作出了不可磨灭的巨大贡献。

庄逢甘：第 20 世逢甘公讳霖（1925 年—2010 年）。中国科学院院士，国际宇航科学院院士，空气动力学专家。毕业于上海南洋模范中学、国立交通大学航空工程系、美国加州理工学院。1950 年获美国加州理工学院航空与数学博士学位，同年回国参加建设。历任国防部五院三分院副院长兼空气动力研究所所长、七机部三院副院长兼空气动力研究所所长、七机部一院副院长兼空气动力研究所所长、中国空气动力研究与发展中心副主任、七机部和航天工业部总工程师、航天工业部科技委常委、航空航天工业部科技委副主任，中国航天工业总公司科技委常务副主任、中国航天科技集团公司科技委主任、中国航天科技集团公司和中国航天科工集团公司高级技术顾问等。曾任第八、九届全国政协常委，中国空气动力学会第一、

二、三届理事长，中国力学学会第五届理事长，中国航空学会第三、四届副理事长，中国科协第三、四、五届副主席，中国空气动力学会名誉理事长，中国宇航学会名誉理事长，世界科协副主席，《宇航学报》主编，《空气动力学学报》主编。对中国的航天航空事业倾注毕生心血，功勋卓著，永垂青史。

2. 辗转求学 勤奋刻苦

庄逢甘自幼在父母的教育与熏陶下，又受家乡浓郁读书氛围的影响，有极强的读书求知欲望。当时，新军阀蒋介石篡夺了领导权，窃取了北伐的胜利果实，实行独裁统治，半封建半殖民地的旧中国更加处于水深火热之中，民不聊生。庄家的榨油厂也是艰难地维持着。但不管多么艰难，他的父母始终把子女的读书问题放在首位。

1930 年春天，刚满 5 周岁的庄逢甘进入离家不远的常州市觅渡桥小学，开始了他的读书生涯。当他读完四年级上学期时，学校由春季招生改为秋季招生，他面临两个选择，或重读四年级上学期的课程，或跳过四年级下学期直接读五年级。由于庄逢甘的刻苦和聪颖，他利用暑假补习了四年级下学期的课程，直接跳读五年级。在读五年级时，他的学习成绩不但没有逊于重读五年级上学期课程的同学，还成了班上的拔尖者。

1935 年，庄逢甘用五年半的时间读完了小学六年的课程，考入常州县立初级中学。1937 年 7 月 7 日，日本侵略者悍然发动了卢沟桥事变；不久，南京沦陷，并发生了惨绝人寰的南京大屠杀，常州危在旦夕。耳闻目睹，在他的心灵深处埋下了仇恨日本侵略者的种子，他期盼祖国强大，不受列强欺辱。

为了躲避战乱，庄逢甘不得不于 1937 年 11 月辍学，在家自学。1938 年 9 月，时局稍缓，极度关心子女学习的庄德成将年仅 13 岁的庄逢甘送到上海读书。庄逢甘考入位于上海淮海中路的私立青年中学，继续完成他的初中学业。

庄逢甘 7 岁时留影

虽还是少年，但他已懂得父母辛苦挣钱供自己读书不容易，因此他自觉地严格自律，刻苦读书，成绩优异。

1939 年 7 月，庄逢甘以第一名的成绩考取了位于上海天平路法租界的名校私立南洋模范中学。这所中学创建于 1901 年，其前身是创建于 1896 年的南洋公学（上海交通大学的前身）的附属小学，是中国人自己创办的最早的新式学堂之一，具有优良的办学传统，注重人格教育，培养创造精神，形成“学业扎实、生活朴实、工作踏实、身体结实”的校风，“严慈、严明、严格、严谨”的教风，“求真、求实、求精、求新”的学风。按照校风的要求，努力将学生培养成“四个模范”式的优秀学生。南洋模范中学见长于理科教学，又十分重视人文学科的教学和学生品德的修养，注重动手技能的训练，务求德、智、体全面发展。通过近百年的实践积累，迄今已逐步形成了篮球、交响乐、科技、美育、国防教育和社团活动等方面的特长项目，成为上海市实验性、示范性高级中学。

天资聪颖、勤奋好学的庄逢甘，进入南洋模范中学后，更是如鱼得水。海阔凭鱼跃，天高任鸟飞。到高中二年级时，他的平均分数名列全班第一，到高中三年级时，跃升为全年级两个班的第一名。他不仅数理化成绩出众，其他各科也都很优秀，特别是外国地理和世界历史都是用英语教科书，老师讲课也是用英语，他觉得这是掌握英语、提高英语水平的极好机会，因此，他用心听讲，认真复习，不仅掌握了有关的知识，还提高和锻炼了英语的听、写、说能力。

不仅如此，庄逢甘还利用课余时间阅读世界名人的传记和民族英雄千古不朽的名篇，如《本杰明·富兰克林自传》(The Autobiography of Benjamin Franklin)，他很敬佩富兰克林，认为“富兰克林作为一名科学家，学术上很有成就；作为文学家，文笔很好，写得一手好文章。同时，还是一位出色的革命家，参加了华盛顿领导的革命”。富兰克林对庄逢甘产生了很大的影响，成了他心目中的偶像和榜样。特别是当时日本侵略者肆无忌惮地屠杀中国平民，倚仗空中优势，对我祖国的大好河山进行狂轰滥炸，庄逢甘义愤填膺，在他风华正茂、年轻的心灵中种下了仇恨日本侵略者的种子。他对历史上的民族英雄更加崇拜，如苏武汉节牧羊十九载，至须发尽白而不辱使命，忠贞不渝；文天祥充满民族气节的《过零丁洋》《正气歌》等名篇，他更是爱不释手，百读不厌。他的民族气节和爱国情怀与日俱增。1941 年 12 月 7 日，发生了日本偷袭美国珍珠港事件，宣告了太平洋战争的爆发。在中国，日本侵略者攻占了租界，打破了南洋模范中学的宁静，庄逢甘和他的同学们同仇敌忾，摩拳擦掌，恨不得立刻拿起刀枪，将日本侵略者赶回东洋去。

庄逢甘确实是模范中学里名副其实的模范学生，他不仅具有民族大义和家国情怀，学习成绩优异，而且尊敬师长，团结同学，乐于助人。在他诸多的老师中，他最为敬重的是数学老师赵型和化学老师王可田，这两位老师不仅教学经验丰富，而且非常注意教学方法，循循善诱，诲人不倦，不仅耐心地传授知识，还传授学习方法。正是有了这些传道、授业、解惑的园丁们的辛勤劳动，进一步提高了庄逢甘的学习兴趣与自觉性，这也正是他数理化成绩更突出的原因之一。

1942年6月，庄逢甘出色地完成了高中学业，带着既喜悦又留连的心情，即将步入新的征程。

3. 长兄表率　兄妹共进

庄逢甘兄弟姊妹六人。庄逢甘，字逢甘，名霖，在他出生时，已大学毕业、博学广识的大舅给他取了这个名字，意为久旱逢甘霖。大妹庄清，毕业于苏州医学院（现为苏州大学），一直从医；二弟庄逢辰，字逢辰，名熙，1949年7月考取浙江大学工学院机械工程系，1950年转入哈尔滨工业大学，毕业于哈尔滨工业大学动力机械系，1960年10月赴苏联莫斯科动力学院深造，1962年12月回国，一直从事液体火箭发动机的教学与研究工作，2001年当选为中国科学院院士；三弟庄逢康，字逢康，名安宁，毕业于北京医学院，后任同仁医院皮肤科教授，中国中西医结合学会皮肤性病专业委员会常委；四弟庄逢源，毕业于北京大学物理系，在北京大学任教多年，1980年赴美国加州大学圣地亚哥分校应用力学和工程科学系做访问学者，师从生物力学科学家，也是庄逢甘在加州理工学院留学时的同学冯元祯教授，后在北京航空航天大学从事空间生命科学研究，生物流体力学科学家，2009年当选为国际宇航科学院院士；小妹庄庭，毕业于上海复旦大学，后在上海生物化学制药厂从事质检工作。一家亲兄弟，有两人同获中国科学院院士之称，有两人同获国际宇航科学院院士荣誉，实为科技界的佳话。

兄弟姊妹成才之因，主要是祖国、人民和老师们培养教育的结果，当然与父母的言传身教、耳濡目染，与长辈及亲友的关心支持，特别是各自爱人的付出与支持等密切相关，更为主要的是自身的勤奋刻苦，功夫不负有心人。庄逢甘的五个妹妹、弟弟们的成长，更离不开长兄的表率作用和榜样的力量，离不开长兄在经济上的资助。四弟庄逢源在《庄逢甘院士纪念文集》中曾撰写《斯人已渺，风骨犹存》的悼念文章，其中动情地写道：“……大哥回国后经历了数次工作调动，在上海交通大学工作一年左右，就到北京中国科学院，后又调到哈尔滨军事工程学院，1956 年又从哈尔滨军事工程学院调至北京国防部五院。当时我已临近高中毕业，虽然没有跟大哥生活在一起，但是我的志愿和对职业的理想却受到大哥的诸多影响。在读中学期间，我懂得了好好学习，长大建设新中国的道理，我有志于物理学科，得到了大哥的鼓励。”庄逢源还十分感激地回忆：“当时父亲病退，每月工资只有 46 元，大哥主动承担了我和当时在北京医学院学习的三哥的生活费，每人每月 25 元，大哥同时也是我们全家的经济支柱。……我的大学时代恰逢三年经济困难时期，但有大哥的支

2006年，庄逢甘在西班牙与参加国际宇航联合会年会的四弟庄逢源合影

2010年，在中科院院士座谈会上，庄逢甘夫妇（左一、左二）与二弟庄逢辰及其夫人（右一、右二）合影

持和照顾，我没有怎么挨饿。”对其他妹妹、弟弟，庄逢甘也是从不同方面倾囊相助，鼎力给予关心、支持和帮助，在此不再细述。从庄逢源寥寥数语中，足可见庄逢甘在妹妹、弟弟们成长中的作用与贡献。

4. 深爱故乡　寄语后人

中国，是庄逢甘的祖国。1950年8月，他毅然放弃在美优裕的工作、学习和生活条件，回到刚刚诞生的社会主义祖国的怀抱。常州钟灵毓秀，是庄逢甘的故乡，是生他、养他、育他的故土。少小离乡，赴上海，奔重庆，又远渡重洋赴美深造的游子，却始终眷恋着故乡和家乡人，深藏着浓郁的家国情怀。

2000年，常州工学院在校区中心建立了常州籍院士语林，庄逢甘应邀为之题词。他斟酌再三，欣然提笔书写了“三人行必有我师”七个大字，言简意赅，彰显了他谦虚宽容、虚心好学的品格与风范，同时也表达了他对家乡学子寄予的厚望，勉励学子们谦虚好学。这也正是他几十年科技历程和50多年航天生涯的由衷体会，这些都反映了这位忠厚的科学家的本色与底蕴。

2002年11月,《常州日报》记者专程来京采访庄逢甘、庄逢辰、庄逢康、庄逢源四兄弟，四兄弟热情地接待了家乡的记者，庄逢甘饶有兴致地说了他的故乡情怀，说了他在家乡的童年生活和儿时的轶闻趣事。他还一再表示:“是常州的山山水水养育了我，我这搞国防工业的对家乡的直接贡献太少，实在是抱歉。”

2006年9月，江苏毗陵庄氏家族八修谱牒，族谱续修编委会会长庄元英亲自来京，为修谱事与庄逢甘四兄弟商榷，并期望获得支持。庄元英到京后，受到了庄逢甘四兄弟的热情接待，他们积极而认真地提供了有关的修谱资料，并解囊资助修谱工作，庄逢甘还盛情难却，接受了“毗陵庄氏族谱续修编纂委员会名誉会长”的邀请，挥毫书写了“木必有本，水必有源”的题词，并一再叮嘱:“修谱工作要注重弘扬中华民族的传统文化，要史实准确，要出精品。”全国人大原副委员长吴阶平为之题词“根本深厚，由来者远”。2008年8月，八修《毗陵庄氏族谱》付梓出版，新谱的出版引起了各方面的关注，《常州日报》《常州晚报》《扬子晚报》《南京晨报》《常州工学院学报》、常州电视台及互联网有关网站等，先后作了专门报道，对庄逢甘、庄逢辰当选中国科学院院士，庄逢甘、庄逢源当选国际宇航科学院院士，一门三兄弟四顶院士头衔之事，也做了报道，对家乡人是颇大的振奋。

新修的《毗陵庄氏族谱》已被国内外许多著名图书馆收藏，包括中国国家图书馆、上海图书馆、北京故宫博物院图书馆、上海社科院图书馆、北京大学图书馆、复旦大学图书馆、南开大学图书馆、南京大学图书馆、南京师范大学图书馆、美国普林斯顿大学图书馆、台湾大学图书馆、台湾汉学研究中心、香港中文大学图书馆等。

在新修的族谱中，如实地记载了庄逢甘的简历、生平、业绩与贡献等，还登载了他的照片，足可见家乡和族人对他的肯定与褒奖，这将永世传颂他的丰功伟绩。

2008 年 10 月 24 日，庄逢甘曾就读的江南名校——常州市觅渡桥小学举行院士墙落成典礼，10 月 25 日，还举行八修《毗陵庄氏族谱》颁谱仪式，盛情地邀请庄逢甘出席。但因年迈体弱实不能前往，他出于对故乡和族亲的深情，特委托四弟庄逢源（时年也已 69 岁）代表他们兄弟四人前去参加。

常州市觅渡桥小学已在 1999 年 5 月被江苏省教委批准为江苏省实验小学；2000 年被国家教育部批准为现代教育技术实验学校。在新落成的院士墙上，镌刻着“国家栋梁，科技精英”八个金光闪闪的大字和院士们的浮雕像。尤其引人注目的是外貌相似的中国科学院院士庄逢甘、庄逢辰和国际宇航科学院院士庄逢源三位的浮雕像，赫然屹立其上，不禁令人羡慕和敬佩，从中也映衬着六兄妹生活上相互帮助、照顾，学业上、事业上彼此砥砺，比翼齐飞，这在常州家乡也传为佳话。

自 2008 年 12 月觅渡桥小学院士墙落成典礼和新修庄氏族谱颁谱后，故乡人和庄氏族亲还翘首期盼，庄逢甘会有一日身体康复，衣锦还乡，一览故乡风貌，畅叙故乡的巨变。然而在 2010 年 11 月 8 日，庄逢甘院士溘然辞世，驾鹤西游，一颗璀璨的科技巨星陨落。噩耗传来，故乡人和族亲无比惋惜和悲恸。庄元英受委派专程来京吊唁，常州市委、市政府和觅渡桥小学都向庄逢甘敬献了花圈和挽联。庄氏家族敬献的挽联上写着：“追随钱学森，爱国终生，献身航天事业，不愧名门子弟；开拓动力学，始终如一，作出巨大贡献，确是人中豪杰。”这正是家乡人民对这位鞠躬尽瘁、终生为科学事业而奋斗的学者、师者、长者的赞赏与怀念。

庄逢甘

庄逢甘院士传记

Academician Zhuang Fenggan's Biography

第二章

交大攻读 赴美深造

充满家国情怀的热血青年庄逢甘，遵循着工业救国、航空救国这一在知识界得到广泛共识的道路，开始了他攻读交大航空工程系和赴美留学的艰辛求学历程，并学有所成。

1942年6月，风华正茂、学业优异的庄逢甘从上海私立南洋模范中学毕业，几经考量周折，起决定作用的还是他工业救国、航空救国的志向，他进入国立交通大学（重庆总校）航空工程系就读。在重庆交大学习期间，幸得曹鹤荪、马明德、季文美等恩师的谆谆教诲和指导关爱，恩师不仅给他传授了知识，而且传授了科学的研究方法。再加上庄逢甘自身的聪颖勤奋和扎实而优异的数学、物理基础，经过四年交大的苦读，使他筑牢了基础理论和专业理论的根基，并初步掌握了从事科技工作的思维与方法，这必将收到根深叶茂的功效。

第二次世界大战结束后，世界航空、火箭、导弹技术的发展中心已由德国转移到美国、苏联，当时欲寻求航空救国的中国青年学子，无疑会向往到大洋彼岸的美国去留学深造，庄逢甘也不例外。1946年8月，从由重庆返回上海的交大航空工程系应用空气动力学及航空发动机设计专业毕业后，他留校做了一个学期的助教，1947年便开始了赴美留学的征程。

1.远赴重庆 航空救国

1942年6月，品学兼优的庄逢甘从上海私立南洋模范中学高中毕业，他同时报考了国立交通大学和上海圣约翰大学，均被录取。

在择校上，庄逢甘确实经历了一番纠结。当时正处于战乱年代，1937 年 7 月 7 日，发生了卢沟桥事变，抗日的烽火燃遍祖国大地；8 月 13 日，日本侵略者大举进攻上海，爆发了“八一三”事变，随后日本侵略者攻占了上海租界，战火已波及迁至法租界的国立交通大学，安全受到威胁。而上海圣约翰大学是教会办的，相对比较安全，再加上他的二舅是圣约翰大学医科毕业的，极力劝说他到圣约翰大学读医科。纠结中，庄逢甘到圣约翰大学医科报到，读了一学期。但这位爱国热情高涨的青年学子，还是有他自己的考量：当医生虽能救民于病痛之中，但数量很有限；解决不了落后就要受欺辱、就要挨打的问题。他想的还是“工业救国”“航空救国”；另则是他不甘心，也不愿意在沦陷区当亡国奴，过寄人篱下的生活，他的心向往着已迁至重庆的国立交通大学。

1942 年 12 月，机遇来到了这位有准备的学子面前，刚好常州的同乡，后来称之为“七君子”之一的名人史良（新中国成立后曾任司法部部长），要将其母亲、姐姐从上海接至重庆，还有一位天津籍的人做保镖。庄逢甘和他的一位同学正好同史良母亲一行人一同前往重庆。

打点行囊，他开始了奔赴陪都重庆的漫漫征程。从北路经徐州、下洛阳、越西安、过宝鸡、翻秦岭，经蜀道入四川广元、绵阳，最终到达重庆。

一路上风餐露宿，颠沛流离，历经千辛万苦，虽在个别地方有史良的熟人关照，但还是历尽艰辛和磨难。他目睹了熙熙攘攘西撤和逃难的人群，拖家带口，扶老携幼，人们衣不蔽体，食不果腹，见了这些凄惨的景象感慨万千，更加痛恨日本侵略者，感受到中华民族正处于水深火热之中，他也切身体会到孟子的名言“天将降大任于斯人也，必先苦其心志，劳其筋骨，饿其体肤……”的深刻寓意，更加励志报效祖国，复兴中华。

庄逢甘一行到达河南洛阳时，年高体弱的史良母亲，由于颠簸劳顿，病倒了。他就帮着史良的姐姐一起照顾史良的母亲。当时在洛阳住了一个多月，钱粮都所剩无几，几乎要断顿了。他们只好用屋里的一个炉子，煮点小米粥打发日子。后来史良的弟弟从重庆来到洛阳接母亲，庄逢甘也从祖父辈的一个亲戚处借了些钱，他们才渡过难关，继续赶往重庆，终于来到了他朝思暮想的国立交通大学。

国立交通大学的前身是南洋公学，创办于1896年，历经沿革：1896—1904年为南洋公学；1905—1906年为商部高等实业学堂；1906—1911年为邮传部上海高等实业学堂；1911—1912年为南洋大学堂；1912—1921年为交通部上海工业专门学校；1921—1922年为交通大学上海学校；1922—1927年为交通部南洋大学；1927—1928年为交通部第一交通大学；1928—1942年为国立交通大学（上海本部），其间，1937年“八一三”事变后，国立交通大学被迫迁至法租界，尔后又历尽艰辛，内迁到重庆，成立国立交通大学（重庆总校），1942年太平洋战争爆发后，汪精卫伪政权接管了国立交通大学，规模随之扩大，日本投降后，1946年交大迁回上海；1949—1957年为交通大学；1957—1959年为交通大学上海部分，1959年至今为上海交通大学。庄逢甘入读时为国立交通大学（重庆总校），毕业时为国立交通大学，其校训为“精勤求学，敦笃励志，果毅力行，忠恕任事”，被誉为“东方的MIT（美国麻省理工学院）”。

重庆交大设立了电机工程、机械工程、航空工程、造船工程、土木工程、运输管理、工业管理7个系及航海、轮机、电信3个专修科。庄逢甘的一位南洋模范中学的同学的父亲在重庆交大土木工程系任系主任，得知庄逢甘在南洋模范中学高中毕业时，其成绩为全年级第一，数学物理成绩更为优异，且已在1942年暑期被国立交通大学和圣约翰大学同时录取，在圣约翰大学医科读了一学期，这位土木工程系的系主任给重庆交大的教务长写了一封信，对庄逢甘做了推荐，使庄逢甘得以到重庆交大电机工程系试读，即先读一年级下学期，待这一学期结束后，再进行升二年级的考试，若考试成绩合格，则原在上海圣约翰大学一年级上学期的学分和在重庆交大一年级下学期试读的学分，皆予以承认，即可进入电机工程系二年级。庄逢甘升二年级的考试成绩均合格，但在注册时却出了问题，电机工程系系主任发现他在一年级上学期没有微积分课的成绩（上海圣约翰大学一年级上学期并没有开微积分课），而重庆交大电机工程系只在一年级上学期开微积分课，因此提出让庄逢甘从一年级上学期入读，庄逢甘心有不甘。恰逢此时，遇到了机械工程系曾留学美国密歇根大学的知名教授陈熹，陈教授看了看庄逢甘的成绩单，面带笑容地说："你的学习成绩蛮好嘛，干脆到我们机械工程系来吧！"为了不重读一年级，他就转到了交大机械工程系二年级。

机械工程系和航空工程系的基础课和专业基础课类同，一、二年级时两个系都是合班上课，与他要好的航空工程系同学都劝他到航空工程系来，且当时航空救国的口号深得广大青年学子的共鸣，庄逢甘抱定航空救国的宏图大志，于三年级开学前办理了转到航空工程系的手续。他之所以能顺利转到航空工程系，一则是他优异的学习成绩得到了航空工程系的认可；另则是陈熹教授惜才如金，又宽宏大度，支持庄逢甘去圆他航空救国的梦。

重庆交大航空工程系成立于抗日战争最艰苦的 1942 年，是继中央大学、清华大学、西北工学院航空工程系之后诞生的，30 岁的曹鹤荪被任命为该系的代理主任，成为交大历史上最年轻的系主任。这里聚集了既有真才实学又有倔强和埋头苦干精神、曾留学欧美的年轻教授，如季文美、许玉赞、岳劼毅、马明德、杨彭基、姜长英等。重庆交大航空工程系生机勃勃，庄逢甘在两年的学习中，竭尽全力、如饥似渴地学习各类知识，筑牢基础，在班上连连取得第一名的骄人成绩。

1945年8月，日本侵略者宣布无条件投降，庄逢甘同广大师生一起欢呼雀跃，庆祝抗日战争的胜利。交通大学迁回上海，10月，他随学校返回上海。1946年8月，他毕业于国立交通大学航空工程系应用空气动力学及航空发动机设计专业，毕业论文的题目为《航空发动机机架的振动问题》，获学士学位并留校，在航空工程系任助教。

2. 赴美留学 攻读学位

第二次世界大战期间，德国的航空、火箭、导弹技术比较发达，研制成功了V-1、V-2导弹，并悍然向英伦三岛发射导弹，仅1944年9月7日至1945年3月27日，德国法西斯就向英国伦敦地区发射了1120发V-2导弹，给英国造成了巨大的损失；日本的航空工业也比较发达，凭借空中优势，对中国实施狂轰滥炸，造成了大量平民伤亡和巨大的经济损失。第二次世界大战结束后，

大学毕业时的庄逢甘

航空、火箭、导弹技术的发展中心转到美国和苏联。对于这些，抱定航空救国信念的庄逢甘都是心知肚明，了如指掌。此时，他正在上海交大航空工程系任助教。他下决心要到大洋彼岸，留学深造，学习航空技术。

1947 年 2 月，庄逢甘参加了公费出国考试，并顺利通过，却由于公费留学的名额非常有限等原因，他未能拿到公费留学的名额。但当时的国民政府有一条规定，通过公费出国考试者可以自费出国，并可获得公费留学者同样的外汇指标，可用官价兑换外汇，当时外汇的官价与市场价相差悬殊。庄逢甘的家境并不宽裕，但出国留学这件事得到了父母和亲友的支持、帮助，特别是他的二舅在美国工作，二舅母在上海，庄逢甘从二舅家借了些钱，用官价兑换了美元，并答应赴美后归还美元。这样，他才成行，赴美留学。

1947 年上半年，庄逢甘绞尽脑汁，历尽艰辛，总算办好了赴美的手续。他踌躇满志地从上海登上美国的“戈登将军号”客轮，开始了他异国留学的征程。他在轮船上望着茫茫的大海，心潮起伏，他想了很多，也思考着未来。轮船上有很多赴美留学的青年学子，这些满怀理想抱负和拳拳报国之心的热血青年，不约而同地谈论起赴美后的志向和各自的专业选择。他在客轮上遇到了周培源教授的学生。众所周知，20 世纪二三十年代，随着第一次科学技术革命的完成，我国涌现出了一大批优秀的、永载史册的杰出科学家，周培源就是其中一位佼佼者。当时在科技工作者面前摆着两大世人公认的科技难题，一个是相对论，另一个是湍流问题。周培源在广义相对论和湍流两大领域，都颇有建树，取得了举世瞩目的成绩，堪称传奇，他成了知识界，特别是年轻科技人员追崇和敬仰的偶像。此时此刻，能与周培源教授的弟子交流，无疑是件幸事。周培源是做湍流研究的，并已取得了可喜的研究成果，周培源的学生与庄逢甘谈及了湍流的奥妙和研究的乐趣。通过这次交谈，激起了庄逢甘对湍流研究的浓厚兴趣，这也许是庄逢甘选择湍流这个流体力学百年难题作为自己研究方向的一个原因。

1992年，庄逢甘在纪念周培源90寿辰的题为《向周老学习，科学巨匠，师表流芳——祝贺周培源教授90寿辰》的文章中，开篇的第一句话就是："我是先结识周老的学生，然后才认识周老的。"这正是他对客轮上这段往事的回忆，也可见他对这次交谈印象之深刻。

"戈登将军号"客轮经过日本神户、横滨，又在夏威夷稍事停泊后，抵达美国本土旧金山，庄逢甘直奔久负盛名的加州理工学院。这所学院坐落在加州西海岸的帕萨迪纳（Pasadena），创建于1891年，迄今已有100多年的历史。这所世界顶尖大学却以规模小著称，100多年来也就毕业了两万多名学生。它的校园周围是绿树掩映的居民区，校内并没有显赫的高楼大厦，更没有豪华的校门，校名就刻在不显眼的墙墩上。然而，就是这样一所大学，很多系和专业都在全美排第一位，航空航天专业就在其中。这所大学迄今已培养出了38位诺贝尔奖获得者，其中一位还两次获得这一奖项。因此，加州理工学院有诺贝尔奖的摇篮之美誉。在这所大学里任教的还有一些大师级的科学家，如爱因斯坦、摩根、冯·卡门等。加州理工学院也是中国学子的向往之地，著名学者钱学森（"两弹一星"功勋奖章获得者）、郭永怀（"两弹一星"功勋奖章获得者）、钱伟长等，都曾在该校就读或工作过。庄逢甘选择了加州理工学院并得以录取，他感到无比兴奋，如愿以偿。

庄逢甘在加州理工学院报到后，他决定报考李普曼教授的研究生，因为李普曼的研究方向是理论性很强的湍流问题，这也正是他最感兴趣的问题。做李普曼的研究生要进行严格的资格考试，数学题是10题选8，他把10道题全做了，而且全做对了；另外还考了工程数学。庄逢甘考了两个100分，他的数学成绩深得数学教授们的赞誉与重视。李普曼教授经过斟酌与选择，最后决定录取庄逢甘为其研究生，他雄厚的数学功底和坚实的理论基础，就大有用场了。

由于庄逢甘具有坚实而优秀的数学、物理基础，他于 1947 年 9 月至 1948 年 6 月，用了不到一年时间，便取得了理学硕士学位。为了尽早取得博士学位，他更加如饥似渴和专心致志地学习。在攻读博士期间，按要求每周选 45 学时课程即可，他每周选了 70 学时，在第一学年就将博士生应学的课程全部学完了。除了航空研究院的课程外，他为了扩大知识面，还尽力涉猎其他专业知识，选择了其他专业的课程，如量子电动力学、统计力学和化学系的一些课程。讲课者都是著名的教授、学者和科学家，有的还是诺贝尔奖的获得者。出于对学习的浓厚兴趣和求知的强烈欲望，庄逢甘不仅课堂上认真听讲，课后还做进一步的思考、消化和复习，因此，各门课程的考试成绩都是 A+ 或 A，即使是非本专业的课程，他也学得很好。到了耄耋之年，庄逢甘还得意地回忆说："化学系的课程，我比化学系同学的成绩还好。"

庄逢甘是位全优的学生，学习很轻松，各科的学习成绩都很出色，尤其是数学成绩更为突出。冯·卡门的一个侄子，也在加州理工学院航空研究院就读，曾和庄逢甘一起听课，通过实际接触，冯·卡门的侄子也非常佩服他的数学才华，在数学上一遇到问题，就去请教庄逢甘，都能满意而归。久而久之，庄逢甘与冯·卡门的侄子也成了好朋友，有一次，他突然向庄逢甘提出了一个问题："你愿不愿意给冯·卡门当秘书？"对这个突如其来的问题，庄逢甘既没有思想准备，也没有进行审慎的思考，他是不会马上给予肯定或否定的回答的，他也不知道是冯·卡门教授的授意，还是冯·卡门侄子的一厢情愿，便支支吾吾地搪塞了过去。后来随着时间的推移和情况的变化，这件事也就不了了之了。

加州理工学院的学者、教授和李普曼导师组的导师们，都严格恪守"师者，传道授业解惑"之职责，对庄逢甘给予谆谆教诲和严格指导。李普曼是一位著名的流体力学科学家，学识渊博，老师的指教、激励和关心，使庄逢甘终生铭记。有一次，李普曼给庄逢甘出了一道题，如何测量马赫数？庄逢甘凭借他坚实的数学功底和长于数学公式推演的特长，用了一大堆数学公式的推导，向老师交了卷，本想可以得到老师的认可与赞赏，可李普曼教授却严肃地说："这是我看到的测量马赫数最复杂的办法，如果能用简单的办法就不要用复杂的办法。解决问题时，首先要研究和掌握物理本质，而不是去推导一大堆公式。"虽然只是简单的几句话，却充分反映了老师的科学思想和教学方法。在庄逢甘几十年的科技生涯中，每当遇到科技难题，无论是指挥远程战略弹道导弹的气动攻关，还是攻克载人飞船工程关键气动难题，他都会从物理分析入手，从纷繁而复杂的大系统中提炼出若干项关键技术，然后逐个突破。每到关键时刻，他都会对他的同事和属下说："我的体会是，要真正掌握问题的物理实质，复杂的问题就会变得简单，就会容易突破。"

和李普曼同一个组的马勃尔老师更是给了庄逢甘诸多直接的指教。有一次，李普曼接到一个邀请，去参加一个专题讨论会讲一个非线性传输项的处理问题，李普曼把研究这一问题任务交给了马勃尔，马勃尔又十分放心地交给了庄逢甘。马勃尔较详细地向庄逢甘介绍了任务的内容与要求，庄逢甘经过思考和斟酌，欣然接受了这一任务。其实，他在读博期间所进行的研究工作很具超前性和前瞻性，他认为超声速线性理论的研究已经比较成熟，而实际问题的物理本质多是非线性问题，因此，必须研究非线性问题。一时间，他的脑海里充满了非线性问题的思考，与同事、同学讨论问题时，言必称“非线性”，大家送他一个绰号“非线性先生”（Nonlinear man），他也默认了这一称谓。刚好，他接受的这一任务是一个非线性传输项的处理问题，这正合他思考良久且感兴趣之意。他夜以继日、紧张而有序地进行深入的物理分析和严谨的数学推导，如期完成了这一学术报告。李普曼在讨论会上做报告后受到广泛好评，他和马勃尔对庄逢甘的工作都十分满意。

在李普曼、马勃尔等老师的指导下，庄逢甘选定了题目为《湍流统计理论》（On the Statistical Theory of Turbulence）的博士论文。针对这一题目，他潜心致力，冥思苦想，进行了全面、系统而缜密的考量，推理出：湍流随机因素是从哪里来的；在随机边界条件下的 N-S 方程如何导出；随机边界条件如何提出；有哪些理论研究工作等问题。然后，他查阅和学习了前人的研究成果，再进行分析推导。功夫不负有心人，耕耘总会有收获。1950 年年初，他完成了《湍流统计理论》的博士论文，他的博士论文得到了学位评委会的一致好评，在他的博士学位证书上标注了十分难得的“成绩优异”。1950 年 6 月，庄逢甘获得了航空和数学博士学位，完成了在美留学的学业。

随着学业的进步，庄逢甘在美的任职也在变化和升迁，在取得理学硕士学位后，1948 年 9 月，被聘为美国加州理工学院航空研究院理论空气动力学助教；1949 年 1 月，在加州理工学院航空研究院被聘任为从事空气动力学研究的助理研究员；在取得博士学位后，被加州理工学院航空研究院聘任为研究学者，继续从事空气动力学的研究工作。

1950年6月，庄逢甘在美国加州理工学院获得博士学位

3.湍流研究 崭露头角

20世纪40年代，航空工业正处于大变革时期，飞机的飞行速度不断刷新纪录。提升飞行速度有两个主要因素：一是增大动力，二是减小空气阻力。最早，飞机以螺旋桨为动力，1940年，美国P-51D野马战斗机航速达到700千米/小时，这是螺旋桨飞机航速的极限；1942年，德国研制成功喷气式战斗机，飞行速度达到870千米/小时，航空技术进入喷气时代。喷气式发动机解决了飞机提升飞行速度的动力问题，所以，如何减小阻力成为航空技术中最突出的问题。而飞机飞行中的阻力与湍流问题直接相关，湍流问题成为当时航空工业中最为棘手、最为热门的问题。在这种背景下，早已抱定航空救国志向的庄逢甘将湍流问题研究作为博士期间研究的方向与选题，这既有赴美时在轮船上与周培源学生谈起周教授研究湍流的影响，更有其航空救国志向和欲攻克湍流这一关键难题理想的必然性。

湍流是一种流动，是气体或液体的一种运动形式。1883年，英国科学家雷诺设计了一个流体在圆管内流动的实验。在透明玻璃圆管内的流体中添加染色剂，当流体流动的速度较低时，染色的流体往下游流动时，形状规则，分层明显。但当流体的流动速度高过某一速度后，染色的流体开始变得紊乱，不同层之间的流体相互掺混，毫无规则可言，这种不规则的流动即为湍流，而规则的流动称为层流。这是第一次用科学实验证实流体在圆管中流动存在层流和湍流两种状态，也是第一次在流体力学中引入湍流的概念。

正因湍流问题之难，极大地吸引了许多科学家去研究它、认识它、了解它，以兴利避害，应用好湍流。

湍流研究的确非常难，超出想象的难。20 世纪初，湍流与相对论齐名。爱因斯坦在 1905 年提出狭义相对论，1916 年又正式发表广义相对论，这是人类对自然认识的一次飞跃。而湍流问题直至 100 多年之后的今天，仍未得到彻底解决，可见湍流问题研究之难度。所以，庄逢甘于 1948 年将湍流研究作为自己的研究方向，无疑是具有巨大风险的，这可见他的勇气和敢于挑战科技难题的攻坚精神。

庄逢甘在研究中，首先是认真观察分析有关湍流的自然现象，并阅研前人有关的论著，梳理出研究的内容与思路，进而运用自己坚实的数学、物理基础，进行开拓性的研究，提出了诸多独到的见解。他的研究成果不仅在当时颇具创造性，即使在今天仍具有新颖性和启发性。

湍流的显著特征是杂乱无章，数学上称之为随机，因此，湍流研究必须借助数理统计理论。湍流统计理论就是通过考虑运动的不平均量以及各量的概率分布来描述湍流场。庄逢甘对当时学者们关于平均概念，包括时间平均、空间平均、时间平均与空间平均的组合，以及统计平均等，进行了分析和比较，他在博士论文中指出："关于平均的定义，应用统计平均或一般的时间平均更像是一种尝试。数学家倾向于使用统计平均概念，因为这一概念在数学上是准确的。但是，为使推得的结果能够与实验结果比较（这是每一个物理理论的终极目标），又不得不凭借所谓的各态遍历理论，然而，这一数学分支尚未获得圆满的解决。一般的时间平均概念可被理解为一个光滑过程，平均量可再次被理解为一个新的随时间缓慢变化的物理变量。根据这一解释，在平均过程中使用的时间间隔应当小于任意发生的可测的变化较大的特征时间尺度。”

庄逢甘基于统计平均概念，应用数学的方法严格地进行推导，得到了任意流函数的通用化输运方程。这种方程的推导，既不同于传统的基于牛顿第二定律对流体运动方程的推导，也不同于基于分子运动论关于玻尔兹曼方程的推导，而是基于统计理论的全新的推导方式。他所推导出的方程既形式简单，又可根据这一方程导出连续性方程、雷诺方程及其它感兴趣的物理量，如湍动能、温度、熵等的输运方程，其功能与气体动力学中的玻尔兹曼方程类似。他的这一工作不仅体现了他对理论简单性、统一性的苛刻追求，而且由于这一推导过程是另辟蹊径，方程的每一项都可追溯其物理内涵及其原始的数学形式。这不仅在当时是他对湍流研究的一大贡献，即使在今天仍具有较强的启发性，尤其是对湍流模式理论的研究工作更具参考价值。

庄逢甘的《湍流统计理论》不仅阐述了平均概念和统计平均概念，推导出了通用化的输运方程，还继承和发展了关联函数与能谱的概念。在20世纪三四十年代，关联函数与能谱概念是当时湍流研究领域的最新概念，也为湍流研究提供了重要的新思想。他在冯·卡门、泰勒等科学家提出的关联函数、能谱概念及有关的研究成果的基础上，基于统计理论，清晰地推演了关联函数与相应的能谱概念之间的等价关系，揭示了二者可提供相同的物理图像的实质。当时，冯·卡门引入了速度关联函数，而庄逢甘基于关联函数与相应的能谱的等价关系这一思想，引入了涡量关联函数，并发现在某些情况下，采用涡量关联函数比采用速度关联函数更直观、更方便。

泰勒能谱可以被表述为关联函数的一维傅里叶变换，并可采用常规的热线技术进行实验测量，然后通过谐波分析获得。但是，由于实际的湍流本质上均为三维现象，所以泰勒能谱的应用有局限性。1948 年，海森伯格（W·Heisenberg）第一次研究了三维湍流能谱，且给出了十分有指导意义的公式。庄逢甘则从 Karman-Howarth 方程出发，直接推演出了这一公式。Karman-Howarth 方程是 1938 年提出的，是关于二阶和三阶速度关联函数所应满足的方程，是研究均匀各向同性湍流的基本动力学方程。

在湍流研究中，除了进行湍流统计理论研究外，庄逢甘还对湍流耗散理论进行了研究。他的第一个贡献是以数学的方法演绎获得了新的湍流耗散定律。这是一个更为普适的规律，不仅考虑了湍流的大结构问题，推广了 Kolmogorov 的耗散定律，还统一了人们关于湍流耗散规律的认识；第二个贡献是利用谢道夫处理相关系数的办法处理能谱问题，解决了从湍流初期的耗散定律如何过渡到湍流后期的耗散定律的问题，并且还计算了近似的交换函数，指出在接近湍流后期时，交换函数的作用相当于一个粘性函数。

总而言之，庄逢甘在攻读博士研究生期间，在湍流统计理论、湍流耗散理论等方面都有创新，作出了贡献。正因如此，他的《湍流统计理论》博士论文获得了学位评委会成员的一致好评。他在博士毕业前，还在加州理工学院航空研究院作了学术报告，介绍他博士学位论文的内容。

4. 良师益友　情真意切

庄逢甘之所以学业有成，并崭露头角，“内因是根据，外因是条件”。一方面，他本人勤奋刻苦，聪颖睿智；另一方面，俗话说的好：“一个篱笆三个桩，一个好汉三个帮。”庄逢甘的成长离不开恩师的谆谆教诲和关心指导，离不开同学和好友的帮助与支持。再追溯一步，这当然是源自于这些师者的师德和同学们的与人为善的美德。反过来，也与庄逢甘谦和宽容、团结融合、乐于助人的品格密切相关。

庄逢甘与他的师者、长者、同学之间的情谊不胜枚举，首当其冲的是与他在加州理工学院相识的著名科学家钱学森，几十年相知相识，休戚与共，对他的人生、事业都产生了重大的影响，钱学森称得上是他的好领导、好导师、好邻居。这些情谊中当然也包括前面述及的他的中学数学老师赵型和化学老师王可田等，包括他的南洋模范中学同学在交大土木工程系担任系主任的父亲，包括交大机械工程系的陈熹教授，包括那些劝他从机械工程系转到航空工程系的要好同学……这些师者、长者、学者、同学都对他的成长起到了积极的作用。在此，仅就他在国立交通大学和美国加州理工学院的几位老师、同学的主要事例做一简要的记述。

庄逢甘在国立交通大学航空工程系就读时，多位国内著名的教授都曾给他授过课。被庄逢甘称为启蒙老师的曹鹤荪教授，1934 年毕业于国立交通大学电机工程系，获学士学位；1936 年在意大利都灵大学获工学博士学位；1937 年回国，曾任重庆国民政府空军机械学校基本学术组组长兼高级机械班教官，曾创办了国立交通大学航空工程系，任教授，代理系主任；1945 年至 1952 年任国立交通大学教授、航空工程系主任、教务长；1952 年调赴哈尔滨军事工程学院，任教授，院科学教育部教务处处长，院教务部副部长、部长；1978 年后，任中国人民解放军国防科技大学教授、副校长兼院训练部部长等职，空气动力学专业的博士生导师。当时，曹鹤荪教理论空气动力学，讲授的课程内容、教材来源于空气动力学的鼻祖普朗特和著名科学家冯·卡门、泰勒等的著述。曹鹤荪治学严谨，讲授清晰、透彻，更激发了庄逢甘如饥似渴地学习，使之打下了扎实的基础。

庄逢甘留美回国后，在交通大学和哈尔滨军事工程学院又两度在曹鹤荪的领导下工作。1985 年 10 月，这对师生又同在第 36 届国际宇航联合会大会上，同中国其他 10 位宇航科学家一起，同时首批当选为国际宇航科学院院士。在长达半个世纪的岁月里，在科学技术领域，特别是空气动力学专业，这位谦虚好学的学子与老师曹鹤荪多有请教和交流，从中受益匪浅。

季文美教授讲授的是内燃机课程。季文美，1934 年毕业于国立交通大学电机工程学院，获学士学位；1934 年至 1936 年，考取公费留学，在意大利都灵大学航空工程系攻读，获博士学位；1942 年至 1952 年，任交通大学教授；1944 年任交通大学航空工程系主任；1946 年随学校迁回上海，兼任交通大学总务长；1952 年至 1956 年，任华东航空学院教授，先后兼任基础课程委员会主任、副教务长；1956 年，任西安航空学院教授、副院长；1957 年先后任西北工业大学教务长、基础课理论研究委员会主任、教学工作委员会主任、振动研究所所长、副校长、校长等职。庄逢甘 1950 年回国后，与季文美教授同在交通大学工作一年多，尔后，这对师生又同在国防科技工业战线奋斗。

在交通大学的老师中，与庄逢甘交往时间最长、最有影响的，当属马明德教授。马明德，曾获美国密歇根大学硕士学位，1937 年回国在交通大学任教授，曾给庄逢甘讲授应用空气动力学，1949 年到南京华东军区军事科学研究室任研究员。1952 年，马明德随军事科学研究室整建制划归哈尔滨军事工程学院筹备委员会，极力推荐其高徒庄逢甘来哈军工，后经陈赓院长点将，将庄逢甘调入。哈军工正式组建后，他又在岳劼毅教授为教授会主任、马明德教授为副主任的空军工程系103教授会（空气动力学教研室）任主任教员，在岳教授、马教授的领导下筹建教学风洞。庄逢甘为真空箱暂冲式超声速风洞设计了超声速喷管，这一风洞用于教学实验，效果很好。后来，国内其他高等院校有些也采用和仿制了哈军工的教学风洞，如西北工业大学空气动力学教研室的超声速教学风洞。尔后，庄逢甘在马明德的指导下，编写讲义，开展空气动力学理论研究，给本科生授课，带研究生等。他一直得到马明德的关心与悉心指导。不幸的是，1968年，马明德在“文化大革命”动乱中被迫害致死。他获悉后对恩师的辞世深感惋惜和悲痛。

还有关于恩师马明德的一件事，令庄逢甘终生铭记。他结束了三年级的学习后，迎来了1945年的暑假，因为重庆远离常州老家，他只好在学校度过暑假。四年级要开设的机械振动力学课由马明德教授讲授，庄逢甘在机械工程系时学习了部分应用力学的知识，所以他对机械振动力学较感兴趣，加上他对马明德教授的了解，这是一位豁达、朴实、诲人不倦的恩师，因此他冒昧地向马明德教授提出“能不能在暑假里将您的讲义借给我看看”。按常理，一位教授花费心血和汗水撰写的讲义，还未面世，是不会轻易交给其他人的。可马明德基于对这位高徒憨厚、温良品格的了解，毫不犹豫地答应了，并请他多提意见。庄逢甘对马明德教授的讲义潜心地进行了学习、研究，他发现恩师的讲义中有一长串的公式，比较复杂。他在恩师工作的基础上进行了推演，使之变成了一个函数表示的封闭形式。马明德非常高兴，称赞他“做得很好”。后来马明德在讲课时说：“这一公式是庄逢甘同学推演出来的。”此时坐在教室里的庄逢甘既感到欣慰，又有些不好意思，更感谢恩师的提挈。还有一件更为感人的事，1955年全国高等院校评定高教级别，庄逢甘被评为高教三级教授，他的恩师马明德也被评为高教三级教授。获悉后，他深感愧疚和不安，而马明德则明确表示，从庄逢甘的科研和学术造诣看，评为三级实至名归。

从这些事例中足可见这对师生间的深厚情谊，充分彰显了恩师马明德是一位高尚的人、纯粹的人、脱离了低级趣味的人。在这对师生之间，没有丝毫的文人相轻、妒忌、攀比、互不服气的影子。同时，也可看出这位高徒科技与学术造诣之深，品格之高尚，更可看出这对师生身上闪烁着的科学家的底蕴和本色。

庄逢甘在美国加州理工学院航空研究院的导师是著名的数学和流体力学科学家李普曼。李普曼以其渊博的学识和深厚的数学基础，精心指导着庄逢甘的研究工作，并将其严谨缜密的科学方法传授给庄逢甘。李普曼对庄逢甘在第一学年各科的学习成绩都是 A，并显现出优异的数学基础和勤奋刻苦的钻研精神十分赞赏。李普曼不仅是一位严师，而且也在生活上关心庄逢甘。1948 年寒假，为了融入美国社会，更好地提高英语水平，同时也为了在经济上增加些收入，庄逢甘与同住在一个房间的好友罗时钧一起出去打工，给 1949 年元旦玫瑰花游行车做插花工，每天可挣几美元。李普曼教授得知后，很是心疼，更怕耽误他宝贵的时间，就不让他去打工了，从此给他增加了助研津贴，使他有更多的时间去做学问。在庄逢甘三年的研究生期间，李普曼始终关心他的兼职和相应的报酬。如取得硕士学位后，兼任助教、助理研究员；在取得博士学位后，即被聘任为研究学者等，这样就保证了庄逢甘有稳定的经济收入，解除了他的后顾之忧。

庄逢甘在李普曼麾下工作时，李普曼总是给他压担子，使其在实际工作中增长才干。在他被聘任为加州理工学院研究学者不久，李普曼拿着诺贝尔奖获得者、提出测不准原理的海森伯格的一篇关于湍流的文章，是德文的，问庄逢甘："这篇德文的文章，你能不能看？"庄逢甘在交通大学读书时学过德语，后来又进行了自学，在入加州理工学院时通过了学校要求的两门外语（法语和德语）的考试，同时，还有他的好友唐有祺（同济大学毕业，学习德语）做后盾，

1985年，庄逢甘（左）与国际著名流体力学教授李普曼（右）在西安

所以，他略微沉思了一会儿，坚定地回答：“能看。”李普曼要求他一个星期后将这篇文章的要点讲一讲。庄逢甘非常珍惜这个机会，认为这不仅能增加关于湍流研究的知识，而且是提高德语水平的良机。他接过这篇文章后，基本上是逐词、逐句地进行翻译，吃不准的地方就查字典，找唐有祺帮助，最后进行了分析、梳理。他向李普曼做了讲述，李普曼非常满意。

在庄逢甘做研究学者期间，受美国国家航空咨询委员会委托，加州理工学院承担了有关湍流研究的项目，这与他博士论文直接相关，他参加了这个项目的研究工作。庄逢甘为了锻炼和提高自己的动手能力，主动参加有关的实验工作。因为白天电压波动大，不宜做精细的实验，只能在晚上12点以后进行。勤快好学的庄逢甘一次不落地参加实验，李普曼亲历亲为，深夜也来参加和指导实验工作，使他感受颇深。尽管庄逢甘做的是辅助性、劳动力性质的工作，但李普曼在他发表研究成果的文章中，还醒目地提及庄逢甘的工作、提供的帮助等，这对他及其他的中国留学生等，都是一种实实在在的职业道德教育。

恩师李普曼的教诲、激励、鞭策、关心、爱护和师生间的情谊，庄逢甘始终铭记在心，特别是他回国前向李普曼告别时，这位学术造诣高深、人品极为正直的恩师，对自己的得意门生作出回国的抉择表示赞赏，还提出为其设宴践行。出于对当时形势的考虑，庄逢甘婉拒，但李普曼还执意到火车站为庄逢甘送别。这一幕幕更是深深地铭刻在他的记忆中。尘封了25年后的1975年，庄逢甘随以周培源为团长的中国科协代表团赴美访问、参观，想问候一下多年未见的恩师，他拿起电话拨通后说："您好，听出来我是谁了吗？"李普曼随即应声："是庄逢甘吧！"他听后为之愕然，沧海桑田，分别25年后，这对位于大洋两岸的师生在彼此的心目中都留有深刻的记忆，是科学的情愫把两人的记忆牢牢地镌刻在心头，永难磨灭。2004年，庄逢甘同夫人戴淑芬去美国时，还专程探望了他的恩师李普曼，并合影留念。

在导师组里，还有一位导师弗兰克·马勃尔（Frank·Marble），负责具体指导庄逢甘的研究工作。马勃尔对他的学识，特别是数学、物理基础非常赏识，从具体的学术问题到科研方法，马勃尔都给予热情、毫不保留的指导，还将有关的专题性研究的任务交给庄逢甘，如非线性传输项的处理问题。经过夜以继日的研究，从物理实质的分析阐述到数学上的严格推导，他都给出了满意的结果，得到了李普曼、马勃尔的称赞。庄逢甘从马勃尔那里

2004年，庄逢甘夫妇在美国探望李普曼老师（中）

受益匪浅，所以他后来说:“我的导师除了李普曼，还有马勃尔。”

当时，在美国加州理工学院就读的中国留学生只有十多人，彼此都相识，交流也比较频繁，或学习上互相切磋，或生活上互相关心、照顾，或假日里一起旅游。其中接触比较多、交往密切的，有冯元祯、罗时钧、郑哲敏、罗沛霖等。

冯元祯是比庄逢甘高两级的同学，年长于庄逢甘，对庄逢甘非常关照，他们结为好友。在我国实施改革开放后，庄逢甘访美时，专门拜访了冯元祯，畅叙旧情。后来，他的四弟庄逢源立志学习交叉学科的生物力学，刚巧冯元祯教授在美国加州大学圣地亚哥分校从事生物医学工程生物力学学科的研究与教学工作，是美国生物医学工程生物力学学科的创始人，享有“生物力学之父”的美誉，并颇有建树。1978 年，庄逢源考取留美访问学者，1980 年 1 月赴美加州大学圣地亚哥分校，师从冯元祯学习生物力学，1983 年 2 月学成回国，后受北京航空航天大学之邀，开始了空间生命科学的研究，与大哥庄逢甘同为我国的航天事业而奋斗，并延续了庄逢甘与冯元祯的情谊。

罗时钧，1923 年 4 月 1 日生于江西省南昌市，中国航空教育家和空气动力学科学家，1945 年毕业于重庆中央大学航空工程系，1947 年赴美国留学，翌年获明尼苏达大学硕士学位，后转入加州理工学院航空研究院深造，获博士学位。罗时钧比庄逢甘晚一年入加州理工学院，师从著名科学家钱学森，庄、罗两人同租公寓的一个套间，每人一间卧室，共用一间起居室，彼此成为了挚友。罗时钧晚年曾回忆道："我们曾同班学习数学分析一年时间，这门课程对我来说比较难，我常向他请教，获益甚多。他对这门课学习起来很轻松，成绩全部是A。"当时罗时钧有车，庄逢甘没车，他就搭罗时钧的车，早上一起去学校，晚上一同回来，朝夕相处，形影不离，情同手足。庄逢甘喜欢古典音乐，自己组装了一套音响设备，两人一起听音乐，音响效果很好，听起来就像在音乐厅现场演奏一样。他们两人还曾在1948年寒假一起去打工，给1949年元旦玫瑰花游行车做插花工，以此获得一份报酬。庄逢甘与罗时钧分别于1950年8月、11月回到祖国。1952年、1953年，罗时钧、庄逢甘先后被抽调到哈尔滨，参加筹建哈尔滨军事工程学院，后又都被分配到哈军工空军工程系103教授会（空气动力学教研室）任主任教员。1955年11月，刚回国一个多月的钱学森到东北参观，提出要见两个朋友，一个是罗时钧，一个是庄逢甘，两位同时被钱学森约见，并参加了陈赓院长为钱教授接风的晚宴。1956年，两人还同时被钱学森推荐为可调入国防部五院的高级科技人员名单。后来，庄逢甘调赴国防部五院，罗时钧仍在哈尔滨军事工程学院执教，后随空军工程系整建制并入西北工业大学，罗时钧后任西工大副校长。庄逢甘、罗时钧虽不在同一个单位，却都是战斗在空气动力学领域的同事，对一些空气动力学领域的关键技术难题，彼此择机交流和探讨，旨在推动我国空气动力学事业的发展和科技进步。

庄逢甘与罗时钧一生相识、相伴，情深义重，共同为空气动力学的发展任劳任怨、竭尽全力。庄逢甘逝世后，罗时钧十分悲痛，在他逝世一周年之时，还专门撰写了《怀念好友庄逢甘先生》的悼念文章，以寄托哀思。

在加州理工学院还有庄逢甘一位要好的同学郑哲敏，郑哲敏比庄逢甘晚一年入加州理工学院，也师从钱学森。有一次，庄逢甘和郑哲敏还同乘另一位同学的车畅游了美国的中央大平原，兴致盎然，玩意甚浓。回国后，他们在各自的工作单位都承职担责，非常紧张忙碌，中间有一段时间接触不多，偶有联系。后来，随着航天科技事业的发展需要研讨的学术技术问题有所增多，两人又同为中国科学院院士，学部的学术技术活动也多了起来，庄逢甘与郑哲敏的交往也随之频繁起来。有一次，庄逢甘为一个航天型号的故障分析还亲自登门造访郑哲敏。

后来当选为中国科学院院士和中国工程院院士的罗沛霖，更是加州理工学院中国留学生的核心人物。当时，在加州理工学院校园里有一栋木质结构的楼房，十几间房子，被称为“老宿舍”，楼内有餐厅，同学们一起吃饭，大家常常和罗沛霖一起进餐。罗沛霖自幼酷爱玩无线电，他从国立交通大学毕业后，曾赴延安从事技术工作，后从延安赴重庆工作，得知董必武曾通知中国共产党做地下工作的同志，科技人员为党工作，不一定组织上入党，即是思想上已经入党，但组织上没有入党。1947 年，罗沛霖又辗转到天津，此时，中国共产党考虑到国家建设需要大批科技人才，已开始为国家建设培养、准备人才，并考虑动员留美学子回国参加建设事宜。

非党员的罗沛霖已从事党的地下工作，受党的指派，赴国外留学。1947 年冬，罗沛霖在清华大学见到了在国立交通大学读书时的好友钱学森，经钱学森推荐，罗沛霖于 1948 年秋入加州理工学院，因其在学术上已颇有建树，并发表过多篇学术论文，他直读电工学博士，辅修物理、数学。罗沛霖与郑哲敏同住“老宿舍”的一套房子。在罗沛霖的居室内订有香港的《大公报》、纽约中文版的《华侨日报》，庄逢甘等同学经常前来阅读，从中了解了中国共产党领导下的祖国解放事业的消息，从而使他滋生并形成了返回祖国、报效祖国的信念。

1994年，庄逢甘（右）与加州理工学院同班同学达万（左）在印度班加罗尔相聚

庄逢甘在加州理工学院还有一位后来成为国际友人的、印度留学生萨迪什·达万（Satish Dhawan），也是庄逢甘比较要好的同学。当时，加州理工学院的研究生是三个人一间办公室，庄逢甘与达万同在一个办公室，彼此关系很好，也谈得来，达万非常敬佩庄逢甘的勤奋好学精神。后来，达万曾担任英迪拉·甘地的顾问、印度科学院的院长，达万是印度航天科技的开拓者和奠基人之一，印度的航天发射场还以达万的名字命名为萨迪什·达万航天中心。1954 年达万曾来北京访问，想找他的中国同学庄逢甘，但当时庄逢甘已去哈尔滨军事工程学院，没有联系上。斗转星移，光阴荏苒，在分别 45 年后的 1994 年，在印度的班加罗尔，庄逢甘与达万相见，畅叙当年的同学之情和航天科技的发展，并合影留念。

庄逢甘一生中得到了诸多师者、长者、学者、善者的指教、关照和帮助，为其铸就人生辉煌提供了一个支撑。同时，他也以一个师者、长者、学者、善者之责，对同事、同学和后来者给予循循善诱的教诲和诚挚入微的关心、关照，为我国航天空气动力学事业培养了骨干和精英，为我国航天空气动力学事业的持续发展提供了人才保障。

庄逢甘

庄逢甘院士传记

Academician Zhuang Fenggan's Biography

第三章

青年才俊　三次奉调

庄逢甘舍弃在美优裕的工作、学习和生活条件，毅然回国。这位留美博士谦和宽容的为人和勤奋刻苦的钻研精神，深得领导和科技大家的推崇与信任，回国后的六年间三次被调动。

1950年8月，庄逢甘回到了阔别三年的祖国，目睹解放了的新中国到处是一片喜气洋洋、热火朝天、欣欣向荣的景象，人们载歌载舞、欢呼雀跃，高唱着“解放区的天是晴朗的天，解放区的人民好喜欢”的喜庆歌曲。他面对祖国天翻地覆的变化，无比激动。来不及拂去身上的征尘，也不顾旅途的颠簸劳顿，庄逢甘满怀浓浓的母校情怀，随即到交通大学任教，讲授数理统计、物理数学和专题讨论三类课程，以他热烈而镇定的情绪和紧张而有序的工作，履行着副教授的职责。可只干了一年，由于国家需要，经周培源、钱伟长两位科学家的荐举，他于1951年7月调赴北京中国科学院数学所力学研究室（该研究室为力学研究所的前身），任助理研究员、副研究员，并先后在清华大学、北京大学兼职授课。1953年6月，经他在交通大学读书时的老师马明德的推荐，由陈赓点将，他被调赴哈尔滨，参加筹建中国人民解放军军事工程学院（简称哈军工），哈军工正式成立后任主任教员，1955年被评为高教三级教授。1956年8月，经钱学森推荐，他被调赴北京，参加筹建我国第一个导弹研究机构——国防部五院，自此，开始了他从事航天事业的生涯。

1. 毅然回国　交大任教

1950 年 6 月，庄逢甘以具有独到见解的论文《湍流统计理论》（On the Statistical Theory of Turbulence）获得加州理工学院的航空和数学博士学位，同时被加州理工学院聘任为研究学者（Research Fellow），继续从事空气动力学的理论研究。

“梁园虽好，不是久恋之家。”庄逢甘这位当初满怀航空救国、科技救国雄心壮志的热血青年，心里想的一直是学成回国、报效祖国。当时在美留学的风华正茂、刻苦钻研的中华学子，大体上面临着三种抉择：一是取得博士学位后，立即回国，报效中华；二是取得博士学位后，在美工作一段时间，继续增长才干，以期学到更多的知识和本领，尔后择机回国，振兴中华；三是认为科技无国籍，获得硕士、博士学位后继续留美发展，后来成了美籍华人。

这些莘莘学子由于个人经历、所处环境、家庭情况及对国内情况了解的深度等各有差异，抉择也不同。但他们的心都是永系祖国，即使是成为美籍华人的科学家、学者、企业家，大多数也是殊途同归，在我国实行改革开放后，有些人或频繁来往于大洋两岸，致力于中美科技交流；有些人晚年归国，为国效力，落叶归根。

在美的庄逢甘时刻关心着祖国大地翻天覆地的变化，他从广播中听到了毛泽东主席在天安门城楼上庄严地宣布：“中华人民共和国中央人民政府今天成立了。”“中国人民从此站起来了！”他心潮起伏，彻夜难眠，思绪万千。当时，多有老师和同学对他讲：“你擅长从事理论研究，美国的研究工作条件比较好，你还是留在美国工作为宜。”他思考良久，在留美国和回中国的天平上思前想后、权衡利弊，但真正起决定作用的，还是他对祖国的赤胆忠心和报效祖国的满腔热情。庄逢甘决定先在美工作一段时间，最多一年，使研究工作告一段落，尔后回国，所以他接受了加州理工学院关于他为研究学者的聘任。接受聘任后不久，罗时钧告诉他：“钱学森决定回国。”他得知后甚为兴奋：“这下好了，我们可以同钱学森一起回去干了。”这时，他决定立即动身，以赶在钱教授之前回国。于是，他开始做回国的准备。三年来，他省吃俭用，购买了大量的书刊、杂志和资料，这位嗜书如命的学子，衣物钱财可以舍弃，但书刊资料却不能丢弃。他便有计划地进行整理，每天带一些回宿舍，进行打包装箱，选择回国的路线，订购火车票、船票。归心似箭，回国的准备工作紧张而有序地进行着。

回国的准备工作很快就绪了。1950 年 8 月，庄逢甘毅然辞去了来之不易的研究学者的职位，作为新中国成立后第一批回国的留美学者，先离开洛杉矶到达夏威夷，尔后乘英国轮船抵达香港，过罗湖桥，回到解放了的祖国。罗沛霖本来是 1950 年 9 月才进行博士论文答辩，后经多方争取，他提前进行了答辩，取得了电工学和物理数学博士学位。罗沛霖乘飞机从洛杉矶赶到了夏威夷，同庄逢甘等 30 多位留美学者同乘一艘船，作为第一批回国的留美学者，回到了祖国怀抱，当时在国内外产生了很大的影响，《人民日报》还专门刊登了罗沛霖、庄逢甘等第一批留美学者回国参加社会主义建设的消息。

回国后，庄逢甘看到祖国大地发生的巨大的变化，勤劳勇敢的中国人民，在解放了的土地上建设着美好的家园。他呼吸着祖国的新鲜空气，心潮起伏，热血沸腾。1950 年 9 月，也正是新学年的开学之际，他应母校交通大学数学系系主任张鸿的邀请，带着旅途的征尘与劳顿，到交大数学系任教，担任副教授，讲授数理统计、物理数学、专题讨论三类课程，具体的课程是：为土木系二年级讲授微分方程，为数学系二年级讲授概率论，为数学系三年级讲授数理统计，还为数学系开设了专题讨论课。这位 25 岁的副教授，成为交大数学系的一景。他忙碌极了，除了授课、编写讲义，还认真地进行备课，查找最新的科技动态，选定讨论的专题。老师和同学都一致反映，庄逢甘讲课的内容新颖生动，很有启发性，尤其是他的学术思想活跃，积极而深入地开展讨论，成效显著。

然而，这位副教授却同他的父母、四弟、小妹一家五口，住在一间父母租的 30 平方米的房子里，这间房子有个长廊，相当于阳台，刚好能放下一张床和一张桌子，他就在这个长廊中居住和工作。每到晚上，当他的父母、弟、妹睡下后，他就将窗帘拉上，进行学习、备课和准备供讨论的专题。对如此的生活、工作条件，庄逢甘都十分满足，他深知刚刚解放了的新中国，百废待兴，又进行了伟大的抗美援朝战争，也正值我国国民经济三年恢复时期，工作、生活、学习条件的艰苦是暂时的，以后会逐渐好起来的。

2. 理论研究　挥鞭执教

1949 年，中国科学院成立，1951 年，交通大学校长吴有训被调赴北京中国科学院任副院长。中科院各学科的研究所陆续成立并不断扩大。中科院拟成立力学研究所，先在数学所成立了力学研究室。庄逢甘的同学罗时钧 1950 年回国，罗时钧、赵忠尧等到日本东京时被无端扣留，美国人要检查是否有人帮助钱学森把物品带回来了，他们被美军关进关押日本战犯的地方，审查来审查去，未发现疑点，只好放行。回国后的罗时钧到中科院数学研究所力学研究室任助理研究员。1951 年 8 月，根据国家的需要，经知名科学家周培源、钱伟长推荐，庄逢甘被调赴北京中国科学院数学研究所力学研究室任助理研究员，1952 年 7 月升任副研究员，继续从事流体力学有关的理论研究。

庄逢甘从 1947 年秋入加州理工学院航空研究院攻读研究生开始，一直到 1956 年 8 月调赴北京，参加国防部五院筹建工作，前后 9 年，他的学术方向是偏重于流体力学的理论问题研究，研究方法是从物理分析入手，推演数学公式，通过实验结果与计算结果比对，验证理论的正确与否。这固然与他具有扎实的数学、物理的理论功底有关，同时与他的导师、国际著名的数学家和流体力学家李普曼教授的影响有关，李普曼是偏重理论问题研究的。

庄逢甘对理论研究兴致盎然，在这 9 年的时间里，他在完成所承担的教学等任务外，投入了相当的精力，醉心于理论研究，凭借其深厚的数学功底、敏锐的物理直觉、缜密的逻辑思维能力，在空气动力学的理论王国里，就湍流统计理论、湍流耗散理论、激波后的气流问题、二元高超声速气流方程等，进行了潜心研究，做了大量的经典性甚至开创性的工作。

关于湍流统计理论，包括平均概念与通用化输运方程、关联函数与能谱概念等研究工作，是庄逢甘在加州理工学院读研究生时进行的，研究成果集中在他的博士论文《湍流统计理论》中。他还对湍流耗散问题进行了研究，以数学的方法演绎获得了新的湍能耗散定律，这一定律是一个更为普遍适用的规律，不仅考虑了湍流的大结构问题，推广了 Kolmogorov 的耗散定律，还统一了人们关于湍流耗散规律的认识；利用谢道夫处理相关系数的办法处理能谱问题，还计算了近似的交换函数，指出在接近湍流后期时，交换函数的作用相当于一个粘性系数。回国后，他对湍流耗散理论又进行了进一步整理和深入研究，并与周培源教授进行了交流，得到了指点。后于 1953 年 3 月，他撰写的《湍流耗散的研究》中文稿刊登于《物理学报》9卷3期；此文的英文稿刊登于《中国科学》2卷3期。

在此期间，庄逢甘还对高速空气动力学有关的理论问题进行了研究。在空气动力学中，物体的运动速度与声速的比值称为马赫数，马赫数小于1的流动称为亚声速流动，马赫数大于1的流动称为超声速流动，马赫数大于5的流动称为高超声速流动。随着飞行器飞行速度的提高，会出现一系列空气动力学的难题，超声速飞行会出现“声障”，即超声速飞行的飞行器必然对周围的环境产生扰动，扰动以压力波的形式传播，传播的速度为声速，当飞行器以超声速飞行时，将超过压力波的传播速度，从而引起多重压力波的追赶与汇集，在飞行器前端形成超强的波前，称之为激波，这一激波像一道屏障，阻碍飞行器的飞行；高超声速飞行的飞行器还会遇到“热障”；在速度更高的超声速飞行时，会遇到“黑障”问题。这“三障”问题的解决，都有赖于高速空气动力学的研究。庄逢甘当时在高速空气动力学领域主要做了两个方面的研究工作，代表论文分别是《论激波后的气流》与《二元高超声速气流》。

在《论激波后的气流》这篇论文中，庄逢甘对激波与物体间的相互作用做了明晰的描述：“激波与物体相遇后，在物体内部将产生弹性塑性波，激波本身将有反射及绕射现象。激波在非均匀流体介质中前进时还将产生折射现象。”20世纪50年代初，人们通过激波管实验对激波与物体的相互作用有了一定的了解，但从量的方面，如何计算激波与物体之间的速度场与压力场的问题，还没有得到彻底的解决。他研究激波后的气流问题，正是为了解决这一问题。

他首先研究了正激波后面的气流，然后考虑一般情况下的激波后气流问题，建立了激波后气流受扰动的基本方程，并根据这一方程给出了激波后气流的物理图像，然后利用一级近似，对该方程进行了线性化，从而得到了可以用于理论计算的方程。庄逢甘的这一研究成果，可用于计算激波沿尖劈的绕射问题。

他所提出的计算方法不仅考虑了气流的旋度，而且计算过程简单，给出了压力场与速度场的关系式。他在论文中还给出了用该方法计算激波后超声速气流流过尖劈的一个具体算例。

在二元高超声速气流方程的研究方面，1946 年，钱学森给出了二元及轴对称高超声速气流的相似律，这是空气动力学发展史上一项标志性的工作。钱学森利用与冯・卡门处理跨声速相似律相同的办法，给出了马赫数较大时的理论。庄逢甘从二元定常运动方程出发，仿照普朗特边界层渐进积分的方法，得到了一次及二次高超声速方程。他在一阶扰动假设下，推导出了高超声速气流的相似律。他先给出了气流相似的定义，推导出了数学上相似的定义，给出了二元高超声速方程的通解，并提出了计算高超声速气流流过机翼剖面的一种方法和计算结果。

庄逢甘在中科院数学所力学研究室的工作是紧张、忙碌、饱满而愉悦的，他还根据清华大学和北京大学的教学需要和领导的安排，兼职到清华大学和北京大学授课。当时，在中科院数学所由物理学家周培源指导他的工作，周培源在清华大学开了一门流体力学课，庄逢甘担任辅导老师，他还代周培源指导其研究生。1950 年从清华大学毕业，考取了周培源的研究生，现为北京大学教授的陈耀松曾形象地表述周培源、庄逢甘、陈耀松在业务上是"祖师爷—师父—徒弟"的关系。1952 年 3 月，庄逢甘受命在清华大学航空系研究部讲授工程数学。这门课原来由著名教授陆士嘉和钱伟长分两个学期讲授，后由庄逢甘讲授，他深感压力很大。因此他不仅殚精竭虑编写《工程数学》讲义，博览群书，力争将当时最新的有关成果都收录在他的讲义中，还绞尽脑汁、冥思苦想，力求讲授时条理清晰、逻辑严谨、深入浅出，尽师者传道、授业、解惑之责。1952 年，全国高等院校进行院系专业调整，周培源教授被调到北京大学组建数理力学系，庄逢甘也跟随来到北京大学，9 月被聘为副教授，给物理系气象专业讲授流体力学，并编写了《流体力学》讲义。由于多年的钻研和积累，流体力学是他熟悉和擅长的专业，加上他在交通大学、清华大学执教的实践，所以课堂上他的江浙普通话清脆响亮，论述清晰、有条理，公式推演顺畅、严谨，尤其是他一如既往地注重学术气氛的活跃，广泛而深入地开展交流、讨论，使学生们得到启发，收获裨益。广大师生都异口同声地称赞这位才华横溢的年轻的副教授是德智双馨。

正是在北京大学执教的经历，使庄逢甘有机会结识了正在北京大学物理系气象专业三年级读书的戴淑芬。从相识到相知，从敬慕到爱慕，郎才女貌，有情人终成眷属。这位空气动力学家和气象学专家携手并肩，相濡以沫，相敬如宾，共同走过了 50 多年的人生历程，为我国的国防事业作出了突出的贡献。

3. 调赴冰城　从军育人

1952 年，中国人民所进行的抗美援朝战争取得了决定性的胜利。战争的经验教训沉痛地告诫我们，战争胜否固然取决于参战者的觉悟和勇敢精神，得道多助，失道寡助。我们虽不是唯武器论者，但是，如果我们拥有先进精良的武器，就会更多地掌握战争的主动权，中华民族许多优秀的、英勇善战的儿女就不至于牺牲在异国他乡的土地上，就能以较少的伤亡赢得战争的胜利。正是基于这种考量，党中央、国务院、中央军委和毛泽东、周恩来、彭德怀、陈赓等老一辈无产阶级革命家出于发展我国国防武器装备的大计，决定组建培养国防武器装备研制和使用科技人才的中国人民解放军军事工程学院（简称哈军工）。设立空军工程、炮兵工程、海军工程、装甲兵工程、工程兵工程等系科，并由曾任中国人民志愿军副司令员、对发展先进的国防武器装备备感急切的副总参谋长陈赓负责筹建，哈军工正式成立时，陈赓被任命为院长兼政治委员。

1952 年 9 月 1 日，中央批准成立以陈赓为主任委员的筹备委员会。在此之前，1952 年 8 月，隶属于华东军区的军事科学研究室，整建制地划归哈尔滨军事工程学院，这其中包括张述祖、岳劼毅、马明德、任新民、沈正功、周祖同、钟以文、鲍廷钰、张禄康、何乃民、赵子立、金家骏等几十位著名的留德、留法、留美的科学家与学者。任新民被任命为哈军工筹备委员会委员，其工作主要是调查了解全国有关大专院校、科研机构人员的有关情况，为领导选择、确定能调入哈军工的教师提供参考，并对领导已确定的调入人员，负责前去联系、落实和协助办理调入手续。经马明德等推荐，陈赓批准，拟从中科院数学所调罗时钧、庄逢甘到哈军工。任新民奉命前去中国科学院人事部门联系罗时钧、庄逢甘的调动事宜。任新民等虽反复说明情况，苦口婆心地做工作，可中科院的同志坚定地回绝，说数学所的工作离不开庄逢甘、罗时钧，不同意放人。这当然是可以理解的，1952 年，我国即将完成国民经济恢复时期的任务，从 1953 年将开始我国国民经济建设的第一个五年计划，各部门、各单位都重视科技人才，特别是像庄逢甘、罗时钧这样年轻的留美博士，更是稀世之宝。任新民等无奈，只好将中科院拒绝放人的事向陈赓作了汇报，陈赓当即表示:“任新民，你给他们的负责人打电话，就说我陈赓明天登门拜访，当面请教。”任新民有些犹豫，在陈赓的催促下，他给中科院打了电话。陈赓要亲自前去的这一招儿还真灵验，当天晚些时候，中科院就来了电话:“经请示院领导，就不劳陈副总长的大驾了，我们已通知庄逢甘和罗时钧两位了，抓紧办理工作交接事宜，按既定的时间前去哈军工筹委会报到。”就这样，罗时钧在 1952 年就去了哈尔滨，庄逢甘在给北大物理系气象专业讲授《流体力学》的授课任务完成后，于 1953 年赶赴哈尔滨，投入到哈军工的筹建工作中。

1953 年 9 月 1 日，哈军工正式成立，庄逢甘被分配到哈军工一系（空军工程系）103 教授会（空气动力学教研室），任主任教员。他喜出望外，103 教授会的主任是岳劼毅、副主任是马明德，这两位教授都是他在交大读书时的恩师，他的好友和同学罗时钧也在 103 教授会，这些都是国内空气动力学专业的顶尖人才，他暗暗自喜，大家可以一起为发展空气动力学事业而出力了。

陈赓院长采纳了苏联派驻哈军工首席顾问奥列霍夫的建议，1953 年 9 月 1 日按课程表开始上课，下午举行中国人民解放军军事工程学院成立暨第一期开学典礼。陈赓院长兼政委主持了典礼。中央军委派出了以副总参谋长张宗逊为团长，由军委各总部、各军兵种代表组成的代表团，赴哈尔滨参加这一盛典。周恩来总理、朱德总司令及刘伯承、贺龙、罗荣桓等中央军委领导，都为军事工程学院的成立题词祝贺，在朝鲜的中国人民志愿军、全国六大军区、各军兵种和兄弟院校等，都发来了贺电或送来贺幛。参加典礼的还有黑龙江省和哈尔滨市的党政领导，以及苏联驻哈尔滨总领事。

盛典成功举行。就在哈军工正式成立的前夕，庄逢甘得知有几位年轻的教师正在申请参加中国人民解放军，他还将这一消息告诉了罗时钧。他们俩一起申请参军，并于 1953 年 11 月获准入伍，双双佩戴上了中国人民解放军的胸牌和“八一”帽徽，成为光荣而伟大的中国人民解放军的一员，他既激动又兴奋。

庄逢甘与戴淑芬已经确定了恋人关系，戴淑芬从北京大学物理系气象专业

1953年，庄逢甘与夫人戴淑芬合影

毕业后，被分配到哈军工空军工程系六科126教授会（气象学教研室）任助教。这对抱定为培养国防科技人才而奋斗终生的年轻恋人，选定了哈军工正式成立的1953年9月1日这一天进行结婚登记，但未举办婚礼。9月2日他们即投入到了紧张的教学工作中。

庄逢甘在岳劼毅、马明德两位领导的指导下，筹建教学用的风洞，他为一座真空箱暂冲式超声速风洞设计了超声速喷管，并亲自参加和指导设备的生产制造、基建施工、安装调试。该风洞建成后用于教学实验，效果很好。后来，被兄弟院校所仿制和采用，如西北工业大学空气动力学教研室的教学风洞就是仿造哈军工这座风洞建造的。

随着时间的推移，各学员班陆续开始学习专业基础课和专业课，庄逢甘主讲空气动力学、流体力学和飞行力学等。在求学期间，他是一位讲究学习方法、成绩优秀的好学生，耳濡目染，心领神会，知道如何去做一名优秀的教师。同时，经过在交通大学、清华大学、北京大学执教的实践，他的教学经验日臻成熟。但他丝毫没有懈怠，无论是需要重新编写讲义的，还是需要修改、补充、增加内容的，他都紧密结合所教授的学员班的实际情况，严肃认真、一丝不苟地去完成。例如，他曾在北京大学物理系气象专业讲授过流体力学，后来在哈军工空军工程系气象专科讲授流体力学时，他仍认真地编写了讲义，收录和增加了当时关于流体力学的最新研究成果。在授课时，他不仅表述清晰，逻辑严谨，板书工整，而且内容新颖，极具启发性。他的教学受到了学员们的一致好评，他讲授的专业内容，不仅科技概念准确，专业造诣高深，注重流体力学的基本概念，讲述流体力学的发展脉络，而且兼授流体力学的研究方法，指明未来研究的方向和内容提要。他不仅授之以鱼，而且授之以渔。我们现在虽不能亲自感受他讲课时的音容笑貌，但翻开庄逢甘 1954 年编写的《流体力学讲义》手稿复印件，可以发现通篇字迹工整，无一处勾勾抹抹，足见他认真、严谨的治学态度；细读之后，更可见这位园丁的良苦用心和教学的质量与水平之高。

1955 年，哈军工空军工程系开始招收研究生，当时在哈军工任助教的杨秋澄是 1949 年大学毕业的，知识扎实，工作勤奋，天资聪慧，是一位品学兼优、年轻有为的学者，经选拔和考试，成为庄逢甘指导的第一个研究生。庄逢甘非常珍惜研究生导师这一工作，尽职尽责，像当年李普曼、马勃尔教授指导自己那样，充分而自由地开展学术交流与讨论，教学相长。杨秋澄研究生还未毕业时，庄逢甘被调赴北京，改由罗时钧做杨秋澄的导师。他在离开哈尔滨之前，与罗时钧进行了交接，并做了嘱托，庄逢甘、罗时钧、杨秋澄三位还一起进行了交谈。庄逢甘、罗时钧都对杨秋澄寄予厚望，期盼杨秋澄能成为中国空气动力学事业新一代的领军人物。可天有不测风云，1957 年，杨秋澄被划为“右派”，下放到北大荒劳动。20 多年过去了，1978 年他才被平反，返回哈尔滨船舶工程学院任教。庄逢甘对杨秋澄很惋惜，这位才华横溢、满腹才学的学者，其青春年华都贡献给了北大荒农场，可惜呀！

4. 陈赓教诲　献身国防

庄逢甘、戴淑芬虽只在哈军工工作了三年多一点的时间，但这三年对他们两人的人生历程的确是意义非凡、影响重大，他们双双参加了中国人民解放军，完成了从留美博士、名牌大学毕业生到革命军人的转变，成为了解放军这一革命大熔炉中的成员。经过革命熔炉的陶冶、锤炼，经过陈赓等老一辈无产阶级革命家，诸多老红军、老八路、老新四军和经过战争考验的老同志的谆谆教诲，言传身教，耳濡目染，两位年轻的学者进一步树立和坚定了忠于祖国、忠于事业、服务人民、献身国防的信念与理想。

尔后，戴淑芬一直在军队供职，高级工程师（技术五级），正师职务，副军级工资待遇，1991年5月退休，是一位职业军人。庄逢甘于1961年9月被任命为中国人民解放军国防部五院三分院（军级单位）副院长，1965年6月集体转业，1978年12月被中央军委任命为中国人民解放军国防科委29基地（军级单位）副司令员。他们夫妇两人的胸前都佩戴过“中国人民解放军”的胸牌，肩上也都分别扛过中国人民解放军校官、尉官的肩牌，佩戴的是革命军人的使命、责任和担当，他们称得上军人夫妇。

1953年8月，他们两人都在为哈军工的招生工作忙碌着。9月1日，哈军工成立的所有筹备工作都已就绪，上午按既定的课程表开始上课，下午举行中国人民解放军军事工程学院成立暨第一期开学典礼。经领导批准，庄逢甘、戴淑芬去办理结婚登记、拍结婚照、买了茶叶糖果及生活用品等，没有参加哈军工的这一盛典。当天晚上，陈赓院长等院系领导前来他们宿舍道喜祝贺时，陈院长用简练而生动的语言向他们介绍了盛典的概况，给他们印象最深的就是中央人民政府革命军事委员会主席毛泽东给军事工程学院题写的训词。尔后，他们又反复地阅读和学习了毛主席的训词，备受鼓舞。训词中谈到："中国人民解放军军事工程学院的创办，对于我国的国防事业具有极重大的意义。为了建设现代化的国防，我们的陆军、空军和海军都必须有充分的机械化装备和设备，这一切都离不开复杂的、专门的技术。今天我们迫切需要的，就是大批能够掌握和驾驭技术的人，并使我们的技术能够得到不断的改善和进步。军事工程学院的创办，其目的就是为解决这个迫切而光荣的任务。"训词中还要求："保持和发扬中国人民解放军的光荣传统，特别是全心全意为人民服务的精神和自我牺牲的英雄气概，这在我们的学院，是和全军一样，必须充分领会和一刻也不要忘记的。"这些都对他们的人生观、价值观产生了深刻的影响，两人立志为培养国防科技人才、为国防科技事业而努力奋斗，全心全意为人民服务。

在哈军工三年，对他们影响比较大、印象比较深的就是陈赓院长依靠"两老"办院的思想和辩证而实事求是地对待知识分子家庭出身与社会关系问题。睿智幽默、坦荡豪爽、宽宏大度的陈赓院长，在哈军工的各种会议上，反复地讲："我们的口号是'两老'办院，就是依靠老干部、老教师，上上下下团结得像一个人，齐心协力，共同完成党交给我们的光荣任务，这就是我们'团结建院'的方针。"陈赓还形象地比喻："在我们学院建设中，老教师是一根柱子，军队来的老干部也是一根柱子，只有依靠这两根支柱，学院才能办好。"针对个别的老干部和老教师有互不服气的思想苗头，陈赓在老干部、老教师座谈会上严肃地指出："既要承认'两万五'，也要承认'十年寒窗苦'。"陈赓还加重语气地说："老教师的知识来之不易，当然不只是十年，而在科学技术上奋斗了几十年，也是长征，也是老资格，要办好军事工程学院，完成党交给的任务，首先要依靠老教师，依靠'寒窗苦'，不能光靠'两万五'。"作为老教师中的年轻者、年轻教师中的年老者，庄逢甘听了陈赓的一席话后备感亲切，感悟到自己作为老教师中的一员成为办院的依靠力量，内心无比激动，主人翁感、信任感、使命感、责任感油然而生。作为青年教师的戴淑芬也十分欣喜，其中也蕴含着青年教师的责任与担当，坚信自己在未来也会成长为老教师，成为建设军事工程学院的依靠力量，催人奋进。

另一件令庄逢甘、戴淑芬终生铭记并激励其砥砺前行的，就是陈赓院长辩证而旗帜鲜明地诠释和处理干部、教师等的家庭出身与社会关系问题。20 世纪 50 年代，党在对待家庭出身问题上的政策是"有成分论，不唯成分论，重在表现"。那时政治运动频繁，如"三反""五反"、肃反、审干等。每次运动都牵扯到家庭出身和社会关系的问题。家庭出身和社会关系是客观存在，所以，"有成分论"很容易掌握，而"不唯成分论"和"重在表现"则是定性的概念，掌握起来幅度很大，出现了"唯成分论"的宁左勿右的倾向。陈院长十分清楚，在旧社会和中华人民共和国成立初期，能够大学毕业或出国留学的人，阶级出身好的极少，一般来说，不是资本家就是地主，或者是官宦，否则，就没有经济条件读大学和出国留学。所以，如何科学而实事求是地对待老教师的家庭出身与社会关系问题，是哈军工建院初期一个严肃而现实的问题。陈赓冥思良久，在一次大会上现身说法，用切身的实例，深入浅出地诠释了党的这一政策："就家庭出身而言，我是出身于大地主兼资本家的家庭，可经过革命斗争和战争的长期锻炼与考验，我成为了无产阶级先锋队的一员，成为无产阶级革命者，是伟大的中国共产党党员；'马日事变'中的许克祥大家都知道，原来是我家的长工，称得上是无产阶级出身，而后来在'马日事变'中堕落成屠杀共产党员和革命群众的刽子手，是彻头彻尾的反革命家。家庭出身自己不能选择，但走什么道路完全取决于自己。”尔后，庄逢甘、戴淑芬又亲眼看到学院对家庭出身有这样那样问题的教师的妥善处理。这使得他们这对出身于非工农家庭的夫妇，在心灵深处引起很大的震动，跟中国共产党走，为国防科技教育和国防建设献身，“鞠躬尽瘁，死而后已”的信念和理想，日趋坚定。哈军工是革命的大熔炉，陈赓是庄逢甘夫妇革命的领路人。

庄逢甘

庄逢甘院士传记

Academician Zhuang Fenggan's Biography

第四章

践行发展　技术科学

庄逢甘凭借高深的理论造诣，带领有关科技人员集智攻关，为各类航天型号的研制提供了气动力数据，攻克了洲际导弹弹头再入防热的技术关键，解决了载人航天器研制中的气动难题。

庄逢甘自1947年9月入美国加州理工学院航空研究院攻读研究生起，到1956年8月调赴北京参加我国第一个导弹研究机构——国防部五院的筹建工作，历经10年，他走过了自己科技生涯的第一个阶段，即偏重理论研究，追求理论研究完善的阶段。在这10年的时间里，他专心致志地从事湍流研究，在湍流统计理论，包括平均概念与通用化输运方程、关联函数与能谱概念的研究等，以及湍流耗散理论等方面，都取得了丰硕的研究成果，完成了题为《湍流统计理论》的博士论文，获得航空与数学博士学位；完成了《湍流耗散的研究》论文，于1953年在《物理学报》上发表。

这10年里，他的学术方向之所以偏重于理论研究，一则是受他的导师李普曼教授的影响，认为从事流体力学研究应偏重理论问题的研究；二则是他本身具有数学、物理等基础知识的扎实功底，对理论研究情有独钟；更为主要的是“存在决定意识”，当时无论是在美国加州理工学院，还是在中国的一些大学、中科院，都还没有具体的航空、航天型号工程研制的需求，顶多就是在实验室里验证理论研究的成果。所以，当时偏重理论研究是自然的。

1950年8月，庄逢甘在接受加州理工学院研究学者的聘任后刚两个月，就毅然辞掉这份工作，急着回到祖国，旨在协同钱学森一起从事流体力学的理论研究。然而，由于美国当局的阻挠，钱学森自1950年提出回国，足足等了五年，才在周恩来总理的过问与关心下，于1955年10月8日回到了祖国。11月，钱学森到东北参观考察，11月23日，钱学森见到了在加州理工学院时的两位朋友罗时钧、庄逢甘，分别五年，一见如故，兴奋至极。庄逢甘说："您回来了，我们在您的领导下，可以好好研究一些理论问题了。"钱学森从容而坚定地说："现在主要不是搞理论研究，而是搞工程建设。没有工程建设，理论研究是空的。"这一席话对庄逢甘的触动很大，给了他深刻的启迪，促使他成为继钱学森之后，哥廷根应用力学学派的又一传人，哥廷根学派坚持应用力学的发展应当坚持理论联系实际，解决实际问题，工程应用是推动应用力学发展的主要动力，离开了工程应用，应用力学就会失去生命力。这一学派流体力学的代表人物有普朗特、冯·卡门、钱学森、郭永怀、陆士嘉等，庄逢甘、郑哲敏是继上述学者之后，在中国的正宗传人。

1. 调赴五院　专司气动

1956年是我国科学技术事业充满生机的一年，是我国科学技术事业发展的第一个春天，也是我国导弹与航天事业孕育和诞生之年。1956年1月25日，毛泽东主席在最高国务会议上指出："我国人民应该有一个远大的规划，要在几十年内，努力改变我国在经济上和科学文化上的落后状况，迅速达到世界先进水平。"1月31日，周恩来总理在全国政协会议上向全国人民发出了"向现代科学技术大进军"的伟大号召。我国的科技事业呈现一派欣欣向荣的景象。

1956年3月，国务院成立了以周恩来总理为主任委员，陈毅、李富春、聂荣臻为副主任委员的国务院科学规划委员会，组织全国600多位科技专家，并邀请近百名苏联专家，历时数月，经过反复的研究、论证、讨论，编制出《1956—1967年科学技术发展远景规划纲要（草案）》，确定了“重点发展，迎头赶上”和“以任务带学科”的方针，提出了13个领域、57项国家重点科学技术任务以及12个具有关键意义的重点项目或课题。其中特别强调发展原子能技术、喷气与火箭技术、电子计算机技术、半导体技术、无线电电子技术、自动化技术等。钱学森担任科学规划委员会综合组的组长，并主持了第37项《喷气与火箭技术的建立》项目建议书的编制工作，任新民、王弼、沈元等参加了这一项目建议书的编制工作。这一项目建议书将火箭、导弹和喷气技术纳入了国家中长期科学技术规划，勾画出了这些技术的发展蓝图，这是我国航天、航空乃至整个国防科技事业创建发展的奠基石。

在此期间，钱学森根据周恩来总理的嘱托，于1956年2月17日，将其撰写的《建立我国国防航空工业的意见书》呈递给了周总理。当时，为了保密，用“国防航空工业”代替火箭与导弹事业。这一意见书提出了我国火箭与导弹事业的组织机构草案、发展计划、实施步骤和具体措施建议，还列出了一个可以调来从事火箭与导弹技术工作的21人高级科技专家名单，其中包括任新民、梁守槃、庄逢甘、罗时钧、林同骥、胡海昌等。

1956 年 4 月 13 日，国防部航空工业委员会（简称国防部航委）成立，统一领导我国的航空和导弹事业。聂荣臻任航委主任，黄克诚、赵尔陆任副主任，安东任秘书长，委员有王士光、王诤、安东、刘亚楼、李强、钱志道、钱学森。

庄逢甘在哈军工的教学与科研任务饱满而充实，工作紧张而愉悦。1955 年 11 月，他被授予空军技术少校军衔；同年，全国进行了高等院校评定高教级别的工作，庄逢甘被评定为高教三级教授。他真是春风得意，喜事连连。时任哈军工高教级别评审委员会科学秘书的罗时钧，对评审的过程非常了解，“被评者一个一个与评审委员会谈话，我做记录和整理材料，对庄先生的情况非常了解，庄先生的材料很过硬，科研和学术上的造诣很深，我打心眼里佩服他。”罗时钧在 2011 年 9 月为《庄逢甘院士纪念文集》撰写的文章中如是说。1956 年 7 月，他被晋升为空军中校。恰在此时，国防部五院的筹建工作正紧锣密鼓地推进着。经聂荣臻副总理和陈赓院长协商与批准，将哈军工的任新民、梁守槃、庄逢甘、朱正等调给国防部五院。

军委各总部和北京军区非常支持国防部五院的筹建工作，经协商，并经中央军委批准，军委总参谋部将位于北京西郊黄带子坟附近的解放军 124 疗养院、北京军区 106 疗养院、北京军区空军 466 医院，拨出全部或部分营房，供国防部五院使用。任新民、庄逢甘于 1956 年 8 月首批到北京报到，参加国防部五院的筹建工作。航委主任聂荣臻委派航委委员兼秘书长安东接待了任新民和庄逢甘，准备将两位教授安排在招待所，但他们执意坚持在办公室里安张床就可以了，他们的理由也很充分，现在刚过立秋，天气不冷也不是很热，住在办公室，工作、学习、看书都方便。安东拗不过这两位教授，就这样，庄逢甘就在阜成路马神庙旁 106 疗养院工字楼的一间办公室兼宿舍里，开始了他导弹与航天技术的征程。

庄逢甘参加了1956年10月8日在466医院一个大食堂里举行的国防部五院成立大会，聂荣臻元帅面对台下200多人，庄严地宣布：经中央军委批准，国防部第五研究院正式成立，由钱学森担任院长，领导大家开展火箭、导弹的研究工作。聂帅还热情洋溢地勉励大家：在座的各位，都是中国导弹与火箭事业的“开国元勋”，现在人手虽少，但只要大家团结一心，艰苦奋斗，中国的导弹与火箭事业，一定会有美好的前景。在讲话中，聂荣臻慷慨激昂且刚劲坚毅地强调，国防部五院的建院方针，以自力更生为主，力争外援和利用资本主义国家已有的科学成果。要求同志们发扬自力更生、艰苦奋斗的精神，刻苦钻研，毕生致力于我国的导弹与火箭事业。

10月8日这一天，只是举行了这个成立的小型会议，再没有举行其他形式的活动，没有鲜花，没有彩旗，没有锣鼓，没有剪彩。到场的人员，只有一颗火热的心。庄逢甘参加了成立会，亲耳聆听了聂老总的讲话，他心潮澎湃、热血沸腾，暗下决心，要为实现自己的学术目标和科技报国的理想奋斗终生。

形势逼人，时不我待。就在国防部五院成立的第三天，即10月10日，根据钱学森的提议，开办了导弹知识培训班，采取能者为师、互教互学、边讲课边讨论的办法，增长大家关于导弹及有关专业的技术知识。钱学森先后讲授了导弹概论、导弹制导原理、电子计算机等课程。任新民、梁守槃、庄逢甘、朱正等从哈尔滨军事工程学院调来的教授，也都披挂上阵，讲授各自熟悉的、擅长的、与导弹有关的专业知识。庄逢甘讲授空气动力学，对此，他虽有10多年的研究与教学积累，可他仍不满足，积极而认真地准备教案，编写讲义，力求讲授内容全面系统，条理清楚，并突出重点，尽量结合导弹与火箭的实际。他讲授的课程受到了听课者的一致好评。与此同时，他还认真地听取其他人讲授的课程，以补充和完善自己关于导弹的专业技术知识。

1956 年 11 月 23 日，聂荣臻批准国防部五院下设 10 个研究室，即六室（总设计师室），主任为任新民；七室（空气动力研究室），副主任为庄逢甘；八室（结构强度研究室），主任为屠守锷；九室（发动机研究室），主任为梁守槃；十室（推进剂研究室），主任为李乃暨；十一室（控制系统研究室），副主任为梁思礼；十二室（控制元件研究室），副主任为朱敬仁；十三室（无线电研究室），副主任为冯世璋；十四室（计算技术研究室），副主任为朱正；十五室（技术物理研究室），副主任为吴德雨。这其中有一点是值得说明和记述的，当时，有些研究室虽任命了副主任，而没有设主任，其实这些副主任都是主持工作的技术负责人，庄逢甘就是其中的一位。

20 世纪 50 年代，是科技人才寥若辰星、求贤若渴的年代。国防部五院 10 个研究室成立时，我国国内还没有空气动力学专业毕业的大学生，为了满足空气动力学事业发展的需要，从全国有关的高等院校及科研单位招收了部分数学、物理、机械等相关专业的大学毕业生，改行学习和从事空气动力学的工作。当时，国防部五院七室除庄逢甘和戴淑芬外，只有 18 位 1956 年毕业的大学生。这 18

庄逢甘（左）与任新民（右）

2004年，祝贺航天工业部老部长郑天翔90寿辰合影留念（前排左起：屠守锷、梁守槃、郑天翔、任新民、黄纬禄、郑天翔夫人；第二排左起：庄逢甘、陆元九、梁思礼、王礼恒）

位是：张文杰、杜建国、郑永藻、刘炜、李颂辉、廖寿琪、俞其茂、周运钧、吴志贤、程银海、钟文、詹励炳、黄景云、熊永年、徐少白、涂光琪、赵自正、丁光辉。鉴于此情，庄逢甘审时度势地明确提出："边干边学，干完学会。"为了促进人才的尽快成长，庄逢甘在紧张而繁忙的领导工作和科研工作中，积极组织安排有关课程的讲授，并亲自登台授课。如钱学森讲授导弹概论，史超礼教授讲授航空概论，卞荫贵教授讲授超声速空气动力学，还有自动控制论等。他还自编讲义，亲自讲授空气动力学。

庄逢甘当时组建和领导的国防部五院七室，经过培育、繁衍、成长，迄今已发展成为两大空气动力研究试验基地，一个是位于北京西南郊的中国航天空

1957年，庄逢甘（后排左五）与国防部五院七室建室的同志们合影留念

气动力研究院，一个是位于四川绵阳的中国空气动力研究与发展中心。这里培养的都是我国航空航天空气动力学研究与试验的生力军。

2. 技术科学 服务型号

早在1947年8月，时任国立交通大学航空工程系助教时，庄逢甘曾有幸聆听了从美国短期回国的钱学森教授所作的“发展工程技术的问题”的学术报告，对他学术思想、方向的初步形成、渐进、发展奠定了基础。他后来就读美国加州理工学院航空研究院，师从李普曼教授，这位国际著名的数学家和流体力学家非常注重理论研究，庄逢甘自己数学、物理功底又十分深厚，长于物理分析和数学建模与推演，加上当时所处的环境与条件，还没有具体的、明确的工程需求背景，作为研究生或教师的庄逢甘，无疑会在流体力学理论研究上投入更多的精力，十年磨剑，硕果累累。1955 年 11 月，钱学森又明确地对庄逢甘说：“现在主要不是搞理论研究，而是要搞工程建设，没有工程建设，理论研究是空的。”尔后，随着他调入国防部第五研究院，其学术思想和方向进一步明确，通过 50 多年的航天型号工程研制和航天空气动力学、气动热力学研究试验的实践，充分彰显和证明了庄逢甘是钱学森技术科学思想的践行者，是哥廷根学派继普朗特、冯·卡门、钱学森、陆士嘉等之后，我国的正宗传人。

钱学森曾提出：技术科学工作者应掌握三方面的工具，或者说必须具备三个方面的条件，即工程分析的数学方法、工程问题的科学基础以及工程设计的原理与实践。也就是说，技术科学工作者必须具有坚实的数学基础，能将物理问题进行数学建模并熟练地进行工程技术科学问题的分析与计算；具有坚实的科学基础，能准确地提炼出工程中的科学问题，为工程问题的解决提供充分的科学依据，从而适应科学技术和工业发展的需要；要对工程技术有足够的认识和理解，要有工程观点，对工程问题要有数量的概念和判断能力，熟练地掌握工程设计的基本原理并参与和指导实践。

庄逢甘完全具备一位技术科学工作者的条件和能力，并在践行中不断提升能力和积累经验。1956 年年末，国防部五院空气动力研究室刚成立，钱学森就给该室下达了三年内要完成的四项任务：为各类型号设计提供所需要的空气动力资料，编撰高速空气动力学手册，着手建立现代化的空气动力学实验室，适当开展具有关键性及有发展前景的空气动力学课题研究工作。完成这四项任务与庄逢甘践行技术科学思想的历程是一致的，即解决各类导弹型号的空气动力学问题，建立空气动力学研究的三大手段：理论计算，风洞试验，飞行试验。各类飞行器设计中所需要的空气动力学数据也必须通过这三大手段来获取。理论计算是指通过基于近似理论的工程计算和空气动力学控制方程的数值计算。风洞是模拟飞行器或物体周围气体的流动，并可度量气流对飞行器或物体的作用以及观察气体流过飞行器或物体时的物理现象的一种管状的实验装置；风洞试验是在风洞中安装飞行器或其他物体的缩比模型，利用人工产生气流和控制气流，研究气流流动及其与缩比模型之间的相互作用，以了解实际飞行器或其他物体的空气动力学特性的一种空气动力学实验方法。飞行试验是指真实的飞行器的实际飞行，飞行试验只能在飞行器研制出来后才能进行，且耗资巨大。因此，在飞行器研制之初，要确定初步的气动外形，只能通过理论计算和风洞试验两种手段获得飞行器的空气动力性能参数。

国防部五院创建后，各类导弹型号的仿制、改型研制与独立自主研制工作相继展开，包括：液体弹道式地地导弹仿制“1059”（P-2）近程导弹（1964年3月后改称“东风一号”），改型研制东风二号中近程导弹，独立自主研制东风三号中程导弹；地空导弹仿制“543”（C-75）中高空地空导弹（1964年3月后改称“红旗一号”），改型研制红旗二号中高空地空导弹，独立自主研制红旗三号中高空地空导弹；飞航式海防导弹仿制“544”（П-15）导弹（上游一号舰舰导弹），改型研制海鹰二号岸舰导弹，独立自主地研制鹰击八号、海鹰三号、鹰击一号等导弹。这些导弹型号的研制都急切地需要解决空气动力学问题。随之，国防部五院的空气动力学研究试验机构不断扩大，1957年12月，国防部五院决定将空气动力研究室与一分院三室（冲压发动机研究室）合并，成立国防部五院直属的第三研究室，庄逢甘任副主任；1959年4月，国防部五院决定将第三研究室组建为空气动力研究所，庄逢甘被任命为副所长；1961年9月1日，国防部五院三分院成立，9月15日，国务院总理周恩来任命庄逢甘为三分院副院长兼空气动力研究所所长，同年12月23日，他晋升为技术上校军衔。

1957年9月上旬，以聂荣臻为团长，陈赓、宋任穷为副团长的中国政府代表团，同以苏联部长会议副主席别尔乌辛为首的苏联政府代表团进行了谈判。

10月15日，双方签订了《中华人民共和国政府和苏维埃社会主义共和国联盟政府关于生产新式武器和军事技术装备以及在中国建立综合性原子工业的协定》（简称新技术协定）。协定中明确，在1957年至1961年年底，苏联向中国提供几种导弹样品和有关技术资料，以及导弹研制与发射基地建设的工程设计资料，派遣专家帮助中国仿制导弹，增加中国派赴苏联导弹与火箭专业的学生名额。这其中包括帮助中国建设空气动力研究中心（8108工程）。

1958年1月9日，国防部五院制定了第二个五年计划期间（1958—1962年）的研制工作规划，要点是：1959年开始仿制苏P-2（国内代号为“1059”）近程液体弹道式地地导弹，1960年开始设计射程为1200千米~1500千米的“522”地地导弹，1961年开始设计射程为3000千米的“524”地地导弹；1958年开始仿制苏C-75（国内代号为“543”）中高空地空导弹，1958年开始设计远程高空地空导弹，射程300千米，射高40千米，采用冲压式喷气发动机；1958年开始对苏C-2岸舰导弹进行改型研制；同时研究设计冲压式喷气发动机。1958年1月10日，国防部五院还制定了《喷气与火箭技术十年（1958—1967年）发展规划纲要》，进一步明确了我国开展研究设计的各类导弹的规划。

正是在这样的背景下，庄逢甘反复地思考导弹空气动力问题研究和导弹的气动外形设计问题。他很清楚，为导弹型号研制服务，提供符合要求而准确的气动性能参数，离不开三大手段，即理论计算、风洞试验和导弹飞行试验。在理论计算方面，他带领有关的科技人员，反复而深入地研究空气动力学有关的近似理论，进而建立颇具特色的工程计算方法，同时还研究、采用和改进当时国际上的一些近似方法。他组织有关的科技人员开展了积分关系法、半特征线法、费里反解法、线化特征线法和时间相关法等的研究，在这些研究工作的基础上，建立了N-S方程的求解算法。庄逢甘和他的团队在理论计算上取得和积累的科技成果，为各类导弹型号空气动力性能参数的确定，提供了必要的保证。

庄逢甘也深知风洞试验对空气动力学研究与发展是必不可少的。在国防部五院创建初期，他就作为国防部五院 8108 工程（空气动力研究试验中心工程）的技术负责人，领导并主持了中国航天第一个风洞的建设，原称 HK-2 风洞，现为中国航天空气动力研究院 FD-08 风洞。HK-2 风洞原来是哈军工 1956 年从民主德国德累斯顿飞机制造厂引进的一座直流航空发动机抽气式跨声速风洞。1958 年 3 月，中央军委考虑到国防部五院研制导弹的需要，决定将此风洞调给国防部五院空气动力研究室，建在北京航空学院（即现在的北京航空航天大学），哈军工另行安排引进。在庄逢甘的直接领导组织下，广大科技人员、工人克服了重重困难，建成了我国第一座跨声速风洞，并成功地进行了安装调试，1959 年即投入运行，为我国早期的东风系列弹道式地地导弹、红旗系列地空导弹以及飞航式海防导弹等的仿制、改型研制、独立自主研制，提供了地面模拟试验服务，在这座风洞里还进行了我国原子弹空投的模拟试验。

尔后，随着我国各类航天型号的发展，庄逢甘殚精竭虑、呕心沥血，领导决策参加了北京和四川两个基地地面模拟手段的建设。北京基地已经形成了较为完整的 1 米量级和 0.5 米量级的、从低速到高超声速的风洞群，以及 1.2 米跨声速风洞，1 米炮风洞、1 米电弧风洞、0.5 米高超声速风洞、1 米高超声速风洞等 20 多座风洞。四川基地所建成的风洞，其设备规模和数量都堪称一流，包括 2.4 米跨声速风洞、1.2 米跨声速风洞、2 米大激波风洞、200 米自由飞弹道靶、1 米高超声速风洞、2 米超声速风洞和大型低速风洞等数十座风洞。庄逢甘在这些各类航天型号工程研制中不可或缺的地面模拟设施设备研制与建设中，都作出了技术带头人的一份重要贡献。

在建设各类风洞的同时，庄逢甘还带领有关的科技人员、工人开展试验技术、测量与控制方法的研究，将这些研究成果适时地应用于航天、航空及其他有关武器装备的空气动力性能研究，使我国形成了基本完备的空气动力研究试验手段。

庄逢甘这位学科带头人更清楚，空气动力学的理论计算，包括工程方法和数值计算，都会受到假设条件与实际条件的差别、算法本身、计算工具等的局限，其准确性肯定不是十分理想；地面模拟设备和模拟试验，也不可能完全模拟飞行器实际飞行时的全部真实环境。这就需要通过必要而宝贵的飞行试验来校核，进而提高数值计算和地面模拟试验的技术水平。然而，进行一次飞行器的飞行试验，所耗费的人力、财力、物力都是很大的。庄逢甘同有关型号的总体设计人员大力协同、密切配合，确定必要而合理的飞行试验，制定飞行试验的具体方案，科学地安排遥测参数。飞行试验后，精心地组织和指导飞行遥测数据的判读、处理和分析，不仅校核了理论计算和地面模拟试验的结果，改进和提高了数值计算方法与地面模拟试验技术，而且深化了对飞行器真实飞行环境的认识，同时还从一些飞行现象中加深了对一些问题物理本质的理解。通过实践，他充分地认识到，理论计算、地面模拟试验和飞行试验是相辅相成的辩证统一体，所以他反复地向他的团队指出："三种手段结合使用是最好的办法，可以收到相得益彰的效果。"

3."淮海战役"任指挥长

20 世纪 60 年代初，我国导弹与航天事业的创业者们，在"自力更生，艰苦奋斗"方针的指引下，通过仿制和改型研制，先后仿制成功了"1059"（东风一号）近程地地导弹，"543"（红旗一号）中高空地空导弹，"544"（上游一号）飞航式舰舰导弹；又相继改型研制成功了东风二号中近程地地导弹、红旗二号中高空地空导弹、海鹰二号飞航式岸舰导弹。由于是仿制和改型研制，在空气动力学方面积累的知识甚少。随着研制工作的发展和独立自主研制工作的深入，包括空气动力学、气动热力学在内的技术瓶颈问题都凸显出来了。1969 年冬，

1962年2月2日，国防部第五研究院科学技术委员会成立留影（前排右三为庄逢甘）

我国独立自主研制的东风三号中程地地导弹，在飞行试验中，由于天线窗烧蚀不同步等原因，导致导弹弹头在低空损坏；1971年，东风四号中远程导弹在飞行试验中，又出现了弹头再入时端头被烧穿，以及造成弹头在低空损坏的问题。这两个导弹型号的三次再入飞行试验的失败，说明我们在弹道式地地导弹设计与研制中还存在技术难题，尚需加强分析总结，加强地面试验。

1975年3月，张爱萍第一次恢复工作，任国防科委主任。5月6日，国防科委向中央军委上报了《关于1977年前东风五号、东风四号导弹核武器研制工作安排的请示》，5月25日，中央军委常委会议讨论通过了这一请示，嗣后，毛泽东、周恩来、李先念等均圈阅同意。自此，加快了“东风五号”的研制进度。庄逢甘和导弹总体设计人员、弹头总体设计人员、空气动力研究人员，深知远程（洲际）弹道导弹东风五号的再入飞行速度比“东风三号”“东风四号”要高，再入热环境也要严峻得多，不清楚的问题还很多。因此，解决“东风五号”弹头的再入气动力、气动热和防热问题，已迫在眉睫，必须举全国之力，集智攻关，解决这一技术关键和难题。

正是在这样的背景下，七机部于1975年9月10日召开了“东风五号”弹头气动防热的专业会议，国防科委副主任钱学森，七机部副部长任新民，以及屠守锷、庄逢甘、林同骥等领导和科学家出席了会议，钱学森指出：“东风五号”的气动热和防热问题是重要的技术关键，解决这一关键要采用系统工程的办法，要打好这一场“淮海战役”。会议决定，庄逢甘为“淮海战役”的指挥长。会议分别就“东风五号”弹头气动防热的研究实验，防热材料的研制，进行了研究讨论。为解决弹头端头和大面积防热材料问题，成立了南北两个联合攻关组，分别对高硅氧、石墨、碳/碳等端头材料，从材料制造工艺、产品性能等方面进行研究。后来，上海硅酸盐研究所、上海机电二局新江厂和七机部一院14所等单位联合研制成功了碳/石英复合材料端头帽，在“东风五号”全程飞行试验中经受住了考验。

远程（洲际）弹道导弹弹头的气动防热技术攻关，钱学森将其称之为“淮海战役”，主要的攻关内容有两个方面：其一，弹头烧蚀防热技术；其二，弹头再入稳定性技术。当时，钱学森对庄逢甘讲：“首先导弹弹头不能烧坏了，因为弹头再入时飞行速度很高，弹头表面总是要烧的，但不能烧坏了；其次是被烧后的弹头仍能稳定飞行，不能翻跟头，如果再入时弹头翻跟头，那就出问题了。”钱学森还讲，要取得“淮海战役”的胜利，就要采取系统工程的办法来实施和管理。庄逢甘对钱学森所讲的问题和思想心神领会，作为长期从事空气动力学研究的科学家，他十分清楚：洲际导弹弹头高速再入大气层时，弹头周围的空气被突然阻滞，迎风面形成一道很强的激波，弹头表面与周围空气产生强烈的摩擦，从而产生气动加热，温度可高达8000~10000摄氏度，如果弹头的结构和材料经受不住高温的考验，弹头就会化为灰烬，整个洲际导弹就会功败垂成。所以，解决洲际导弹弹头的再入气动防热问题是一场攻坚战。

庄逢甘对采用系统工程的办法更有深刻的理解，他认为，空气动力学是整个航天这个大系统中的一个模块，洲际导弹弹头的气动防热攻关本身也是一个系统工程。他在《航天工程系统中的空气动力学模块》一文中，作了进一步精辟论述：“航天工程系统是一个综合性的复杂的大系统，除了各类飞行器本体系统外，它由相关的管理系统、型号研制系统、企业生产系统、发射试验系统，以及包括财务、器材、教育、情报等在内的服务系统及其子系统模块，呈金字塔状组成。”他在文中还指出：“由于空气动力学在型号研制中的重要地位和作用，它又和发动机、控制、结构强度、材料工艺、地面设备和仪器设备等，一起构成了型号研制系统中既有联系又有相对独立性的一批模块。”他还结合弹头的气动防热问题做了进一步的阐述：“对于再入飞行器来说，特别是高弹道系数的再入飞行器，在最主要的一些问题中，再入气动力学和气动热力学占有显著的位置，以致于使空气动力学研究也变成了再入飞行器研制系统中甚为关键的复杂模块了。”

他在对弹头气动防热这个子系统认知的基础上，明确地指出：这个子系统包括烧蚀防热、再入气动力、烧蚀/侵蚀、滚动共振、机动再入、再入物理、地面模拟、飞行试验，以及数值计算和综合分析等十大问题。颇具空气动力学造诣的庄逢甘，凭借他在空气动力学界的声望，凭借他谦和宽容的品格，凭借他发扬技术民主、集思广益的作风，精心而迅速地组建了由国防科委、七机部、三机部和中国科学院，以及七机部辖属的导弹总体设计部、弹头总体研究所、空气动力等专业研究所和有关高等院校的科技专家、工程技术人员等组成的研究体系，他指挥了这一个纵横向联合、跨部门、多学科、多专业的研究体系，以型号需求为牵引，围绕这十大技术难题，进行了协同攻关。

这些跨部门的联合课题组、专题工作组，通过艰苦细致的工作，统一了标准模型、实验精度和准度、烧蚀标准外形、转捩准则等技术标准，还对粗糙度热流、不同步烧蚀、沟槽与花纹、驻点烧蚀、机械剥蚀、动稳定性、喷流中烧蚀试验、遥测数据换算成气动力、回收实物分析和热应力计算等课题进行了全面的分析、研究、对比和评价，促进了气动防热技术工作的开展。

庄逢甘不仅是一位尽职尽责、杰出的技术指挥员，而且是一位率先垂范、亲力亲为的实干者。弹头气动防热技术攻关经过了三个阶段：第一阶段是集中攻克洲际导弹弹头气动防热急需解决的技术关键问题，第二阶段为系统而深入地研究和解决第二代弹头和机动弹头的气动防热问题，第三阶段为再入气动防热系统工程进一步完善和发展阶段。他领导和参加了这三个阶段全过程的工作，特别是在第一阶段中，他直接深入课题组，同有关的科研设计人员、试验人员共同查看试验数据，分析研究试验结果；与计算流体力学研究人员讨论计算格式、算法；还在深入分析研究的基础上，对一些子课题和设备的研制与购买适时地作出决策……这些都极大地促进了攻关工作胜利的进程。

在防热设计的攻关中，当时的数值计算方法还不成熟，庄逢甘煞费苦心，将跨单位的科技人员组织起来，采用工程计算与数值计算、半数值计算相结合的办法进行理论计算，并采用理论计算和地面试验相结合的办法，为防热设计提供了可靠的依据。在地面试验方面，当时缺少大尺寸的地面试验设备，他千方百计地想办法，在充分利用现有地面设备的同时，还同有关科技人员商定，利用液体火箭发动机燃气流进行试验，经过多方努力，先后解决了粗糙壁测热、烧蚀粗糙度测量及数据处理、粗糙壁热增量机理试验、热增量的数学描述及由于粗糙度影响的转捩准则、烧蚀图像、机械剥蚀等一系列难题，建立并逐步完善了一套气动热环境的工程计算方法和烧蚀与热响应的计算方法，同时，也搞清楚了材料的耐烧蚀性能，确定了安全裕度。正是由于这一系列研究与试验成果，才保证了防热设计的成功。

与此同时，他还与防热材料的研究试验联合攻关组密切配合，终于研制成功了符合防热设计要求的碳 / 石英复合材料的端头帽，并经受住了远程（洲际）弹道式地地导弹全程飞行试验的考验。

在解决了弹头再入时不被烧穿的问题的同时，庄逢甘还组织开展了弹头飞行稳定性的研究。首当其冲的是弹头外形的优化设计问题，因为弹头外形设计的优劣，直接关系到弹头的气动稳定性。他组织并带领导弹总体设计部、弹头总体研究所和空气动力研究所的有关科技人员，采用他历来倡导的理论计算与试验研究相结合的方法，进行了大量的研究，对各种不同的弹头外形方案进行了系统的风洞试验，获得了大量的试验数据；同时，采用无粘流和粘性流的数值解法以及自行改进和发展的多种工程算法，进行了大量的计算，然后，通过综合分析、对比，建立了优化的计算方法和程序包，选定了优化的弹头外形。

然而，弹头在飞行过程中要经受严峻的热环境，必然被烧蚀，引起外形的改变，弹头的压力中心和质心位置以及阻力系数等相关的气动性能参数，都必然发生变化，进而影响弹头飞行的稳定性。因此，弹头沿弹道飞行过程中会出现哪些外形变化，外形变化后的弹头的气动特性如何，即烧蚀对弹头气动特性的影响，这是研究弹头再入稳定性两个互为耦合的研究课题。庄逢甘十分清楚，弹头烧蚀后的外形变化及烧蚀对弹头气动特性的影响，这是一项难度很大的综合性研究项目，它不仅是空气动力学专业本身的问题，也与气动热力学、飞行力学、防热材料以及防热设计等密切相关。他组织领导和带领弹头总体研究所、中国空气动力研究与发展中心、中国航天空气动力研究所、中国科学院力学所及有关高等院校的研究力量，开展了艰苦卓绝的攻关工作。

首先开展了典型烧蚀外形和烧蚀图像的研究，他带领科研人员经过反复而深入的研究，提炼出了描述不对称烧蚀外形的重要参数：驻点烧蚀后退量、层流帽半径、层流帽曲率半径、驻点偏移量、端头偏转角、端头半锥角、端头凹陷率等。然后，结合弹头原始设计的参数，确定出若干种可能的烧蚀不对称外形，进而提出了烧蚀对弹头气动特性影响的预测方法。

关于烧蚀图像的研究，他们采用电弧加热器对真实材料进行烧蚀试验，并利用常规超声速风洞对低温烧蚀模型进行试验，得出了一些重要结论，对烧蚀有了比较清晰的认识：端头驻点之后出现一定数量的沟槽，端头上面出现了大面积菱形花纹、扇形花纹和鱼鳞坑等局部变形，对端头后部得出了烧蚀图像周期性变化的规律。

在开展烧蚀外形和烧蚀图像研究的同时，庄逢甘还亲自调集精兵强将，组织攻坚队伍，开展了三个方面的研究工作。第一，烧蚀对常规气动特性影响的研究，主要研究对气动阻力、弹头压力中心、升力和俯仰阻尼的影响。按弹头烧蚀后外形变化的研究试验结果，对烧蚀后的弹头进行分类，然后制造模型进行地面风洞试验；数值计算上无论是计算方法的成熟度，还是对变化了的外形处理上，都有很大的不完善性，工程计算发挥了很好的作用，在改进和发展等效体方法的基础上，应用烧蚀头部的等阻力球头的方法，即二次等效的概念，较好地处理了端头对后身部气动特性的影响。第二，开展烧蚀对小不对称气动力影响的研究，此对提高弹头再入精度至关重要，特别是这一因素和其他物理因素的耦合影响，可能导致出现滚速过零、滚动共振和配平攻角增大等问题，这些问题都有可能造成灾难性的故障。为此，庄逢甘带领科技人员攻坚克难，终于较圆满地解决了这一难题。第三，开展了弹头的烧蚀——气动耦合计算方法研究，即利用计算机对弹头再入飞行过程进行数字仿真研究。庄逢甘高度重视这一工作，他将弹头总体、空气动力学、气动热力学、飞行力学和防热等专业的科技人员组织起来，一起分析讨论和建立有关的数学模型，并亲自审核把关；他还竭尽全力为计算提供条件，和有关的科技人员、试验人员一起制定试验方案，一起分析研究计算结果和风洞试验结果。正是由于庄逢甘和他的同事们共同努力，才为弹头的气动设计提供了大量而可靠的依据，并使弹头总体设计人员对弹头再入过程中的外形烧蚀及其对气动稳定性的影响等，都有了比较清晰的认识，从而提高了弹头的设计水平。

庄逢甘和他的团队，通过烧蚀防热和再入稳定性的研究试验，取得了一系列的科技成果，有效地解决了“不烧穿”和“飞得稳”这两个“淮海战役”中的难题。1978 年 10 月 5 日进行了“东风五号”低弹道飞行试验，1979 年 9 月 23 日进行了“东风四号”全程飞行试验，均获成功，再入弹头经受住了考验。1980 年 5 月 18 日，“东风五号”进行了全程飞行试验，再入弹头经受住了耐烧蚀和再入飞行稳定的考验。至此，钱学森称谓的、庄逢甘任指挥长的“淮海战役”取得了胜利，这其中凝聚着庄逢甘和所有参加这一战役的科技人员、工人、干部的心血和聪明才智，庄逢甘功不可没。

4. 未雨绸缪 研究二代

在弹头气动防热技术攻关的过程中，先后召开了七次大型工作会议和多次分专业会议，庄逢甘参加了全部的大型会议，还参加了一些主要的分专业会议，他和有关科技人员一起讨论、研究问题，发表了诸多颇有见地的意见，指导攻关工作的进展。难能可贵的是，他按着“凡事预则立，不预则废”的哲理，在我国第一代洲际弹道导弹弹头气动防热技术攻关取得丰硕成果并成功地用于弹头设计，且导弹型号即将进行飞行试验之时，他和他的同事们未雨绸缪，开始瞄准第二代弹头的研究。1979 年 6 月，在四川绵阳召开了弹头气动防热技术攻关的第三次会议，会议的主题是总结第一代弹头气动防热技术的研究成果和经验，讨论第二代弹头的气动力学和气动热力学的研究方向，并制订下一阶段的研究试验大纲。庄逢甘在这次会议上，做了《再入问题的理论与实践》的主旨报告，他回顾和总结了开展攻关工作五年来所取得的研究成果，并分析了国内外有关科技的发展趋势和国内导弹事业对弹头气动防热技术的需求，提出了后续的弹头气动与防热技术研究的要点。各参研单位也都做了相应的报告。在此基础上经过充分的讨论，形成了以第二代弹头为背景的《1979 至 1985 年弹头气动力学和气动热力学研究试验大纲》，在这份大纲的制订中，庄逢甘带领有关科技人员，采用了系统工程原理，将弹头再入工程作为一个大系统，对这一大系统进行了系统分析和论证，明确烧蚀防热是弹头再入问题的核心，它不仅关系到整个防热设计，而且会影响到弹头的阻力、稳定性、粒子云侵蚀、滚动、机动再入、再入通信等多个方面。正是由于采用了系统工程的方法，使得整个研究试验工作明确了整体目标和阶段目标，各个子课题和各种研究试验手段相互配合，当前工作与长远工作相互结合与兼顾，使整个研究试验工作，得以全面协调和可持续发展。

尔后，庄逢甘又会同黄志澄、董兴德，在他的主旨报告和他主持制定的《1979 至 1985 年弹头气动力学和气动热力学研究试验大纲》的基础上，进行了补充和系统的论述，联名在《宇航学报》1981 年第 3 期上发表了《再入气动理论和实验》的论文。在这篇论文中指出："战略导弹武器的发展，要求进一步提高再入飞行器的突防能力、生存能力和命中精度。"文章针对高弹道系数再入的弹道式再入飞行器和机动式再入飞行器的再入空气动力学和气动热力学研究的现状、存在的问题以及解决的途径等，进行了全面系统而深入的论述。包括烧蚀防热、气动力、粒子云侵蚀、滚动共振、机动再入、再入物理、地面模拟试验、飞行试验、理论研究、综合分析等十个问题，前六个问题是论述第二代战略导弹武器研制中，所遇到的空气动力学、气动热力学的主要关键技术问题，后四个问题论述了解决前述六个技术问题的途径和办法。至此，庄逢甘对第二代弹头再入和机动再入技术，已经有了一个比较全面而系统的认识。

光阴荏苒，斗转星移。历史进入了 20 世纪 80 年代中期，我国的导弹与航天事业正突飞猛进地发展，第二代战略导弹的研制工作正式提上了中国航天的议事日程，庄逢甘 1979 年的主旨报告和 1981 年发表的论文，确实是起到了承上启下的作用，既总结了第一代弹头气动力与气动热研究试验的成果，又对第二代弹头的气动力学、气动热力学的研究工作提出了指导性意见，1981 年 11 月，庄逢甘又主持召开了面向第二代弹头的气动力学、气动热力学研究试验的会议。庄逢甘在会议上指出："为适应 2000 年后的战略需要，我国战略导弹的弹头（半径）向小型化、强突防、高精度、全天候方向发展，还需要考虑应对 SDI（美国战略防御计划，俗称星球大战计划）一类空间武器，需要开展机动飞行技术研究。这些都对气动力与气动热研究提出了新的任务和更高的要求。

先进的气动力、气动热和防热设计，解决小不对称和滚转异常等问题，巧妙地运用再入物理现象提高突防性能，提高弹头抗粒子云侵蚀能力等，都是设计先进弹头的前提。”他还语重心长地说：“空气动力学和气动热力学工作者是任重道远啊！”这次会议还对1979年6月会议通过的《1979至1985年弹头气动力学和气动热力学研究试验大纲》进行了再次讨论，提出了补充和修改的意见，形成了新的补充修订稿，明确了第二代弹头气动力和气动热研究试验工作的目标、技术途径和攻关内容。

正是由于有了这个研究试验大纲，并按此大纲开展了研究试验工作，取得了丰硕的科技成果，如在再入通信中断、突防再入物理现象、抗粒子云侵蚀、弹头回收的气动问题、双波干扰、滚动共振和滚速过零等方面的研究，都取得了许多科技成果。在取得这些科技成果的过程中，在气动力与气动热试验的设施设备建设、科技队伍的培养锻炼、理论计算方法、试验方法、试验数据的分析与处理等方面，也都有了长足的提高。这些都为第二代弹头的气动研究与设计，奠定了坚实的技术、人力资源和物质基础，同时也促进和推动了我国空气动力学事业的进步与发展。

更为难能可贵的，庄逢甘所倡导并亲自组织的我国第一代洲际导弹弹头气动力与气动热技术攻关的组织形式、系统工程的管理办法等，经历了第一代弹头研究试验的实践考验，证明是符合中国国情和行之有效的。通过这一研究试验大纲，这一联合攻关的组织形式和管理办法得以继续和延伸，1984 年 7 月 10 日，国防科工委正式宣布成立“战略导弹弹头气动研究协作攻关办公室”，要求办公室组织全国与弹头研制有关的研究、设计、试验力量，采用系统工程方法进行计划管理，按既定的弹头气动研究的关键技术，积极开展研究试验工作。这样，就使钱学森提出、庄逢甘坚持不懈执行的技术科学思想和系统工程的管理办法，在中国航天空气动力学领域，得到了有效的继承和弘扬，为第二代弹头的设计、研制的圆满成功提供了重要的保证。

庄逢甘

庄逢甘院士传记

Academician Zhuang Fenggan's Biography

第五章

领导主持　创建基地

庄逢甘始终将风洞实验设施设备建设和研究试验基地建设，放在头等重要的位置。他是北京、四川两个空气动力学研究试验基地的奠基人和开拓者之一，称得上劳苦功高，贡献卓著。

1956年8月，庄逢甘奉调进京，参加筹建国防部五院，1956年10月8日，国防部五院成立。1956年11月，他被任命为国防部五院第七研究室（空气动力学研究室）副主任，主持工作。时任国防部五院院长的钱学森给空气动力学研究室下达任务，要求三年内完成（开展）四项任务，其中一项就是着手建立现代化的空气动力学地面风洞试验设施设备。1957年10月15日，中苏两国政府签订了《新技术协定》，其中包括提供空气动力研究中心工程（8108工程）的设计资料，庄逢甘担任8108工程的技术负责人。

庄逢甘深知风洞对空气动力研究具有举足轻重的作用，并知研究试验基地的建设关系到我国航天空气动力学事业乃至整个航天事业长远发展的大计，所以他全神贯注、始终如一地抓风洞建设，抓风洞设备的研制，抓研制试验基地的建设，直至北京云岗、四川绵阳两个研究试验基地建成，投入使用。可他仍在学习、研究科学技术的新趋势、新发展，努力追求在风洞试验设施设备、试验方法等方面缩小与发达国家的差距。

1. 8108工程　技术负责

庄逢甘就任国防部五院空气动力研究室技术负责人后，就开始运筹帷幄，绞尽脑汁地思索和开展空气动力学中理论计算、风洞试验设施设备建设与试验方法、空气动力学科技队伍的培养与发展等一系列问题。经钱学森和庄逢甘提议，1958 年 3 月，中央军委决定将原计划在哈尔滨军事工程学院由民主德国援建的跨声速风洞 HK-2，迁到北京航空学院建设，由国防部五院筹建，请民主德国专家指导。在庄逢甘的直接领导与组织下，广大科技人员团结一致，齐心协力，克服了重重困难，如该风洞原是按哈尔滨军事工程学院的地质条件进行设计的，而北航与哈军工的地质条件不同，地基下 4 米就出水，必须按北航的地质条件重新进行设计，他指派曹如明等完成了这一任务。他们鼓足干劲，快马加鞭，在 1959 年就安装调试成功，并投入到型号试验之用，先后为早期的东风系列的弹道导弹、红旗系列的地空导弹、飞航式海防导弹以及原子弹等进行过吹风试验。

1957 年 8 月，庄逢甘主持并组织有关人员起草了我国第一个航天空气动力学试验基地的设备建设规划，该规划列出了 16 个多种类型和不同尺寸的风洞。尔后，在他的领导下，按此规划开始了我国第一个空气动力研究试验基地——国防部五院空气动力研究所（即现在的中国航天空气动力技术研究院）风洞的全面建设。为了尽快培养掌握风洞设计技术并能进行风洞试验的专业技术人才，他亲自给年轻的大学毕业生讲授空气动力学，还组织编写了《新型风洞汇编》一书，有关人员人手一册，为风洞建设做好准备。

1957 年 11 月 15 日，中苏两国签订了《新技术协定》，协定规定，在 1957 年至 1961 年年底期间，苏联向中国提供几种导弹样品和有关资料；苏方派遣技术专家，帮助中国仿制导弹；苏方向中方提供导弹研制试验和发射基地的工程设计图纸与资料；增加中国派赴苏联的火箭专业留学生名额。这其中包括苏联向中国提供空气动力研究中心工程（代号为 8108 工程）的设计图纸与技术资料。

随后，庄逢甘作为8108工程的技术负责人，同苏联进行了多次谈判，先后形成了《空气动力中心设计任务书》《空气动力研究中心建设工程基建设计任务书》《8108工程基建初步设计审核议定书》等文件。在这些文件的编制和获批过程中，他都以严肃认真、一丝不苟的精神，严格把关，从而保证了这些技术文件的质量，使建设工作得以顺利开展。

随着我国导弹事业和空气动力事业的创建发展，以及8108工程的实施，1959年4月24日，国防部五院决定将第三研究室组建为空气动力研究所，庄逢甘被任命为副所长，其主体从北京航空学院搬迁至北京西南郊云岗地区马列主义学院二分院旧址。自此，在燕山脚下、牤牛河畔，开始了中国第一个空气动力学研究试验基地的建设与发展历程。

根据中苏双方签订的协定，中方将从苏方引进0.6米×0.6米跨声速风洞、小型高超声速风洞、低密度风洞、电弧加热器及小型电弧风洞、2.5米低速风洞和动力站等有关资料与图纸。协定还规定，苏联将派雷任等风洞设计专家来华讲课。技术资料与图纸运到后，国防部五院空气动力研究所与三机部四院随即一起翻译风洞的图纸和资料，到1960年，赫鲁晓夫集团单方面撕毁合同，苏方于1960年8月撤走了全部来华专家，停止提供图纸与资料。又时逢三年经济困难时期，8108工程建设遇到了极大的困难。党和国家领导人邓小平、李富春、薄一波等亲自前往空气动力研究所视察、指导，鼓励广大科技人员、工人、干部，要毫不动摇地继续进行我国空气动力学研究试验基地的建设，要发扬自力更生、艰苦奋斗的精神，按时保质地完成工程建设和设备安装任务。

庄逢甘和广大科技人员、工人、干部备受鼓舞，在那片只有马列主义学院二分院少量建筑房舍，荒无人烟、杂草丛生、野兔出没、交通不便的北京远郊区，建成了现代的中国航天空气动力研究试验基地，形成了较为完整、初具规模的1米量级和0.5米量级的，从低速到高超声速的共20多座风洞，为各类航天型号的研制提供了优质高效的风洞试验条件。同时，在风洞试验技术、流体力学理论计算等方面也有了长足的进步与发展，为各类航天型号的研制成功，提供了强有力的保证。空气动力研究所也迅速发展壮大，1959 年 4 月，该所组建时有 237 人，到同年年底，全所总人数达 781 人；1961 年 8 月，该所总人数达 3748 人。据统计，从 1979 年 1 月到 1986 年 9 月，空气动力研究所为部内外完成东风系列型号、红旗系列型号、海鹰和鹰击系列型号、歼七、运七、降落伞等军品，以及自行车、高楼、大佛等民品，共 510 多个项目，进行了 21600 多次风洞吹风试验，圆满地完成了试验任务。庄逢甘和空气动力研究所的全体人员为之付出了艰辛的劳动和汗水。

工程浩繁，设施设备技术复杂，难度非常大。然而，由于广大科技人员、工人、干部的团结奋斗，攻坚克难，只用了不到美国人一半的时间，便在北京云岗建成了多座从低速到高超声速的风洞试验设备，仅以低速风洞的建设为例便可见一斑。当时按中苏两国签订的协议，苏联应向中国提供 A-6 风洞的全套图纸和技术资料，因苏联单方面撕毁协议，中方无法拿到这些技术资料，且国内某地建设的一个 4 米 ×3 米的低速风洞又因施工质量差，造成洞体强度不够而开裂报废。来自国内外两个方面的压力，使设计人员对低速风洞的设计拿不定主意。正值此时，庄逢甘对设计人员作出了明确的指示："我们自己设计的低速风洞一定要满足战略、战术导弹及其他航天型号气动试验的要求，试验段尺寸为 3 米 ×3 米 ×10 米，最大风速能达到 100 米 / 秒，不仅流场性能要好，而且要坚固耐用。外援中断了，我们要自力更生，依靠自己的力量尽早建成。"这一席话充分彰显了庄逢甘迎着困难上、坚信中国人行、一定能建设好自己风洞的信心和决心，同时也激励了他麾下年轻的设计人员更加勤奋、细心地工作。庄逢甘和他的同事们兢兢业业，夜以继日地工作，从气动计算、载荷计算、结构设计到总体方案的选择，钱学森、庄逢甘等多次主持和参加这些专业技术会议，并发表一系列卓有见地的意见，最终经钱学森、庄逢甘批准，确定了低速风洞的方案。经全体参加人员共同努力，这一低速风洞于 1965 年建成并投入使用，所有技术指标都达到了设计要求，属国际一流水平。

还如，在 FD-02、FD-03 小高超声速风洞建成后，调试时流场一直建立不起来，庄逢甘多次亲临现场察看指导，和有关人员一起分析、讨论，经过数次试验，终于发现苏联的图纸中没有超扩段这个部件的图纸。采取措施后，流场建立问题很快得到解决，两座风洞也都调试成功，投入型号的吹风试验。

风洞建设除基建工程外，还要进行设备设计、制造和试验方法的研究。为了加快完成 8108 工程，庄逢甘于 1961 年 9 月在空气动力研究所内成立了非标准设备设计室（第八研究室），后扩编为国防部五院三分院非标准设备设计部，从事风洞等非标准设备的设计，设计完成后还要组织设计人员下厂，同生产厂进行协作、协调，下厂督察，质量把关等，为此，他做了大量艰苦细致的工作，从而保证了风洞有关设备按期保质地研制成功，使风洞建设得以顺利进行。

与风洞配套的工程也很庞大，由于风洞运行时耗电量很大，不得不自建电厂。当时，风洞运行的耗电量在北京市仅次于用电大户首钢，以至于惊动了中央领导，指示要查清哪个单位用电量这么大。与风洞配套的除电厂外，还有动力站，包括25个大气压的中压气源和100个大气压的高压气源，这其中包含众多的储气罐和高压管道，无疑是一个重大的危险群。庄逢甘深知责任重大，因此，他在这些配套工程施工和建设过程中经常深入现场，一方面抓进度，更主要的是抓质量、抓安全。

在整个风洞的建设中，庄逢甘充分运用他扎实的空气动力学知识，向风洞设计人员讲述导弹型号风洞试验的要求，需要测量的基本参数要求等，并以此对风洞设计进行技术把关。在此基础上，他适时地同有关人员一起研究讨论试验模拟的方法，对需要配套的仪器设备及测量仪器的配置与测量方法等，他都事必躬亲。风洞工程是一个多专业、多学科的系统工程，有些是他鞭长莫及的专业，但他毫不畏缩，虚心地向书本学习，向各方面的专业人员学习，特别是他善于调动各方面人才的积极性，协调有关厂家的力量，对建设中的各种问题适时地做出决策，保证了工程的顺利进行和保质按期完成。

经过五年多的艰苦奋斗和步调一致的努力，在北京建成了9座从低速到高超声速风洞试验设施设备，调试出了良好的流场，各项性能指标达到了设计要求，全面完成了北京基地工程项目（8108工程）的建设，满足了当时导弹及其他航天型号风洞试验要求。钱学森对此给予高度评价：在基础条件不好的情况下，我们只用了美国一半的时间建成了空气动力试验基地，初步掌握了跨超声速生产性风洞的型号试验技术。钱学森的褒奖与祝贺，也是对庄逢甘及空气动力研究所工作的肯定与鼓励。

2. 任副司令　建29基地

在北京空气动力学研究试验基地初具规模后，庄逢甘又针对高温环境和高超声速流场的特点，组织科技人员相继建造了脉冲风洞和电弧加热设备，使北京基地扩大了马赫数和焓值效应的基本能力。也正是在此时，庄逢甘又开始投入更大的空气动力研究试验基地——四川基地的筹划与建设工作。

1964年3月，国防科委成立了以钱学森为组长，郭永怀、沈元和庄逢甘为副组长的空气动力学专业组（第16专业组），开始规划新的、更大规模的、比较完善的空气动力研究试验基地。5月16日，庄逢甘受钱学森委托，主持召开了空气动力学专业组扩大会，有关的科技人员在对国外技术资料进行调研的基础上，作了专题报告，提出了我国发展高焓高速新型风洞试验设备的技术途径，并提出了新的空气动力研究试验基地的规划设想，会议进行了充分的讨论。会后，庄逢甘组织有关人员，根据会议形成的共识和钱学森在会议上所作的总结，提出了"关于对跨声速、高超、极高速试验设备选取的意见"，明确了高超声速风洞、电弧风洞、电弧加热器、激波风洞和低密度风洞等的性能参数和轮廓尺寸。此后，中央根据当时的形势和建设风洞的实际需要，决定在三线地区建设新的空气动力研究试验基地，由国防部五院空气动力研究所对口包建，技术上由钱学森负责，担任三分院副院长兼空气动力研究所所长和第16专业组副组长的庄逢甘，无疑成了对钱学森负责的新基地建设技术负责人。

1964年下半年，担任国防部五院三分院副院长兼空气动力研究所所长的庄逢甘，在三分院非标准设备设计部成立了"三线"风洞设计规划组，根据第16专业组提出的规划草案和1964年5月召开的空气动力专业组扩大会议形成的共识，开始制订详细的第二风洞基地的建设规划。经过论证和讨论，提出拟建大口径常规、低速、跨声速、高超声速风洞及高焓高超声速风洞、低密度风洞、自由飞弹道靶等十多座设备。这是第一份较详细的第二气动基地的建设规划。

1964年9月，国防工办、国防部五院先后召开会议，传达毛泽东主席关于国防科技工业进行三线建设的指示。据此，七机部于1965年下达了"关于三线风洞建设规划说明"，拟在三线地区建设跨声速、超声速、高超声速风洞及激波风洞，电弧加热器等试验设施设备，委托七机部空气动力研究所（701所）对口包建。

庄逢甘参加了踏勘选址，最后决定在四川绵阳地区建设我国第二个空气动力研究试验基地。庄逢甘作为技术负责人，自始至终领导和参与了四川绵阳风洞试验基地（后改称中国空气动力研究与发展中心）的建设。开始，庄逢甘作为国防科委第16专业组副组长，领导和参加了四川基地的建设，制定规划和总体方案，继而作为对口包建单位七机部三院的副院长兼701所的所长，尔后又被任命为四川绵阳空气动力研究试验基地（29基地）副司令，一直是技术负责人。他首先在701所成立了三线建设办公室，并组建了05工程队，设立4个设计组，分别对各类风洞进行设计，从各类风洞技术方案的论证、讨论、确定，到各类技术难题的解决，他都倾注了聪明才智和心血，做了大量艰苦细致的工作。他还明确提出："在风洞建设期间，必须同时启动试验技术和测试技术工作，要同时考虑和研制配套设备自动化系统与计算机控制系统。在风洞建设方面，低速风洞与高速风洞及其他特种风洞要兼顾进行建设，使之大体同时起步，这样，在人力、财力、物力上虽有困难，技术难题也相对比较多，并有更多的风险，但可以大大缩短建设周期，既可节省人力、财力、物力，更主要的是使有关的航天型号研制能尽早地得到空气动力技术的有力支持。"

庄逢甘不顾旅途劳顿，频繁来往于绵阳和北京，对四川基地的建设尽职尽责。1966年至1967年，他领导完成了我国第一座0.5米直径常规高超声速风洞的施工设计，该风洞于1975年6月30日建成投入试验；1967年，完成了1.2米直径跨声速风洞的施工设计。他还组织701所有关科技人员完成了四川基地有关设备的设计和基地测试技术研究所的工艺设计，为基地超高速所设计了8座各类高焓超声速风洞。值得一提的是，庄逢甘顾全中国空气动力学事业发展的大局，从701所抽调398名科技人员奔赴绵阳，为四川基地的建设与发展注入了生机和活力。庄逢甘对四川基地的建设和发展发挥了积极的作用，作出不可磨灭的贡献。

同时，他还审时度势，根据我国的国情和我国有关飞行器研制的需求，在设备建设方面提出了一些新的技术方案。例如，为了满足我国自行研制喷气发动机的需要，将原有的冲压发动机试车台改建为冲压发动机和喷气发动机共用的试车台，直接服务于导弹和飞机发动机的研制。

从 1965 年开始进行第二基地（7305 工程）风洞设计起，到 1975 年基地初步建成，直至 20 世纪 80 年代，四川基地得到了进一步发展，迄今已成为亚洲最大规模的空气动力研究试验基地，先后建成了 1.2 米跨声速风洞、0.5 米高超声速风洞、2 米大激波风洞和 200 米自由飞弹道靶等数十座全国规模最大、接近世界先进水平的地面试验风洞，适时地

2009年，庄逢甘（中）参加29基地国家重点试验室第一届学术委员会第一次工作会议

为我国航天、航空多种型号工程及其他有关工程研制，提供了强有力的空气动力的支持，作出了不可或缺的突出贡献。这其中凝聚着庄逢甘艰辛的劳动、心血和智慧。

3. 探索创新　理论计算

钱学森、庄逢甘等空气动力科学家都十分清楚，而且也特别强调，建设好空气动力地面试验的设施设备、理论分析与计算、飞行试验是空气动力学研究的三大手段，在建设和运用这三大手段的实践中，更是明确地提出："设备是基础，试验是关键，计算是根本，创新是核心。"庄逢甘正是按着这四句话筹备三大手段建设。

在地面试验设施设备建设中，庄逢甘既注重风洞本体设备的建设，又同步地开展计算机控制设备和测量设备的研制与安装调试；他同时狠抓试验技术、试验方法，包括试验数据的采集与处理方法等的研究，以期地面风洞试验设施设备能够及早地为各类航天型号研制提供服务。

关于理论计算，包括建立在空气动力学若干近似理论基础上的多种工程计算，和迄今仍被公认为能准确描述流体流动的 N-S 方程的数值模拟等。在 20 世纪 60 年代，由于当时的计算机水平所限，尚不可能对 N-S 方程进行全面数值模拟。为了满足导弹型号空气动力性能预测的需要，庄逢甘领导有关的科技人员开展了工程算法的研究，认为采用经典的牛顿理论和修正的牛顿方法是工程算法的一条途径，应用切锥法、切楔法和等效体法可预测导弹头部的气动性能。这样，在早期的导弹型号研制中就有了预测气动性能的初步工具。

在此期间，庄逢甘还组织和鼓励年轻的科技人员，认真钻研、创新，发展现有的计算方法，曾广存、张涵信各自独立地根据量纲分析和理论探索发展了熵层理论，这是当时最具代表性的近似理论研究工作，为近似计算开辟了新方法。时至今日，已过耄耋之年的曾广存还清楚地记得：“庄所长从严格的量纲分析入手，亲自进行公式推导，逻辑严谨，一丝不苟，最终确认了他的计算结果。尔后，他还邀请郭永怀、林同骥、沈元等科学家听取我的报告和计算结果，听取这些空气动力学家的建议与意见。”

在发展有关的近似理论、应用和推广工程算法，为导弹型号研制提供气动性能参数预测之时，庄逢甘在20世纪60年代初，就颇有远见地在国防部五院空气动力研究所组建了计算机与计算方法研究室，集中了一批数学专业的科技人员，开展数值模拟的探索研究，具有代表性的工作有：开展了积分关系法、半特征线性法、费里反解法、线性化特征线法、时间相关法等的研究。20世纪60年代初，他倡导并亲自领导组建了空气动力研究所六室（理论研究室），以其前瞻和超前的思维，提出了设立非定常空气动力学组等，经他批准，六室设立飞行力学组、气动力组、非定常气动力组、气动热组等四个工程组。实践证明，成立六室和所设立的四个工程组是十分必要，而且是正确的。例如，导弹在飞行中出现的非定常问题十分复杂，直接危及导弹飞行试验的成败，所设立的非定常空气动力学工程组对非定常问题的研究，对保证导弹型号飞行试验的成功发挥了至关重要的作用；气动热工程组在庄逢甘的亲自指导与参加下，开展了气动防热理论与烧蚀、非烧蚀防热等课题的研究，为解决远程洲际弹道导弹再入弹头不被烧穿和不翻跟头的技术难题，作出了贡献。六室的各工程组几乎投入了全部的力量，参加了被称为“淮海战役”的大会战和载人航天工程十大关键气动难题的攻关，为之作出了不可磨灭的重要贡献。2004年，701所发展为中国航天空气动力技术研究院，701所六室也发展成为该院的第一研究所，继续为我国航天空气动力学事业的发展与进步而努力奋斗着。20世纪70年代，庄逢甘又组织和领导了一批流体力学专业的科技人员，开展Euler方程和N-S方程数值求解的研究，使我国计算空气动力学步入了一个新的快速发展阶段。他采用有限差分法求解，在算法、格式和湍流模型的建立等方面做了大量的研究工作，他还将有限元方法引入气动热力学求解中。

1978 年，在位于四川绵阳的中国空气动力研究与发展中心的第六研究所，成立了计算空气动力学研究分所，张涵信被任命为分所所长。钱学森给张涵信和计算空气动力学研究分所做了指示：①分所的主要设备是计算机，要关心大计算机技术的发展和利用；②要发展计算方法，如有可能，还要研究解决湍流方程的方法；③要为航天航空工程服务，使计算空气动力学真正成为解决工程问题的一大手段；④分所要办得有特色，有亮点，在这方面有问题可找庄逢甘同志，他航天方面的工作很忙，你要抓住他，需先有主意，然后请他帮助，我已和他打了招呼。按照钱学森的指示，张涵信与庄逢甘有了更频繁的接触和交流。

庄逢甘在其几十年的科技生涯中，始终不渝地认为：在科技和学术问题上，应充分地发扬民主，进行自由、平等的讨论，在学术问题上人人平等。正是在这种理念的指导下，从科技管理到计算流体力学，庄逢甘与张涵信进行了广泛的交流和深入的讨论。此时，庄逢甘也正在研究计算流体力学问题，因此，讨论起来更有共同语言。

庄逢甘在计算流体力学研究内涵的诠释，计算流体力学的研究方法、具体算法、格式及应用的研究等方面，都发表了颇有见地和具有指导意义的意见，有力地促进了计算流体力学的发展。计算流体力学是用计算机和计算数学方法求解流体力学方程的一门学问，包括计算机技术、计算方法、流体力学三方面的知识。庄逢甘与张涵信经过认真的思考与讨论，提出了计算流体力学应包含计算机、计算网络、计算方法、计算机理、计算结果即流场显示或作图五个部分，其最终目的就是工程应用。特别是他基于 30 多年从事空气动力学研究的实践，提出了计算机理，即将机理分析（物理分析）与计算流体力学的其他方面相结合，其意义十分重大，使人们有一种正本清源之感，告诫人们：计算流体力学研究必须做到物理机理分析与计算数学有机结合。在讨论中，庄逢甘还提出，国外对这几项是如何叫法，不要和人家冲突。计算机:Computer；网络:Grid 或 Mesh；方法:Method；机理:Mechanism；作图:Mapping。这其中有四项都可以用英文字母“M”开头，他又说，计算机早期有一种称谓:Calculated Machine，也可以说“M”开头。这样，计算流体力学的内涵可以用 5 个“M”表述，再加上一个应用（Application），就是“5M+A”了。他还与张涵信商定，要将“5M+A”的意义做出系统而详细的解释。尔后，这一解释发表在庄逢甘主编的《计算流体力学——差分方法的原理和应用》一书的前言中。

庄逢甘关于“5M+A”的思想由来已久。1978 年 5 月 2 日，在杭州召开了关于计算空气动力学的会议，他在会上作了主旨报告《计算空气动力学的回顾与发展》，他指出：“计算空气动力学是空气动力学和计算数学相结合的边缘学科。近 20 年来，计算空气动力学获得迅猛发展，以至于有的数学家，如 D.R.Chapmen 就预言，不久的将来，计算空气动力学的计算结果可以代替风洞的试验结果。但是，我们很清楚计算空气动力学的计算方法，往往还不是严格的计算数学，也可以说有些计算方法没有严格的理论依据，而是一种启发性的方法（Heuristic method）；从空气动力学本身来讲，力学模型也往往不完善，甚至还包含有错误的成分，例如，有关湍流的模型。因此，计算空气动力学的发展有赖于计算方法与力学模型建立两方面的密切配合。”

在这篇主旨报告中，他还阐述了物理稳定性与数学稳定性的问题，指出：“我们要小心地将本来是物理上不稳定的状态用数学工具稳定下来。物理稳定与数学稳定是有联系的，但必须清楚一个是物理概念，一个是数学概念。”

庄逢甘将计算流体力学的研究与发展视为北京、四川两个空气动力学研究与试验基地建设的组成部分。从 20 世纪 70 年代末到 80 年代初，他为之绞尽脑汁，煞费苦心，亲自承担研究课题，指导和推动我国计算空气动力学的研究与发展，先后倡导和主持召开了全国第一届流体力学数值方法讨论会、全国计算流体力学交流会和第一届全国流体力学会等，还先后发表了《计算空气动力学的发展意义和作用》《再入气动问题与计算空气动力学》《高速粘性流的数值计算》《跨声速空气动力学的有限元研究》等多篇论文。他亲力亲为，积极地推动计算基本方法、数值方法与工程模型相结合，计算机理以及应用计算机推导方式，网络生成与流场显示或作图等方面的推广和发展，对我国计算空气动力学的发展起到了重要的指导作用。

关于计算空气动力学的最终目的是应用于型号工程（一个“A”）的思想，与他笃行的技术科学思想是一脉相承的，他还为此做了有针对性的论述。1981 年 8 月，他发表了《再入气动问题与计算空气动力学》的论文，在这篇论文中，从题目到内容都体现了这一思想，他在引言中指出：“正如多罗得尼金所言，要在地面试验中完全模拟再入弹道的空气动力环境是不切实际的要求。我国目前的模拟能力是有限的，由此可见，再入问题的研究与计算空气动力学是密切相关的。”他还结合我国洲际弹道导弹弹头再入攻关取得突破后，要转入新的研究阶段的实际，在引言中谈道："对于洲际弹道导弹弹头，首先是解决弹头再入时不被烧穿和飞行过程中稳定这两个问题。我们所取得的流体力学研究成果、地面风洞试验和飞行试验结果，三者基本符合，说明我们的工作是有成效的。"接着他颇具预示地指出："为了满足下一步'一小二活'（即小型化和机动）的要求，还有更多、更复杂的问题等待我们去解决。机动的动力主要来自气动力，机动弹头的气动问题是目前最具挑战性的前沿空气动力学问题。"

在这篇论文中，他论述了弹头小型化和机动性所带来的一系列气动问题，提出了对计算空气动力学的要求。他指出："再入气动问题是复杂的，这些问题的解决不仅为基础气动理论研究提供成果，而且能解决再入飞行器设计中的实际问题。这对计算空气动力学就提出了更高的要求，要研究达到实用程度的计算方法，数学的描述要正确模拟要解决的物理问题，计算结果有较高的准确度，计算程序的效率要高，占用中央处理机（CPU）的时间要少，同时计算程序要具有较大的灵活性，以便于修改补充，应对更复杂的问题。"他之所以进行详尽的分析、论述，并提出了明确的要求，其目的就是使计算流体力学的研究真正起到为型号设计服务的作用。

为此，他还率先垂范，亲自进行一些课题的研究，并将所取得的科技成果在有关的学术会议上作报告，以期推动和促进计算流体力学的进步与发展。1982年8月，他在全国第一届计算物理学术会议上作了《关于高速粘性流的数值计算》的报告，他根据取得的计算结果指出：“高速粘性流的数值计算研究有很重要的实际意义，在高雷诺数下就更为突出。这是由于现在考虑研究的飞行器的雷诺数范围要高出已有地面模拟设备的一至两个量级，甚至还更高。新建高雷诺数的地面模拟设备投资大、周期长，运转费用也非常高，随着电子计算机技术的发展，使我们有可能对复杂的飞行器外形进行可靠的气动计算，这正是高速粘性流数值计算的目的。”

庄逢甘领导和推动我国计算流体力学的发展，并不满足于原则性的指导和一般性的号召，而是深入到课题组，同有关的科技人员一起研究、讨论具体的科技问题，例如，他曾同张涵信等从事计算流体力学研究的科技人员，讨论计算格式，一起提出了耗散型、色散型等四种基于物理分析与数值计算相结合的NND差分格式；他还同傅德薰等讨论提高数值计算准确度的关键问题，并有效地提高了数值计算的准确度。

更为难能可贵的是，他在领导、指导和推动我国计算空气动力学发展中，更重视学科的发展方向、学科的研究途径与方法以及学科发展的目的和存在的问题等，适时地提出中肯而有见地的意见，他指出：“我们的目标是长期坚持，锲而不舍，大胆探索，大胆创新，一定要走出自己的路子来。”他对计算流体力学科技工作者寄予厚望，满怀激情地指出：“我们提倡科学研究要转化为生产力，希望现有的计算程序能达到实用化，通过实践发现理论的不足，进而改进方法，进一步推动理论工作的发展。”他还十分注意洞察和搜集国内外计算流体力学发展的新动向、新进步、新成果和新动态，针对我国发展中存在的问题和不足，谆谆地告诫有关的科技人员：“希望进一步重视和加强当前还不够重视的薄弱环节，如可视化系统和前后处理系统的研究，这一研究将有助于更好地分析计算所得到的海量数据，发现新机理，取得新成果，更便利于推广应用。”

庄逢甘对我国北京、四川两个航天空气动力研究试验基地的创建与发展确实是倾注了大量的心血，称得上呕心沥血。不仅包括地面设施设备建设和计算流体力学等理论研究工作，他还十分注重各类航天航空型号飞行试验这一空气动力学研究的手段。他深知航天型号飞行试验是验证地面风洞试验和数值计算结果的最终手段，由于地面试验和理论计算能力与水平的限制，预测的数值与飞行试验结果总会有偏差，利用飞行试验结果确定飞行器的空气动力性能参数，并以此改进地面风洞试验和数值计算，是十分必要的。因此，他亲自参加指导导弹型号飞行试验方案和遥测方案的制定工作，向导弹型号总体设计人员和弹头总体设计人员阐述空气动力学研究的需求，充分利用有限的飞行试验，共同制定飞行试验的遥测方案，确定遥测的参数。并同有关的总体设计人员、空气动力学研究人员，一起开展一些重大气动力与气动热课题的研究，如“粗糙度对气动热环境和防热设计的影响”“表面凸起物的热环境和烧蚀机理的研究”“飞行器等离子鞘套与再入通信中断研究”“烧蚀试验研究”“飞行试验参数辨识和天地换算研究”等，采用总体设计人员、空气动力学专业人员、试验人员相结合，地面试验数据、理论计算、飞行试验数据相互比对的方法，使研究工作取得了可喜的成果，这些不仅为我国第一代再入飞行器的研制成功作出了重大贡献，也为我国第二代小型化高速再入飞行器的研制奠定了坚实的技术、物质和人力资源基础。

庄逢甘领导和主持的北京、四川两个空气动力研究试验基地的创建与发展，现在已成为中国航天空气动力技术研究院（中国航天科技集团有限公司十一院）、中国空气动力研究与发展中心。通过空气动力研究的三大手段的建设与应用，不仅为各类型号工程的研制提供了空气动力学的有效支持，还推动了我国高超声速气动力学、气动热力学、气动物理学理论水平的提高，带动了一大批高新

庄逢甘（左四）在现场检查指导十一院基础研究工作

技术试验设施设备和相关试验技术手段的建设。值得一提的是，培养和锻炼了一批深有造诣、理论与实践相结合的科技攻关队伍。这些都为中国航天空气动力学和中国航天全面、协调、可持续发展提供了保障。

庄逢甘

庄逢甘院士传记

Academician Zhuang Fenggan's Biography

第六章

殚精竭虑　载人航天

1992年9月，我国载人航天工程立项后，庄逢甘担任载人飞船气动攻关委员会负责人和气动攻关指导小组组长，为我国载人飞船工程的研制成功作出了不可或缺的重要贡献。

1984年4月8日，我国首次成功发射了试验通信卫星“东方红二号”，并按既定的程序成功定点和投入运营使用。至此，完成了我国20世纪80年代前期的战略核导弹、航天技术三项重点任务，即远程液体弹道导弹“东风五号”研制与全程飞行试验任务，从潜艇水下发射固体战略导弹“巨浪一号”，使用三级为氢氧发动机的长征三号运载火箭发射地球静止轨道试验通信卫星“东方红二号”的“331”工程。此时此刻，包括庄逢甘在内的中国航天诸多科学家、领导干部等有识之士，都在思考一个严肃的问题，那就是中国航天的前30年走过来了，并取得了举世瞩目的辉煌成就，而后30年干什么？如何干？自此，庄逢甘开始深入思考如何加速发展我国的航天高新技术。

1.致力论证 促其立项

研究、制订中国航天发展战略与规划，是航天工业部科技委义不容辞的职责，使命在身，责任在肩，时任航天工业部科技委常委的庄逢甘，在部科技委主任任新民的领导下，积极而主动地参加了关于加速发展航天科技的研究，他同部机关的有关人员一起调查研究，发扬随和、民主之长，认真听取方方面面的意见，并坦诚地发表他个人的意见和建议。在任新民的主持下，庄逢甘参加了全部的分析、研究、论证和技术与经济可行性论证工作，最终形成了航天工业部《关于加速发展航天技术》的报告，上报国务院。其中主要是“七五”(1986—1990年)期间，中国航天实施“新三星、一箭、一论证”的规划，具体为新三星：东方红三号中容量通信卫星，风云二号地球同步轨道气象卫星，资源一号地球资源卫星；一箭：长征三号甲运载火箭；一论证：开展载人航天总体方案论证和关键技术攻关。1986年3月31日，国务院批准了航天工业部《关于加速发展航天技术》的报告，批复中指出：“航天技术是我国跻身世界先进科技行列的综合科技之一，已具有比较雄厚的基础，现正处在发展的关键时期。为了加快高技术、尖端技术的发展，更好地为‘四化’(工业现代化、农业现代化、科学技术现代化、国防现代化)建设服务，国务院决定在‘七五’期间给予必要的支持。”自此，载人航天工程的立项论证工作正式纳入规划。

庄逢甘曾指出：“海、陆、空、天，天是人类最近才进入的领域，天上的资源如何利用和探索还刚刚开始，发展载人航天，建立太空站具有什么重大意义，还要看下一步工作做得如何。”正是基于这种思考和认识，他一直鼎力支持和积极参加载人航天工程的立项论证工作。1985年7月，任新民以航天工业部科技委、中国宇航学会的名义主持召开了“太空站讨论会”，旨在讨论我国开展载人航天工程的必要性和可行性，期冀我国尽早立项，开展载人航天工程研制。这正如任新民在为会后整理出版的《太空站讨论会文集》所作序中论述的，“太空站迟早是要搞的，但等到人家都成了常规的东西，我们才开始设想，那时候就晚了。所以，从现在起就应有一个长远规划，对其中的某些关键技术应立项着手研究。一旦国家决定发展载人航天，就能及时起步。我们要争取在21世纪初，在地球的近地空域翱翔着中国的永久性太空站，在太空站和地球之间有中国的天地往返运输工具，装载着人员、物资、设备等穿梭往来，我国的航天员、科学家和工程师在太空站上紧张地进行各种各样的科学技术活动。”时任航天工业部科技委常委的庄逢甘，非常赞同任新民的思想和观点，他积极地协助任新民领导和组织了这次太空站讨论会，还组织空气动力学专业的科技人员，搜集和撰写关于载人航天的空气动力学问题的论文，在讨论会上作了报告。他是我国发展载人航天技术最早的倡导者之一。

1986 年初春，杨嘉墀、陈芳允、王大珩、王淦昌四位科学家提出了《关于跟踪研究外国战略性高技术发展的建议》，其中包括开展载人航天技术的研究。3 月 3 日，这一建议送达邓小平同志处，邓小平同志 3 月 5 日做了批示：“这个建议十分重要，请找些专家和有关负责同志讨论，提出意见，以凭决策。此事宜速作决断，不可拖延。”嗣后，国家科委和国防科工委分别组织了 200 多位科技专家进行了分析、研究、论证，选择了对中国经济、国防、科技和社会发展有重大影响的生物技术、航天技术、信息技术、先进防御技术、自动化技术、能源技术、新材料技术等七个领域作为重点，编制了国家《高技术研究发展计划（“863”计划）纲要》，1986 年 11 月，中共中央国务院批准了“863”计划，并以中发〔1986〕24 号文下发，该文对“863”计划实施的目的、指导思想、所设领域和主题项目、政策、措施等，都作了具体阐述。随后，在国防科工委的领导下，组建了“863-2”航天科技领域专家委员会，下设两个主题项目和相应的专家组，即“大型运载火箭和天地往返运输系统（204）”主题项目和“载人空间站系统及其应用（205）”主题项目。受航天工业部党组和李绪鄂部长的委托，庄逢甘协助任新民，经过反复的研究和遴选，提出了“863-2”航天科技领域专家委员会和“204”“205”两个主题项目的首席专家、专家委员会成员及两个主题项目专家组组长及其成员的建议名单。后经航天工业部、国防科工委批准，任命屠善澄为“863-2”航天科技领域专家委员会首席专家、钱振业为“204”主题项目专家组组长、范剑锋为“205”主题项目专家组组长，还任命“863-2”专家委员会其他成员和两个主题项目专家组成员，使“863-2”的研究工作得以适时开展。

正是由于有了“新三星、一箭、一论证”的规划和国家“863”高技术研究发展计划的实施，在航天系统（1982—1988 年为航天工业部；1988—1993 年为航空航天工业部；1993—1999 年为中国航天工业总公司；1999 年，中国航天分为中国航天科技和中国航天机电两个集团公司，2001 年 7 月，中国航天机电集团公司更名为中国航天科工集团公司）轰轰烈烈地开展了载人航天工程立项前的论证工作。1986 年 8 月，航天工业部设立了航天高技术研究组，由任新民、庄逢甘负责。9 月，该研究组组织开展了“太空站系统工程——太空站的建立、运行和应用论证”的课题研究。与此同时，国防科工委和“863-2”专家委员会决定开展为期两年的航天高技术概念研究。

在此期间，载人航天技术方案的论证工作逐步深入，仅天地往返运输系统就提出了五种方案：多用途飞船方案，不带主动力的小型航天飞机方案，带主动力的小型航天飞机方案，火箭助推、垂直起飞、水平着陆的两级航天飞机方案，垂直起飞、水平着陆、两级入轨的空天飞机方案等。为了进一步加强对载人航天工程立项论证工作的领导，1990 年 12 月 14 日，航空航天工业部成立了载人航天工程论证领导小组，任新民、庄逢甘、屠善澄等为顾问，还从中国运载火箭技术研究院、中国空间技术研究院、上海航天局、航空航天工业部710所等单位抽调了19名科技人员，组织了载人航天工程联合论证组，开展更为深入的论证工作。此时，庄逢甘已升任航空航天工业部科技委副主任，主持部科技委航天部分的工作，他自始至终主持、指导和参加了联合论证组的工作。

1991年4月，经过载人航天工程联合论证组和“863-2”专家委员会及“204”主题项目专家组的反复研究、论证，在航天系统初步形成了“中国载人航天从载人飞船起步”的共识，在此之际，庄逢甘适时地主持召开了“载人飞船工程实施方案的讨论会”。会上，他以其前瞻的战略思维，讲述了他的意见与建议：①做好中国航天总体发展蓝图制定工作，包括各类应用卫星及载人航天等，要制订一个符合我国国情和中国航天实际的、独立自主的航天科技发展蓝图；②发展战略与规划力求长期稳定，并具有较好的技术经济可行性；③要以系统工程的理论方法搞好航天重大科技工程的研制。会议经过讨论，明确了载人飞船的技术指标及有关要求。会议决定：航空航天工业部一院、五院和上海航天局根据会议提出的技术指标和要求，开展深入的论证，完善各自的实施方案，以便招标择优。

一院、五院和上海航天局经过半年多的补充论证，于1991年10月，分别提出了经过补充完善的载人飞船工程方案。11月，庄逢甘又主持会议，邀请航天系统有关专业的科技专家对三套载人飞船总体技术方案进行了评议，并背靠背地填写了评审意见，在此基础上，航空航天工业部形成了《关于我国载人飞船工程立项的建议》。

1991年3月15日下午，国务院总理、中央专委主任李鹏等中央领导听取了任新民等关于载人飞船工程技术经济可行性的汇报。1992年1月8日，李鹏主持召开中央专委第五次会议，专题研究我国发展载人航天技术的问题，任新民代表航空航天工业部作了载人飞船工程总体方案的汇报。会议经过讨论决定：在“863-2”专家委员会和航空航天工业部所开展的载人航天工程论证工作的基础上，由国防科工委（后为总装备部）负责，组织有关的科技人员成立论证组，继续进行更为深入的论证，提出载人飞船工程技术经济可行性论证报告。同时，还要成立由各有关专业的科技专家组成的评审组，在全面指导、参加和了解论证工作的基础上，对论证组提出的论证报告进行评审，提出评审报告，届时将论证报告和评审报告一并报中央专委批准。中央专委审议后再向中共中央政治局常委会议汇报，由中央最后决定。

中央专委第五次会议后，国防科工委和航空航天工业部很快成立了论证组和评审组，并迅速地组织和充实了论证队伍和评审队伍。王永志任论证组组长；任新民任评审组组长，副组长为王大珩、屠善澄，评审组成员有庄逢甘、王希季、闵桂荣、杨嘉墀、谢光选、张履谦、童铠等。自此，庄逢甘就以评审组成员的身份，鼎力协助任新民参加论证工作和领导评审工作。他不仅在有关专业技术上提出了中肯而有见地的意见与建议，还以其谦虚大度、宽容民主之长，积极主动地做有关科技专家的工作，做到求同存异，统一思想认识。尤其是在评审报告形成过程中，各路“武林高手”对有关的技术方案都是各有高见，改变其意见并非易事，有的公开表示，“我个人签名，写上我的意见。”庄逢甘十分清楚：如果我们航天系统都不能统一认识，那么中央怎么批准呀？！他心急如焚，同任新民等一起苦口婆心地做有不同意见专家的工作，晓之以理，动之以情，最后促成评审组一致通过了评审报告。

1992 年 8 月 25 日，中央专委根据国防科工委、航空航天工业部报送的关于载人飞船工程技术经济可行性论证报告和评审报告，向党中央、国务院、中央军委呈报了《关于开展我国载人飞船工程研制的请示》。1992 年 9

2009年，在人民大会堂举行的中国科学院院士新春团拜会上，庄逢甘（中）与谢光选（左）、刘宝镛（右）合影

月21日，这是决定中国载人航天技术发展的关键日子，已载入中国航天史册。中共中央政治局第十三届常委会在中南海勤政殿召开第195次扩大会议，专题讨论发展我国载人航天技术问题。会上，国防科工委、航空航天工业部受中央专委的委托，作了关于我国发展载人航天技术及从载人飞船起步等问题的汇报。经过热烈的讨论，常委们一致同意中央专委提出的《关于开展我国载人飞船工程研制的请示》，决定要像当年抓“两弹一星”工程一样，抓载人航天工程，有事可直报中央。载人航天工程分三步走：第一步，研制可作为天地往返运输系统的多用途载人飞船；第二步，实现航天员出舱，研制空间实验室，实现载人飞船与空间实验室对接，对空间实验室进行短期有人照料；第三步，研制并建造永久性空间站，解决大规模有人长期照料的空

间站的应用和维护问题。

自此，我国载人航天工程正式立项，开始了载人飞船工程的全面研制工作。庄逢甘为我国载人航天工程的前期论证和立项工作，付出了艰辛的劳动和智慧，为之作出了不可或缺的突出贡献。

2. 领军攻关　飞船气动

在我国载人航天工程进行立项前的论证期间，庄逢甘就以其前瞻的思维，领导和组织国内有关的空气动力研究试验单位，开展了载人飞船气动力、热环境及热防护计算研究，并研制了相关的计算软件；进行了载人飞船再入飞行时的物面压力分布及气动力的计算研究，并研制了相关的计算软件；探讨了载人飞船的关键气动问题及其解决的途径等。正是由于这些立项前的研究和积累的研究成果，为载人飞船工程立项后的气动研究奠定了重要的基础。

随着载人飞船工程研制工作的全面展开和深入，他又提出了载人飞船研制中的 13 项关键技术：飞船的外形设计技术；返回舱技术；气动力、气动热和结构设计技术；大型降落伞技术；飞行力学及试验技术；着陆缓冲技术；回路系统流体冷却和微重力技术；生命保障和救生技术；可靠性指标验证技术；地面测试和故障再现模拟诊断技术；舱门和座椅缓冲技术；连接与分离技术；总体与返回轨道技术。在飞船的 13 项关键技术中，直接与空气动力学相关的就有 10 项，足可见气动和防热设计在载人航天飞行器研制中的重要地位。载人飞船工程给气动和防热设计提出了明确的任务和要求，就是通过气动设计选择合理的飞船外形，保证返回舱及逃逸救生系统在发射、返回和救生等飞行条件下，都具有稳定的姿态、可承受的过载、良好的可控制性能和可靠的防隔热系统，确保航天员的安全和正常情况下返回舱的安全返回。为此，承担载人飞船研制任务的中国空间技术研究院成立了以攻克飞船气动与防热设计技术为宗旨的气动攻关委员会，庄逢甘亲自担任负责人，并担任攻关指导小组组长。这一组织汇集了中国空气动力学一些主要研究单位中才华横溢的科技人员，这些单位包括北京空气动力研究所、中国空气动力研究与发展中心、中国科学院力学研究所和有关的高等院校等。庄逢甘凭借他在中国空气动力学界的威望和学术地位，凝聚和统领这支空气动力学的研究队伍，在20世纪90年代整整十年的时间，圆满完成了载人飞船工程中所需要解决的所有气动问题，为中国人实现飞天梦作出了重要贡献。

1993年10月，在载人飞船工程立项一年后，召开了“载人飞船工程气动攻关研究会”，庄逢甘基于20世纪80年代后期以来开展的载人飞船工程空气动力学的研究成果，总结、归纳出了载人飞船研制需攻克的十大气动关键技术，这十大关键技术是：①逃逸飞行器的气动性能研究，特别是稳定性裕度问题；②喷流模拟及喷流影响分析；③低空和高空分离问题；④飞船亚、跨、超声速空气动力性能的确定；⑤返回舱动态气动力，特别是多个配平角问题；⑥凸起物的影响，尤其是亚、跨、超声速时的情况；⑦反作用控制系统的气动问题；⑧热结构问题；⑨局部热环境问题；⑩返回舱大底拐角半径影响问题等。庄逢甘在这次载人飞船工程气动攻关研讨会上作了讲话，系统而全面地阐述了这十大关键技术的难点，并指出了解决的途径和方法。这也成为了长达十余年的载人飞船工程气动力与气动热研究的基本依据。

庄逢甘秉承技术科学的思想，带领和组织攻关团队，像当年他担任解决洲际弹道导弹弹头气动防热技术和飞行稳定的“淮海战役”指挥时一样，亲力亲为，深入实际，既全面又具体。首先研究和制定了载人飞船工程的气动力与气动热研究大纲，提出了整个研制过程中需要完成的项目及其研究内容，并确定了各项目的解决途径，需要完成的分析计算和试验，还明确了相应的技术指标等要求，同时，明确了项目主要承担单位和协作单位的任务与责任。庄逢甘和攻关指导小组的各位专家，对这一研究大纲进行了认真而详细的研究和审查，这一研究大纲凝聚着他们的智慧和心血，也正是由于有了这个大纲，才保证了飞船气动力与气动热攻关工作顺利、紧张而有序地开展。

在攻关的过程中，庄逢甘既注重与空气动力学最为密切相关的载人飞船的返回舱和逃逸救生两个分系统，又关注捆绑式运载火箭（长征二号 F）的空气动力、热环境和热防护的技术攻关；既着重抓十大关键技术的攻关，又积极地组织队伍解决飞船与运载火箭其他与空气动力、气动热有关的技术难题，为整个载人飞船工程的研制提供技术支撑。

正是由于庄逢甘和他所领导的空气动力团队卓有成效的工作，空气动力学专业为中国载人航天工程作出了重要的贡献。

其一，为返回舱和逃逸飞行器外形选择提供了重要依据。针对三种不同的返回舱方案，10 种蜂窝式和 5 种框架式结构的栅格翼进行了风洞试验，提供了各种气动参数，通过比较分析，为返回舱和逃逸飞行器的最终气动外形确定发挥了关键作用。

其二，为返回舱和逃逸飞行器设计提供了气动性能参数预测和评估办法。其中主要有 Euler 方程、N-S 方程数值模拟、返回舱气动特性工程估算、多舱组合体气动工程估算、逃逸火箭和飞船整流罩以及栅格翼的气动特性的工程拟合算法等。

其三，通过返回舱和逃逸飞行器的动稳定性及配平性能研究，为其飞行品质、弹道和控制系统设计提供了界面参数。例如，采用自由翻滚、强迫振动和风洞自由飞等多种试验手段，对返回舱的动态特性、逃逸飞行器的动导数、箭船组合体的抖振特性进行了大量的试验，取得了大量的试验数据。

其四，通过整船和局部构件的热环境、热防护和热结构的试验和计算研究，为飞船防热设计提供了重要的参考依据。通过研制热环境、热防护的计算软件，研制热环境、热防护和热结构综合分析与评估的专家系统，为局部构件，如大底拐角、舷窗、窗门、耳片、缝隙和连接螺栓等的烧蚀试验，提供了充分而有效的数据。

其五，为烧蚀材料的筛选与评估、不同部位的烧蚀防热设计等，提供了重要依据。在烧蚀材料选择时，对不同配方、不同工艺的防热材料都进行了试验研究；在大样制作阶段，对中密度和低密度材料分别进行了烧蚀热响应特性和表面烧蚀现象试验研究；对人为制造缺陷和修补效果进行了试验评定；对不同部位的防热材料进行了烧蚀机理分析和热匹配研究，为烧蚀材料的筛选、评估和不同部位烧蚀防热设计提供依据，奠定了基础。

其六，根据载人飞船返回舱为短钝无翼的外形和返回舱姿态的特点，进行了喷流干扰研究和理论分析，提出了试验模拟准则，分析了各种参数比的影响，提供了被飞船设计部门认可的姿控设计所依据的数据。

在为飞船研制提供气动力、气动热支持，开展关键技术攻关的过程中，庄逢甘作为学科的带头人和领导者，始终致力于组织队伍、协调解决和研究各个阶段出现的问题，分析、评估有关的理论计算和试验的结果，不断地提出和部署后续的研究与试验任务，并与飞船总体设计单位进行沟通和协调，为飞船总体设计单位提供可靠的气动力与气动热数据，以保证载人飞船工程的研制进度。更为可贵的是，他身先士卒，深入到理论研究和试验的第一线，亲自进行计算方法的研究和计算公式的推演；主持试验方案、试验方法的讨论与制订，适时地发表中肯而有见地的意见与建议……载人飞船工程的气动力与气动热攻关任务的圆满完成，凝聚着庄逢甘的心血与贡献。

庄逢甘十分清楚美国、俄罗斯和中国在气动力、气动热研究试验领域的现状，更清楚载人飞船气动问题的难点和特点，因此，他在组织指挥飞船气动攻关中有的放矢、切中要害。他在一次气动问题研讨会上指出：“过去我国的气动研究、气动试验、气动计算以及飞行试验研究，大部分都是围绕惯性洲际弹道导弹进行的。”接着，他分析了航天飞机、飞船、洲际弹道导弹在气动问题上的特点，指出：“从惯性洲际弹道导弹跨越到航天飞机，仅从空气动力学方法、理论和技术的跨度而言，就非常之大，无论是气动力、气动热，还是结构、材料与控制技术等，都有新的难题，甚至有些基本试验设施设备也都需要建设和补充。尽管这些理论、技术、方法和设施设备，外国都有了，但航天飞机在飞行中，还是出现了较多的事故。中国在空气动力学方面的理论、技术、方法和试验设施设备等方面，都还与美、俄有一定的差距。中国的载人航天工程，如果从航天飞机起步，困难之大是可以想象的。”进而，他分析了中国载人航天工程从飞船起步的可行性和飞船气动问题的研究试验任务，“飞船的技术特点介于惯性洲际弹道导弹与航天飞机之间，我们的气动试验设施设备、气动力与气动热的试验技术和方法、气动计算和防热技术等，都有一定的基础，与解决问题虽然存在一定的距离，但经过努力都可在不太长的时间内予以解决。”他还指出：“国外在飞船气动问题的研究上，虽然取得了长足的进步，但仍然存在着不少的问题，还没有得到很好的解决，例如，动态气动问题、跨声速湍流问题、稀薄气体动力学问题等，在理论研究和试验研究上，都给我们留下了解决这些问题的空间，我们在飞船气动问题的研究与试验方面是任重道远。”正是由于他对国内外情况和飞船气动问题特点的清晰而透彻的认识，才保证了中国飞船气动攻关方向明晰、途径正确、方法科学而合理。

还有一点值得述及和称赞的，庄逢甘始终支持科学无国界，开展学术交流与合作，广泛而深入地学习、吸收国外的先进技术为我所用，是缩小差距、赶超世界先进水平的一条有效途径。中国开始研制载人飞船时，世界上只有俄罗斯和美国掌握了载人飞船技术，当时乃至后来，美国在高新技术领域对中国封锁十分严密，而从苏联解体出来的俄罗斯却相对比较宽松。庄逢甘和他带领的飞船气动攻关团队抓住机遇，积极倡导并鼎力支持与俄罗斯开展空气动力学的交流与合作，在中国空气动力研究与发展中心乐嘉陵院士和北京空气动力研究所所长毛国良的努力运筹下，1994 年 7 月，北京空气动力研究所、中国空气动力研究与发展中心和俄罗斯中央通用机械研究院联合发起，在北京空气动力研究所召开了第一次中俄高超声速流动会议（SRHFC），庄逢甘担任会议主席，并在会议上致辞。由于中俄双方空气动力学和气动热力学研究人员的共同兴趣和双方的努力推动，这一研讨会议机制基本上坚持每两年召开一次，参会的研究机构有所扩大，先后在莫斯科、乌鲁木齐、上海、绵阳和新西伯利亚陆续举行，庄逢甘多次与会并担任会议主席，这也为学习和借鉴俄罗斯飞船研制经验、飞船气动研究与试验成果搭建了一个平台，开辟了一个有效途径。

正是由于庄逢甘和广大气动工作者的团结奋斗和刻苦攻关，所取得的气动力与气动热的研究试验成果，为我国研制成功载人飞船，并达到世界先进水平提供了一个强有力的保证。仅以飞船的结构和防热系统为例，由于应用了飞船气动攻关成果，中国研制成功的神舟飞船防热系统的质量，比苏联联盟飞船防热系统的质量减轻了约 30%。

3. 返回气动 计算试验

载人飞船的十项关键气动技术落实到飞船研制上，就是要进行返回舱气动性能预示和气动外形设计，逃逸飞行器的气动性能预示和气动外形设计，以及进行返回舱热环境预示和热防护设计。庄逢甘领导和组织飞船气动力、气动热攻关，就是充分而合理地运用理论研究计算、风洞试验和飞行试验三种手段，重点抓这三个方面的预示与设计工作，以继续践行技术科学思想，达到空气动力学服务于航天型号工程研制的目的。

庄逢甘对搞气动设计的科技人员提出了明确要求，“要从系统的层面，从多学科、多目标的角度开展气动设计，解决型号工程问题，要做到位。”他还创造性地提出：“气动设备是基础，气动试验是重点，气动计算是关键，气动创新是核心”的思想。这些都为飞船气动攻关和三个方面的预示与设计指明了方向。

飞船总体设计部对飞船返回舱气动设计提出的主要任务是：①进行飞船返回舱理论外形和突起物外形设计，使返回舱表面的整体流场结构和热流分布、突起物附近的流场结构和热流分布合理，满足载人飞船总体设计的要求；②准确预示返回舱在复杂的飞行环境下的气动力与气动热特性，给出一套满足设计精度要求的气动力和气动热数据；③开展返回舱周围空气流动机理研究，并进行特殊气动试验（喷流、动态等）研究，为飞船总体方案设计和提高飞船性能提供技术支撑。

据此，庄逢甘以飞船气动攻关委员会负责人的名义，召集飞船总体设计部气动设计人员和有关的空气动力专业研究单位的气动研究人员，研究、讨论了返回舱气动设计的任务，制定了飞船返回舱气动研究和试验的大纲。庄逢甘指出：“要实现载人飞行首次成功并次次成功，作为气动设计不允许失误和有较大的反复。飞船气动设计我们过去没有设计经验，因而在具体的气动设计中，应组织有关人员进行研究、讨论，反复对计算和试验数据进行核对，要做到理论分析清楚，不留疑点，从而确保神舟号飞船发射和飞行的成功。”

飞行器气动外形设计与其气动性能预示是一个相互耦合且互为因果的关系。按照飞船返回舱总体设计的要求，飞船返回舱气动设计经历了气动外形设计、气动参数设计和气动试验验证三个阶段，且气动设计的全过程都是以气动性能参数的预示结果为依据的。庄逢甘在对各设计阶段气动性能参数预试工作中，反复强调地面风洞模拟试验、计算流场数值模拟 / 工程计算、飞行试验三种研究手段同时并举，相互配合和印证，但在不同的设计阶段应以不同的技术手段为侧重，以求飞船返回舱气动外形的选择与气动性能参数的设计更趋于准确。

飞船从高度为 200 千米 ~350 千米的运行轨道高速返回地球，返回过程中经历的飞行马赫数范围为 0.6~28，其周围的空气流态经历了自由分子流、过渡流、滑移流和连续流区，这对飞船返回舱的气动研究与设计无疑提出了严峻的挑战，要求外形设计和气动参数预示应针对不同的马赫数、返回舱周围不同的气体流态和不同的飞行高度，采用相应可行的气动研究手段。

气动外形设计的主要工作，就是评估各种备选外形满足任务要求的程度，优选基本外形的尺寸，确定飞船返回舱的理论外形，再以计算手段为主，辅之相应试验信息，从备选的外形中选取初步的理论外形；对初步选取的理论外形进行大量的风洞试验，并结合数值和工程计算结果，对初选的飞船返回舱外形的气动参数进行预示。这就是气动参数设计阶段的工作，最终的气动验证则是以大量的风洞试验及少量飞行试验相结合而完成的。

庄逢甘和他带领的团队十分清楚，风洞试验是外形选择、气动参数设计以及最终验证的主要手段。在他的领导与指导下，北京空气动力研究所和中国空气动力研究与发展中心，根据载人航天飞行器研制的需要，在充分调查研究、论证和征求庄逢甘意见的基础上，进行了相应设备的改造、更新和试验技术升级。中国空气动力研究与发展中心，从 1993 年至 1997 年间，先后对 8 座风洞进行了技术改造：为解决载人航天工程从低速到高超声速气动力（热）试验问题，对 3.2 米低速风洞、0.6 米跨声速风洞、0.5 米高超声速风洞、2 米激波风洞和低密度风洞进行了技术改造；为解决热防护的试验问题，进行了超声速电弧风洞的改造；为解决逃逸救生系统的气动试验问题，进行了高超声速推进风洞的改造。北京空气动力研究所进行了 0.5 米高超声速风洞的建设；进行了 3 米 ×3 米低速风洞、0.6 米跨声速风洞和炮风洞等的改造；进行了动态专项试验设备的更新。庄逢甘参加并指导了这些风洞建设和改造方案的论证、讨论，参加了论证方案的评审，直至建设和改造的实施。例如，在北京空气动力研究所 0.5 米高超声速风洞建设的立项中，庄逢甘为之倾注了巨大的精力，他认真听取并分析研究了飞船总体设计部关于飞船气动性能参数研究的需求，多次召集飞船总体设计部和空气动力专业研究所有关人员进行研究、讨论和技术协调，使双方对建设 0.5 米高超声速风洞的必要性和可行性统一了思想，统一了认识，使 0.5 米高超声速风洞的建设得以顺利立项。

在抓风洞设备建设与改造的同时，庄逢甘还多次对试验设备的配置和试验技术的发展提出了具体要求，使风洞的建设与改造能提高利用率，收到更大的效益。在他的领导与努力组织下，国内主要的风洞都投入了飞船的气动试验，包括在各种风洞中的常规测压、测力试验，突起物的气动特性试验，动态特性试验，喷流影响试验等，充分发挥了风洞试验在飞船气动特性研究中的作用。

在解决飞船气动关键问题中，除充分利用风洞试验这一主要手段外，庄逢甘也一直注重理论计算这一手段。早在载人飞船工程正式立项之前，他就在“863-2”航天科技领域专家委员会所确定的研究框架下，建议开展飞船返回舱气动特性的计算研究，并形成了相应的计算软件。载人飞船工程立项后，特别是载人飞船气动攻关委员会成立后，他这位负责人心急如焚，全面系统而深入地组织开展了飞船返回舱气动问题的计算方法研究，进行了N-S方程、Euler方程以及工程计算方法的研究，对真实的外形进行了气动特性研究，并组织了多个单位研究结果的对比和综合分析，最后形成了气动性能一体化设计的计算软件。这些计算在飞船返回舱初始外形选择中发挥了重要作用，并在最后确定外形和气动参数中，与风洞试验研究结果进行了对比和相互验证。

实践是检验真理的唯一标准。庄逢甘坚定地认为：无论是风洞试验还是理论计算所提供的飞船气动性能参数，最终都需要得到飞行试验数据的验证。由于飞船返回舱实际飞行中的高度、马赫数、雷诺数的变化范围大，气体流动现象多变，地面设备很难完全模拟真实的飞行状况，理论计算更无法完全考虑返回舱实际的飞行环境，所以地面风洞试验结果、计算结果必然与飞行试验结果存在差异。因此，庄逢甘适时地组织开展了飞行试验气动遥测参数辨识研究和地面与飞行气动相关性研究，利用辨识获得的气动参数和地面与飞行气动相关性研究得到的结果，对地面风洞试验的结果、工程和数值计算的结果、飞行试验所获得的气动数值，进行分析和比较研究，进而提出了一套较为完整的气动力换算修正方法，建立了面向工程设计用户的数据库系统，这不仅为飞船气动攻关任务的完成提供了保证，更为其他航天飞行器的气动设计提供了借鉴和参考。

庄逢甘是贯彻“严慎细实”的楷模，在整个飞船气动攻关的过程中，从不放过或轻视任何疑点和隐患。在飞船返回舱气动性能参数的预示中，各参研单位都在充分利用各自的地面模拟试验设备进行试验，产生了海量的数据；各参研单位也都充分利用各自研发的计算软件和计算能力，用统一的模型外形做了计算，并与试验结果进行了比较和分析研究。庄逢甘历来倡导技术民主，充分重视各参研单位的试验、计算结果，视这些浩如烟海的数据为宝贝。在他的领导下组织了多次数据对比分析会，庄逢甘明确地指出：“数据的标准十分重要，为了确保飞船返回舱气动外形设计的正确、可靠，必须要有准确、可靠的气动参数。”他还指出：“我们必须充分合理地利用好这些海量的数据，首先要搞清各参研单位间试验与试验、计算与计算，以及各自的试验与计算之间都存在着什么差异，产生差异的原因是什么？是真实的物理本质所致，还是不同方法、不同设备而产生的差异，或是二者兼而有之。一定将原因搞清楚，才能找出应对的办法。”

正是按照庄逢甘所提出的指导原则，才保证了提供数据的可靠，做到准确或接近准确。例如，在返回舱动稳定性试验中，由于风洞试验难度大，测量精度也有限，各单位的科技人员经过努力，通过试验发现在马赫数小于 1.5 时，俯仰和偏航都存在稳定极限环，但各单位的试验结果也有数据上的差异。庄逢甘对各单位的试验结果进行了比对和分析研究，他决定：将各单位的试验结果进行综合比较，给出一个可能的误差范围，交给控制系统设计单位进行理论计算和仿真模拟。最后，控制系统仿真模拟给出了这个误差范围可控的结论，问题得以解决。

还如，在飞船返回舱进行风洞模拟试验时，在亚跨声速区曾出现过有三个配平攻角的问题，理论计算也得到了证实，这说明在实际飞行中是可能出现问

1999年，庄逢甘（中）在酒泉卫星发射中心神舟一号发射场与张庆伟（右二）、戚发轫（左二）、曾庆来（左一）、张宏显（右一）合影留念

题的。庄逢甘和气动攻关团队绝不放过任何问题，他们进行了进一步的研究试验，最后通过加稳定片的措施解决了这个问题，从而保证了返回舱再入返回时飞行的稳定性。

神舟一号至神舟四号无人飞船和神舟五号载人飞船的成功发射与返回舱成功返回，标志着中国载人飞船工程的成功，也证明飞船气动攻关圆满地完成了任务。飞船总体设计部有关设计人员认为："返回舱气动外形设计合理、适用，气动性能优良，地面风洞试验和数值计算对返回舱气动力特征的预示量是正确的，所提供的全套气动力数据准确、可靠。"载人飞船工程总设计师王永志和飞船系统总指挥袁家军、总设计师戚发轫等，也都对气动攻关团队和庄逢甘的工作给予了高度赞赏，庄逢甘还是重复他那句发自心底的话："工作都是大家做的。"同时，他也欣慰地说："在发展神舟飞船的过程中，空气动力学作为先行官，是有突出贡献的，有不少创新，值得我们自豪和总结。后面的路还长，任重道远，尚需努力！"

4. 逃逸救生　事关安全

逃逸飞行器是载人飞船工程的重要组成部分，是载人飞行安全的重要保证之一，其任务是在出现发射故障时，带着飞船逃离危险区，保证航天员的生命安全。逃逸飞行器是无控飞行器，处于载人飞船的前面，与飞船的返回舱相连接。逃逸飞行器的气动外形必须保证它的飞行稳定性、机动性、逃逸功能和分离功能，另外还要保证不影响发射时整个飞行器的气动特性，特别是稳定翼在运载火箭的正常飞行时一定不能展开，而在逃逸时必须迅速展开。逃逸飞行器在中国是首次研制，又缺少相关的技术储备，所以逃逸飞行器的气动设计和气动特性参数预示的难度非常大。在飞船气动攻关开始之时，庄逢甘就将"逃逸飞行器的气动性能研究，特别是稳定性裕度研究"作为载人飞船工程十大关键气动技术之一。

逃逸飞行器由逃逸塔、尾裙、前锥、前柱、后锥和栅格翼等组成，还有若干固体发动机（包括逃逸发动机和分离发动机），其外形非常复杂。逃逸飞行器逃逸飞行时，尤其是逃逸发动机工作在外流和发动机喷流混合作用下时，其绕流流场更为复杂，欲准确预示其气动性能是很困难的。而它在大气层飞行段的稳定性是靠自身气动力来保证的，因而气动外形至关重要，难度很大。

逃逸飞行器设计状态分为有逃逸塔、有喷流，有逃逸塔、无喷流，无逃逸塔、有喷流，无逃逸塔、无喷流四种组合状态。针对不同飞行使命的不同组合状态，其稳定性和机动性有不同的要求，涉及到栅格翼又应处于展开或不展开的不同状态，其气动性能也是不同的，这给逃逸飞行器气动问题研究带来更多的复杂性。

逃逸飞行器气动问题研究包括气动外形选择、气动特性预示和气动性能评估三个方面的工作。

气动外形的选择包括稳定翼选形、壳体选形和喷管布局选形等。由于逃逸飞行器是无控飞行器，属于气动被动控制，因此，稳定翼外形的选择十分重要，既要保证逃逸飞行器的静稳定性，又要保证飞行器的机动能力。根据这些要求，逃逸飞行器稳定翼的气动设计必须满足下述三个方面要求：①稳定翼能折叠，保证在正常飞行时不展开，不影响运载火箭的气动特性，而在逃逸飞行时能迅速展开，以保证逃逸飞行器从箭体分离后能按逃逸轨道正常飞行；②逃逸飞行器在所有飞行速度和飞行攻角范围内，其升力特性和压心位置变化小；③保证其升力效率高、阻力小，即以尽量小尺寸的稳定翼提供足够大的升力。在满足全系统总体设计要求的前提下，逃逸飞行器的设计研制单位与参研的气动研究单位通过紧密合作，共同探讨、磋商和分析，并进行了大量的计算研究和风洞试验研究，庄逢甘参加并指导了逃逸飞行器稳定翼外形的选择工作，最终选取栅格翼作为稳定翼。逃逸飞行器壳体的选形基本上是属于常规气动要求，在满足总体要求的前提下，满足稳定性要求，使抖振载荷尽可能小，使壳体的气动外形尽可能优化。最终壳体外形选择为逃逸塔与相应的尾裙、前锥、前柱和后锥的组合体。对多组喷管发动机的安装布局，进行了大量的气动研究，特别是喷流干扰影响研究，最终确定了安装部位，以满足分离和逃逸的要求。

逃逸飞行器气动特性的预示，依然是采用理论计算和风洞试验相结合的办法，理论计算包括数值计算和工程估算；风洞试验不仅充分利用了国内的试验设备和研发的试验方法，还在庄逢甘的指导下，对于受国内试验设备和能力局限还不能进行的试验，到国外相关设备上进行了试验。对于逃逸飞行器气动特性的预示所进行的计算与试验贯穿于外形的初步选取，到气动设计参数最终确定的全过程，完成了栅格翼几何参数选择及其气动特性研究、逃逸发动机喷流对气动特性的影响及其相应的试验模拟方法研究、逃逸飞行器动态气动特性研究、底部阻力测量、返回舱/逃逸飞行器分离特性研究等工作。

庄逢甘还组织和指导有关单位进行了逃逸飞行器气动特性评估，即对逃逸飞行器实际飞行的遥测数据进行气动参数辨识，并与理论计算、地面风洞试验结果进行了比较，进而评估以地面试验和理论计算结果为依据进行的逃逸飞行器气动设计的可靠性。还通过专用软件包对轴向力系数、法向力系数、俯仰力矩系数、动稳定导数以及压力中心等进行了辨识。气动参数辨识所得到的气动静导数与地面风洞试验结果比较一致，说明理论计算与地面试验的结果置信度是比较高的，理论计算方法与试验方法是正确的。

气动攻关中，庄逢甘还同攻关团队一起攻克了返回舱与逃逸飞行器分离的难题。设计逃逸飞行器是为了在运载火箭出现故障时能起到救生的作用，确保航天员的生命安全。在发射正常无需救生时，逃逸飞行器需要在一定的飞行阶段与返回舱分离，以保证返回舱正常工作；一旦需要启动逃逸救生系统时，逃逸飞行器要可靠地带着返回舱飞出危险区，然后与其分离，达到逃逸救生的目的。

因此，飞船返回舱的气动性能设计与逃逸飞行器的气动性能设计，不是孤立的而是紧密相关的，二者分离特性的研究就是一个十分重要的课题。

返回舱与逃逸飞行器分离过程中，必须首先确定分离力的大小，如果分离力太大，会使返回舱过载太大；分离力太小，又会使返回舱与逃逸飞行器分不开。确定分离力必须先确定返回舱和逃逸飞行器的阻力，而逃逸飞行器的底阻、返回舱的姿态和气动特性等，都随返回舱与逃逸飞行器的分离距离的改变而改变。另外，返回舱在逃逸飞行器尾流中的不同位置和不同姿态时，具有不同的气动特性，这些都是研究返回舱与逃逸飞行器分离过程的前提。在当时，理论计算尚难以得到准确的结果，模拟试验的难度也很大。鉴于此情，庄逢甘和攻关团队只好另辟蹊径。

他们采用静态试验和动态试验（风洞自由飞试验）相结合的办法，为返回舱与逃逸飞行器分离设计提供了可用的数据。为了获得返回舱与逃逸飞行器二者分离过程中返回舱飞行姿态的变化范围，进行了二者分离的动态试验，即采用风洞自由飞试验，就是在风洞气流中释放模型，使之处于自由飞行状态，施以一定的分离力，记录下二者的飞行状态，经过数据处理得到试验结果。而为了分析逃逸飞行器逃逸所需要的在不同飞行姿态下返回舱的气动性能，则采用不同分离距离下静态试验的办法。正是通过这一系列动静态试验相结合的办法，获得了二者顺利分离的条件以及返回舱在逃逸飞行器尾流中不同位置的气动特性参数，使返回舱与逃逸飞行器分离的难题得以解决。

通过这一难题的解决，也促进了相关的气动试验技术的发展和相应试验模拟方法的研究，如栅格翼气动特性影响研究、动稳定特性研究、分离特性研究等，这些都是中国航天空气动力学第一次采用的试验技术与方法，具有开创性的意义，庄逢甘为此作出了不可或缺的贡献。

5. 防热设计　选择材料

载人航天飞行器比其他任何航天飞行器对热防护都有着更为严格的要求，既要保证载人飞船外部不被烧毁，又要保证舱内环境温度适合航天员的生存和生活。因此，热防护设计在飞船总体设计中处于十分重要的地位，气动热力学研究人员和防热设计研究人员的任务，就是准确地预测飞船返回大气层飞行过程中的气动热环境，并据此提出合理可靠的防热设计。

作为气动攻关委员会负责人和攻关指导小组组长的庄逢甘，肩负使命和责任，他倾力组织飞船总体设计部、有关的空气动力研究单位，包括北京空气动力研究所、中国空气动力研究与发展中心、中国科学院力学研究所和有关的高等院校等的气动热力学和热防护研究的科技工作者，按照他主持编写的气动研究大纲，进行了大量艰苦的研究试验工作，最终给飞船总体设计部提供了可信的防热设计依据。

关于飞船的防热技术，庄逢甘特别强调："要保证航天员的安全，必须准确地预示飞船的热环境，同时要对防热材料进行严格的筛选试验，选定满足防热要求的材料，向飞船总体设计部提出符合要求的防热设计方案，这样才能不负使命。"

可靠的热环境预示是防热设计的基础。早在1975年11月26日，中国成功地发射了第一颗返回式遥感卫星，并在轨运行3天，于11月29日成功回收。

庄逢甘领导并直接参加了返回式卫星有关气动力与气动热关键技术问题的研究与解决，如稀薄空气动力学问题、多体分离问题、气动布局问题、动稳定性能问题、回收气动技术等，其热防护等有关的科技成果为飞船返回热防护设计奠定了一定的基础。但飞船的返回舱与返回式卫星相比，返回时的绕流流场更为复杂，特别是为了满足特殊需要，返回舱表面安装了许多功能性结构件，如用于稳定性需要的耳片，用于高空俯仰、偏航、滚转控制需要的姿控发动机，用于航天员观察外面的弦窗，用于连接的突起物等，这些局部构件是飞船必不可少的，也正是这些局部构件造成绕流流场更为复杂，也必然引起流动分离，这些分离包括：迎风区气流绕凸起物和凹腔的分离、背风区在凸起物和凹腔附近的分离、气流膨胀引起的分离、激波与边界层干扰引起的分离、绕各种台阶的流动分离等。这些复杂的流动分离都给热环境的预示提出了严峻的挑战。

热环境预测的方法包括工程预测方法、半工程半数值解法、全数值模拟方法、风洞试验法等。庄逢甘带领团队分别对返回舱光体、局部构件、返回舱光体与构件组合体进行热环境预测。

局部构件和返回舱光体与局部构件的组合体，由于气体的绕流、流体分离、相应的旋涡运动产生的复杂物理现象等，热环境的预测难度很大。这些局部构件又关系到返回舱的安全，所以对局部构件和组合体热环境预测的精度也自然有更高的要求。对此，庄逢甘早有充分的认识，他在 1993 年 10 月就将“局部热环境问题”列为载人飞船十大气动关键技术之一。在整个气动关键技术攻关中，他始终关注局部热环境的预测问题，同有关的科技人员研究讨论，采用集理论分析、数值模拟、工程预测和试验研究于一体的办法，对局部热环境的问题组织了联合攻关。

理论分析至关重要，是指导数值模拟、工程预测、试验研究和最终结果合理性的基础。因为工程处理中难以模拟全部真实环境，因此，必须在理论分析的指导下，做适合工程要求的相应处理，在充分的理论分析前提下，引进最大热干扰因子（局部构件最大峰值热流与无干扰热流的比值）作为局部热环境的表征。对缝隙内热环境的传热机理以及能量的传递方式也进行了深入的分析研究，确定构件当地的局部马赫数、构件的特征高度与当地边界层厚度比值、当地流态、几何外形等，为局部热环境的模拟提供条件。正是在这些深入细致分析的基础上，热环境预示工作得以顺利开展，为此后的防热设计提供了可信的数据。

返回舱防热设计的主要工作：①防热方案设计，正确分析返回舱可能遇到的轨道环境、热流密度和总加热量等，正确分析返回舱各部位热环境，进而选择合理可行的防热方案；②防热结构设计，首先要搞清总体及各分系统对防热结构的要求，如外形、舱段连接、开口要求、所选用的承力结构及其允许的最高温度、总体设计分配给防热的质量份额等，确定防热结构尺寸以及在各种可能遇到的返回轨道下背壁结构可能出现的最高温度；在防热结构设计中，特别要合理处置表面突起物、缝隙和台阶等局部防热问题；③防热材料的筛选及设计，通过对材料的防隔热特性、与结构的相容性、工艺的可行性等各方面的综合分析，在地面试验的支持下，建立合理的数学、物理模型，通过模型修正、材料物理性能参数的分析研究，进行材料的筛选和设计；④试验验证，采用局部真实结构件进行再入模拟试验，以验证防热设计的正确性与可靠性。

庄逢甘参加并指导了防热设计全过程的所有工作，在获取可能的再入轨道下的热环境参数、特别严峻的局部热环境参数后，攻关团队经过研究、讨论，最终选择了全烧蚀防热方案。对于供备选的防热材料，根据其在再入气动热环境下的一系列物理、化学反应的吸热过程，进行防热材料耐烧蚀性能的分析和研究，获得了提高耐烧蚀性能的基本原则，用于指导耐烧蚀材料的研制，再经过筛选试验，进而得到合适的耐烧蚀防热材料。根据舱内最高温度限制的要求，返回舱不同局部，特别是大底和侧壁不同的热环境、窗口和各种突起物的热环境特性，以及总体及各分系统对防热的要求等，进行防热结构设计，最后进行地面模拟试验验证，完成载人飞船防热结构设计。飞行试验的结果证明，中国载人飞船的防热设计是成功的，神舟号飞船防热系统的质量比联盟号飞船防热系统的质量减轻 30%。

庄逢甘带领攻关团队成功地解决了中国载人飞船热环境预示和热防护设计的关键难题，这是他们践行技术科学思想、应用系统工程理论与方法所取得的又一次成功。

6. 瞻示未来 任重道远

2003 年 10 月，我国成功地发射了第一艘载人飞船神舟五号，航天员杨利伟成功飞天并安全返回，实现了中华民族的飞天梦，这也标志着中国成为继苏联 / 俄罗斯和美国之后，第三个独立掌握载人航天技术的国家，为中国航天树立了一个新的里程碑。沉默寡言、勤奋善思的庄逢甘，虽已年近耄耋，却丝毫没有功成名就、安度晚年之意，他又对载人航天下一步的发展和空气动力学工作者的任务进行着缜密的思考，准备向更高层的决策者和领导机关提出关于气动研究方面的问题与建议。

恰逢此时，飞船总体设计部的气动研究设计人员，由于第一艘载人飞船神舟五号发射成功，气动设计的工作相对变少，开始调研国外载人航天的发展情况，研究中国下一代飞船未来发展的需求，并编写了调研报告。庄逢甘收到调研报告后，认真地进行了阅研，并诚挚地提出了中肯的意见与建议，希望能进行更多的分析和必要的试验，以支持调研报告的论点，调研报告的撰写者获悉后深受感动，由衷地感受到这位耄耋老人对事业的忠诚与执着。

2004 年 6 月，在神舟五号飞船载人飞行成功后，为了总结中国空气动力学的研究成果与其在神舟飞船研制中的作用，以及气动力、气动热研究工作中的经验与教训，探讨、研究未来载人航天事业对气动研究的需求，推动气动力、气动热研究工作的发展与进步，由中国载人航天工程办公室和中国航天科技集团公司主办，中国空间技术研究院与中国空气动力学会承办，召开了“载人航天工程气动工作总结暨关键问题研讨会”，庄逢甘应邀作了题为《载人航天空气动力学研究的回顾与展望》的报告。他在报告中指出：“中国载人航天走出了一条有中国特色的道路，这个中国特色的内涵是十分丰富的。”接着他列举了中国神舟号载人飞船的特色：“第一，中国没有经历将动物送入太

2005 年 5 月 12 日，庄逢甘（左）与航天英雄杨利伟（右）合影

空的阶段，而是经过充分的无人飞船飞行试验后，直接将人送上太空；第二，中国的载人飞船采用三舱方案，第三舱（轨道舱）留轨作较长时间的飞行，部分地开展了相当于空间实验室、空间站的技术工作，为建造空间实验室、空间站奠定了初步的技术基础，这一发展道路适合中国国情，有自己的特色。”他还指出：“从空气动力学的角度讲，载人飞船气动问题的难度介于我们已成熟掌握的惯性洲际弹道导弹和尚未涉猎的航天飞机之间，其难度和风险比航天飞机要小，国外载人飞船的空气动力问题也未完全解决，这就为我们气动工作者留有发展的空间。事实证明，美国的航天飞机之路并不平坦，实施多年后中断。这也证明我们避开了一条不甚合理的发展道路，选择载人飞船起步是正确的。”

在报告中，庄逢甘全面而系统地总结了中国载人飞船工程研制中空气动力技术的发展与进步，具体地阐述了在理论与计算、地面模拟试验等方面的技术进步。他十分客观地指出：“在空气动力学技术的发展与进步中，我们自己确实有相当多的自主创新，但有些是借鉴国外研究成果，经过消化、吸收、再创新而完成的。自主创新与引进借鉴相结合是非常重要的。”他出于褒奖广大气动工作者的贡献，鼓励大家继续努力，登攀新的技术高峰，详细地列举了各气动研究单位所取得的成果：

1）在气动力、气动热模拟上，我们利用自己开发的网络生成技术、计算方法以及应用流场分析理论而形成的绘图软件等，研制出了具有自主知识产权的计算平台；

2）在大攻角气动力试验方面，针对大攻角流动特征，提出了不同攻角的支撑方法和数据修正方法，解决了数据不确定度问题；

3）在局部热环境问题的研究方面，针对飞船突起物、控制翼、喷流和窗口，确定了试验方案和测量显示方法，初步给出了难以确定的试验结果；

4）在从飞行试验遥测数据换算到气动力数据方面，发展了飞船返回舱系统的辨识方法，提出了一套完整的气动力换算修正方法，圆满地完成了飞行试验遥测数据辨识任务，并建立了相应的面向工程设计单位的数据库系统；

5）在真实气动效应研究方面，提出了用爆轰方法建立试验风洞，并按期建成，投入使用；

6）在俯仰、偏航、滚转动态气动力研究方面，采用自由飞试验技术和方法进行研究，与非线性动力学分析相结合，给出了稳定性条件和出现动态不稳定的不同方式与演化形态；

7）建立并不断完善了神舟飞船气动力、气动热研究的数据库和程序库等。

顾既往，成绩斐然，来之不易；瞻未来，任重道远，尚需努力。庄逢甘以其前瞻和超前的思维，在报告中明确地指出了今后载人航天气动研究工作的方向，并从现有研究中尚未完全解决的气动问题和今后载人航天进一步发展需要解决的气动问题两个方面，提出了气动力、气动热等的研究任务建议：

1）非定常动态问题。当飞行器的某参数改变和受到某种扰动时，或者受到局部分离和涡破裂的非定常性影响，飞行器周围的流场就会变为非定常流动。非定常流动随时间的演化可以变成定态解（点吸引子），也可以变成周期解（周期吸引子），准周期解（准周期吸引子），或者出现鞍、结点交叉，或者出现混沌（区域吸引子）、流场这种结构形态的变化，是流动失稳和分叉的结果，相应的气动力将围绕吸引子做周期、准周期或者非定常态的变化。开展这一类问题的研究，必须将飞行器运动和流场耦合的问题加以考虑。开展非定常动态问题的研究，是今后气动工作的一个重要方向，无论在理论、计算和试验方面，都有广阔的发展与创新的空间。

2）稀薄气体力学问题。飞船在自由分子流空间飞行后，需经历由过渡区、滑流区进入连续流区的过程。因此，对各流区的气动特性进行比较精确的计算，对飞船的姿态控制很有意义。同时，我们要发展空间站和深空探测，它们都是长时间在稀薄气体空间内飞行的，因此，也需要研究稀薄气体力学问题。目前稀薄气体的 Monte Carlo（蒙特·卡罗）方法所给出的结果和连续流的结果难以光滑连接，研究和发展从波尔兹曼方程出发，求解稀薄气体到连续流动的方法是必要的。总之，鉴于试验比较困难，应该发展直接数值模拟方法。

3）跨声速以及湍流问题。飞船在跨声速飞行过程中，对具有突起物、控制翼和喷流的外形，其流动状态为湍流，包括分离区和激波边界层的干扰，流动比较复杂，选择湍流模型和确定转捩位置都是难题。同时，由于跨声速流的特点，计算域大，边界条件不易准确提出，计算方法也有困难。同样，试验也难以做到精确模拟。因此，应对跨声速湍流问题继续进行研究和攻关，力求取得新的进展和突破。

4）突出物、窗口和喷流的局部问题。这也是一个计算和试验都有困难的问题，首先是缺乏相似律，如何进行模拟无一般准则可循；其次是流态难以判定。在跨声速和高超声速、连续流和稀薄流情况下，其周围环境各不相同，而且有显著差别。因此，突出物、窗口和喷流的局部问题，仍需从理论、计算、试验上作进一步的深入研究。

5）微重力条件下的生物流体力学问题。航天员在空间站长时间的失重情况下停留，其生理问题的研究已成为空间生命科学高层次的重大研究课题。航天员的生理和心理问题的研究极需关注和重视，其中包括心血管、血液的流动对心脏、人脑、心理产生的影响研究。

6）新型航天器的设计问题。历史已经证明，每一次空气动力学研究的重大突破，都导致了新的飞行器的诞生。而新的飞行器的研制则又促进空气动力学

国务委员宋健在航天城与部分航天专家合影（前排左二为庄逢甘）

研究新的重大进步与发展，新飞行器的研制与空气动力学的发展是相辅相成、相互促进的，未来航天飞行器的研制要满足人类可想象到的应用，首当其冲的就是可能选择的外形。随着新的航天器的研发，其新的气动力、气动热和气动物理问题必将增多，这些新问题的出现又会将空气动力学的研究与发展带进一个新的天地和更高的水平。

在报告的最后，庄逢甘提出了关于空气动力学发展的一个高度概括的精辟论断："气动设备是基础，气动试验是重点，气动计算是关键，气动创新是核心。"他的这一论断后来在不同场合又多次反复强调，这已经成为中国空气动力学界普遍的共识，极大地指导和促进了空气动力学事业的发展，这是他对中国空气动力学事业又一重大贡献。

庄逢甘的报告言简意赅，寓意深刻，既总结和概括了中国载人航天气动研究所取得的成果与进步，又具体部署了载人航天后续气动研究与攻关工作的项目，与会的领导、专家和气动工作者，都异口同声地称赞庄逢甘高深的科技造诣，佩服他未雨绸缪、高瞻远瞩的战略科学家的卓见。更令众人敬佩的就是从中可见他孜孜以求、忠诚事业的拳拳之心。

2008年，庄逢甘（前排左二）在酒泉卫星发射中心神舟七号发射现场与马兴瑞总经理（前排右一）亲切握手

庄逢甘

庄逢甘院士传记

Academician Zhuang Fenggan's Biography

第七章

基础研究　旨在应用

着力空气动力学前沿课题的基础研究和应用基础研究，是庄逢甘在20世纪80年代后学术思想与科研活动的重要方面，彰显了他践行技术科学思想与科学家的底蕴与本色。

20世纪末至21世纪初，中国航天空气动力学的研究已经具备了相当的实力，包括理论分析研究能力、数值计算与工程计算技术、试验设施设备与试验技术等。在庄逢甘的领导与参与下，成功地解决了弹道导弹弹头再入的气动力、气动热及稳定性问题，解决了各类导弹的气动问题，以及返回式卫星返回的气动力、气动热及稳定性问题，突破了载人飞船工程中返回舱与逃逸飞行器的气动力、气动热等难题，中国的空气动力学事业取得了巨大成功。

然而，登攀无止境，创新无穷期。在此之际，庄逢甘凭借他深厚的理论和技术功底以及丰富的实践经验，经过深思熟虑，详细地分析研究了未来航天型号研制可能遇到的新环境与新要求，系统地提炼出了需要研究的空气动力学问题。经他大力倡导和他与有关空气动力研究单位的科技人员共同努力，先后获得了两项自然科学基金重大项目“旋涡、激波和非平衡起主导作用的复杂流动研究”“复杂气体流动中旋涡、分离的流动机理与控制”，两项国家重大基础研究项目“可压缩湍流的形成机理、作用及其控制的新原理、新方法研究”“疏导式热防护机理与途径研究”。这四个项目都是具有相当工作量和技术难度的系统工程，从其立项论证、研究试验的实施，到研究成果评定的全过程，庄逢甘都为之付出了艰辛的劳动、心血和智慧，所取得的研究成果也都逐步应用于新的航天型号工程的研制之中。

1. 主导研究 基金项目

从20世纪80年代中后期起，庄逢甘主持了两项国家自然科学基金重大项目的研究，即“旋涡、激波和非平衡起主导作用的复杂流动研究”和“复杂气体流动中旋涡、分离的流动机理与控制”。

1989年1月，在庄逢甘的主持下，组织航空航天工业部空气动力研究所（701所）、北京航空航天大学、中国科学技术大学研究生部、中国科学技术大学、北京大学、清华大学、中国科学院力学研究所、华东工学院、航空航天工业部二院、国防科技大学、中国空气动力研究与发展中心、中国科学院计算中心等单位的科技专家和空气动力科技工作者，成立了“旋涡、激波和非平衡起主导作用的复杂流动研究”项目组，成员有：忻鼎定、李素循、洪金森、申功炘、童秉纲、崔尔杰、韩肇元、黄敦、俞鸿儒、汤明钧、崔季平、沈清、卞荫贵、黄兰洁、沈孟育、张涵信、傅德薰等，并由各单位的专家组成了联合研究团队，开始了立项论证工作和该项目的部分研究工作。

联合研究团队围绕旋涡、激波与非平衡中流动的研究情况进行了调研和分析，这一研究正受到世界各国流体力学界的普遍重视，美国国家研究理事会批准的《90年代流体物理》和《2000年的航空空气动力学》等规划，都对这类复杂流动的研究给予了高度的关注，认为这是一个“主要的研究挑战”。这一研究成果不仅在认识和揭示自然的基本规律方面具有深刻的理论意义，而且在航空航天、能源化工、机械动力以及海洋、气象等工程技术领域有着广泛的应用背景。因此，这是流体力学发展中一个引人关注的生长点，是国际上十分重视、很有应用潜力的新方向、新课题。国内有关的气动研究单位已开始此项目的研究，并为后续的研究工作奠定了一定的基础。

庄逢甘对自然科学基金重大项目的研究，其指导思想和工作原则非常明确，其一是研究的创新性，要注重新观点、新概念、新方法和新理论的探索研究，研究工作没有创新就没有发展；其二是研究成果的应用性，所研究的科学问题的提炼来源于新一代航天器研制的实际需求，科学问题虽然带有基础性，但最终的目标必须要落实到应用；其三是研究的团队性，现代科学技术的发展，对于重大项目的研究已不是靠一两个单位先知先觉的少数人可以承担和奏效的，必须科学地组织研究团队，开展横向大联合，从顶层设计、课题的分解与设置，到资源的合理利用，都应发挥横向联合研究模式的优势。

庄逢甘和他领导的团队，经过反复的酝酿、研究、讨论和评审，确定该项目的研制内容包括四个部分、九个子课题。

这四个部分是：旋涡起主导作用的流动，激波起主导作用的流动，非平衡起主导作用的流动，包含激波、分离和旋涡的复杂流场的数值模拟。

九个子课题分别包含在四个部分里，旋涡起主导作用的流动研究部分的子课题内容：①定常旋涡流动特性及其控制；②外激发作用下，剪切层和旋涡运动响应特性的研究。激波起主导作用的流动研究部分的子课题内容：①气流中运动激波波系相互作用的研究及激波绕射的规律；②利用运动介质激波动力学方程研究三维激波相互作用时，不同子午面内激波波面的规则相交和非规则相交；③二相介质中激波现象的研究。非平衡起主导作用的流动研究部分的子课题内容：①高温气体动力学中非平衡气体效应；②高速稀薄气体流动研究。包含激波、分离和旋涡的复杂流场的数值模拟部分的子课题内容：①内部复杂流场的数值模拟；②粘性分离流场和涡运动的数值模拟。

庄逢甘及其项目团队为该项目的研究制定了详细的研究方法与技术路线，强调该项目是研究旋涡、激波和非平衡起主导作用的复杂流动研究，应围绕旋涡进行研究。这是因为旋涡的利用具有非常重要的应用前景，并可对基本物理现象的研究，如湍流和非线性声学的研究，起到关键的促进作用。湍流可以被视为拟序旋涡结构和随机旋涡结构的某种组合，射流的噪声与旋涡的配对现象有密切联系。该项目的研究重点是：充分揭示相关的物理现象和旋涡流动之间的关系。总体安排是先在每一个分支领域内，充分利用已有的科技成果，开展进一步的研究，以求能在国际先进领域牢固地占有一席之地，然后发挥己之优势，在旋涡利用方面创造出有中国特点的系统理论和实验结果。

庄逢甘作为学术带头人，自 1989 年起，用了四年多的时间，自始至终领导和参加了这一国家自然科学基金重大项目“旋涡、激波和非平衡起主导作用的复杂流动”的研究工作，带领项目团队，从理论、试验和数值模拟等方面，对非定常流和旋涡运动，开展了系统而深入的研究。庄逢甘及其领导的课题（项目）学术小组，根据各子课题的研究进展情况，适时地扩大和充实各单位（各子课题）之间的各种讨论班参加人员与讨论的内容，以集思广益、互相启发。庄逢甘等也知晓，他们所研究的问题都是当时国际上的前沿问题，因此，他们十分重视相应问题在国际上的研究动态，并将其作为学术讨论班讨论的一项内容。这也充分彰显了庄逢甘前瞻与开放的学术思想。

该重大项目的研究取得了可喜的研究成果，包括旋涡机理研究及其有效的涡控制方案、激波动力学和绕射的研究以及二相介质有化学反应的激波结构、非平衡气体流动的直接模拟法和简化模型、发展高分辨的数值计算方法等，均发表了相应的论文。童秉纲、张炳暄和崔尔杰等，根据这一重大项目研究中所取得的研究成果，编写了《非定常流与涡运动》的专著，系统地总结了国内外有关非定常流和旋涡运动研究工作的进展，同时也比较集中地汇总了这一重大项目的主要研究成果。庄逢甘为该书作了序，在序中，他对旋涡、非定常流动的概念，研究工作的进展及其应用的前景，作了简要的概述，并明确地提出了今后的研究方向与任务。

关于旋涡问题，他在序中指出：“旋涡是自然界中最普遍存在的流体运动形式，小到湍流中的微尺度涡，大到海洋和大气环流，呈现的流动形态很复杂，包含的物理内容极丰富，它们的产生、发展和彼此间的相互作用，支配着整个流动，影响着流体在运动中对于质量、动量和能量的传递。旋涡还是构成湍流和诱发噪声的重要因素，研究旋涡运动的现象和规律，揭示其流动机理，探求对它们实施控制的有效方法，是大量工程实践提出的迫切需要解决的问题。因此，这已成为当前流体力学理论和应用研究中最具有挑战性的重大课题，也引起了国内外众多专家学者们的关注和兴趣。”

庄逢甘在序言中还谈及了旋涡流动的非定常属性及旋涡的利用等问题，并指出了关于非定常涡运动研究的方向。“从严格意义上讲，几乎所有的旋涡流动都是非定常的，或者说至少具有某种的非定常特性，在过去相当长的时期内，流体力学的研究工作主要集中于定常情况下，弱旋涡的产生和利用问题，如机翼理论，就是人们利用紧靠物体的薄涡层产生升力的成功例子，对于这类‘附着涡流型’弱旋涡的运动问题，通过大量的研究和实践，人们已经有了较为深入的了解，问题已基本上趋于解决。20世纪60年代后，飞行器设计中‘脱体涡流型’

的发展，开始了利用机翼前缘分离涡产生非线性涡升力的新阶段。目前已在工程中采用的边条翼和近距耦合鸭翼等布局方案，都显示了利用旋涡的广阔前景。进入 20 世纪 70 年代后，非定常分离与旋涡主动控制的研究，在国际上引起了广泛注意，人们开始认识到，利用弱非定常扰动对流动的激发作用和旋涡的非线性效应，可以达到增升、减阻，获得更高的气动效益的目的，这种以非定常流和旋涡运动理论为基础的‘非定常脱体涡流型’的建立与发展，已向人们进一步展示了利用旋涡的巨大潜力。目前，我们虽然能够通过试验观测和精细的数值模拟获得某些有关非定常涡运动现象的初步认识，但对其中的复杂非线性作用机制还缺乏深入的了解，更没有建立起定量的预示方法，因而也就不能对它们实施有效的控制和具体应用于工程实践，人们还面临着大量需要进一步研究解决的问题。”

庄逢甘的序可以说是对《非定常流与涡运动》一书内容的高度概括，也是对“旋涡、激波和非平衡起主导作用的复杂流动”课题研究成果的简要总结，他的序连同这本专著，定会对推动非定常流与旋涡运动研究工作的开展大有裨益。

1993 年，国家自然科学基金重大项目验收组对该课题进行了验收，对庄逢甘和项目团队的研究工作给予了充分的肯定，对他们所取得的研究成果给予了高度的评价。

验收组的意见如下：

1）“旋涡、激波和非平衡起主导作用的复杂流动研究”是当前国际上流体力学最活跃的研究领域之一，它涉及许多基本流动现象及其规律，包含着非常丰富的物理内容，不仅在学术上有重大意义，而且在航空、航天、机械、动力、化工等许多工程领域都有广泛应用前景，研究内容的基础性、复杂性和实用前景构成了该项目的主要特色。

2）四年来，该项目在以庄逢甘为首的学术领导小组的组织领导和协调下，开展了大量的研究，取得了丰硕成果，出色地完成了立项时设定的总体目标。

3）据目前统计，参加该项目的同志，在各种国际和全国性学术刊物及重要学术会议上共发表论文320多篇，出版了三本专著，获得部、委级以上科技成果奖13项，培养了博士和硕士研究生80余名，还有30多人次出席了在国外召开的各类学术会议，开展了广泛的国际学术交流，许多研究成果受到了国内外同行的高度评价。庄逢甘院士在第18届国际航空科学大会上所作的“旋涡控制技术”学术演讲，荣获大会颁发的古根海姆奖。

4）本项目及其包含的子课题，其研究工作总体上处于国际同类工作的前沿，许多研究成果具有很大的创造性和特色，因而从整体看，该项目的成果处于国际先进水平。其中如分离流和旋涡的流场分析，数值计算的高精度、高分辨率格式研究，旋涡控制技术，稀薄气体流动的数值计算方法，激波动力学等尤为突出。流场测量及显示技术，作为流体力学的重要研究手段之一，在我国现有的条件下能取得这样优秀的成果，是很值得赞扬的。

5）像该项目这样规模的有组织的研究群体在国内是不多见的，在研究经费和支撑条件非常有限的情况下，参加研究的同志们发扬艰苦奋斗、献身科学的精神，取得了这样丰硕的研究成果，并形成了若干极有发展前景的、相对稳定的研究方向，更是难能可贵。这和庄逢甘院士的杰出的学术思想和领导才能是分不开的，希望国家自然科学基金委能继续给予大力支持，以期在短期内取得更大的突破性发展。

在“旋涡、激波和非平衡起主导作用的复杂流动研究”这一国家自然科学基金重大项目的研究任务完成后，1993年5月，庄逢甘又以其未雨绸缪和审时度势的思维将目光瞄向了旋涡与分离流动。在他的主持下，中国科学院力学研究所、北京空气动力研究所、中国空气动力研究与发展中心、北京航空航天大学流体力学研究所、北京大学力学系和数学系、中国科技大学研究生院等单位的空气动力学专家与科技人员，对于旋涡与分离流动以往的研究工作及存在的未解决的问题，进行了调研和总结，适时地展开了重大项目的立题论证和申报工作，重点是明确提出未解决的问题、与国外的差距以及项目研究的任务、目标。正是由于庄逢甘及其研究团队精心的论证和艰苦细致的工作，“复杂气体流动中旋涡、分离的流动机理与控制”这一重大项目在国家自然科学基金又获得立项。随即，庄逢甘带领研究团队，深入地开展了旋涡与分离流动的研究，取得了很有价值的研究成果。

子课题一：定常与非定常旋涡高分辨率显示数值模拟。所取得的主要研究成果是：①在物理分析基础上，提出了构造高分辨率和高精度差分格式的原则和方法，并依此在 NND 格式基础上，构造了实质上为波动、无自由参数的高分辨率和高精度的格式——高阶 ENN 格式，大量数值实验证明，所提出的原则、方法和格式对数值模拟复杂的分离流动和涡运动是适宜的；发展了矩型、非结构网络相混合的网络技术，与高分辨率的数值方法相结合，可提高数值模拟的分辨率；从物理分析出发，发现了旋涡轴向分叉的演变规律，以及轴向速度为亚声速和超声速旋涡的本质区别；利用结构稳定性理论揭示了细长体有攻角绕流背风区流动由对称变成非对称再变成周期振荡的机理，并给出了演化的临界条件；

发展了横截面流态的拓扑规律，这些与数值解结合更能阐明流动机理。②为正确模拟非定常多尺度旋涡、分离的流场，提出了三阶精度、五阶精度的迎风紧致格式和具有任意阶精度的超紧致格式；为使高精度差分格式既能模拟小尺度物理量，又能捕捉非定常激波，正确模拟涡－激波干扰结构，提出了群速度控制方法；构造了求解 N-S 方程的高精度分辨率计算方法；求解可压 N-S 方程，数值模拟了时间发展的平面混合流；研究了二维和三维拟序结构的形成和随时间发展的规律，研究了可压缩性和初始条件对拟序结构的影响；给出了流动失稳、L 涡、马蹄涡、菱纹涡等拟序结构的形成及流动发展到转捩的整个过程；求解不可压缩 N-S 方程，数值模拟了两球间（内球旋转外球静止）的库塔－泰勒流；给出了定常轴对称分叉解和 Hopf 分叉解。③在动态空间化定量化流动显示及其应用方面，提出和论证了全流场观测技术 FFFOM 概念和组成及其具有实现近乎理想的流体力学实验观测的特性与潜力，是揭示复杂流动的关键技术和途径；实现了一个流动切面的三维速度场和一个流动容积的三维速度场的瞬时测量（体视和全息粒子图像测速技术 SPIV 及 HPIV）；实现了用 PIV 对起动涡、振荡机翼分离涡的非定常流动结构和特性的观测，定量揭示了起动涡远大于定常涡。异形喷管混合流的激光诱导荧光 LIF 浓度场瞬态定量观测揭示了流向涡对强化渗混的重要作用；对 PIV 应用于跨、超声速喷流也进行了初步的探索试验；对可用于湍流研究的高分辨率 FPIV 及工程应用的数字式 DPIV（包括三次自相关及互相关）技术，还做了可行性和系统技术的基础研究。

子课题二：剪切层、旋涡和激波的相互作用。所取得的研究成果：①在激波与剪切层干扰流动机理研究方面，主要是通过风洞试验，研究了四类典型表面突起物引起的复杂干扰流场特性，用表面压力、热流率测量及油流谱显示与空间纹影显示给出详细结果，并应用 N-S 方程数值模拟定常与非定常干扰流动特性，部分计算结果与试验结果互验，说明：在超声速流和高超声速流中，凸起物高宽比可作为干扰流场分类的参数，可能为强影响关系，也可能为弱影响关系，与凸起物高宽比的数值范围相关。②在入射波较弱时，足够准确地确定了弯曲的马赫杆和三波点，在粘性作用极微的前提下，理论计算不但与试验相符，且分辨率更高，解释了50多年来各国学者长期研究的冯·诺依曼佯谬；计算了两层密度相异的流体（如水和气、金属和炸药）的剪切流动，给出了分界面（剪切层）变成蘑菇状或出现射流以致分裂的全过程，也给出了两层流体中各自的旋涡场，计算涉及重力、粘性和表面张力，可望用于模拟以往未能描述的现象；试验和计算都揭示激波绕挡板诱导出三个集中旋涡的流动特征；激波的高压立即伴随旋涡的低压这一流动特征将是人员听力损伤的机制。

子课题三：非定常分离流动。所取得的研究成果：在振荡圆柱和三角翼非定常分离流动特性与机理研究方面，通过理论分析、N-S方程数值模拟以及水洞、风洞的试验研究，从理论上严格证明了三维非定常分离点必定是鞍型奇点，进而说明用流线作基础来说明分离点的状态最合适；利用在低马赫数下流动过程中温度基本不变的假定，使状态方程与连续方程合并，从而简化了N-S方程的求解过程，给不可压流求解提供了新的方法，并用这一方法对振动柱体进行了研究，得到了一些有意义的结果；振动三角翼的研究结果表明，在很高的减缩频率下，76度后掠三角翼涡破裂点到达顶点的迎角可达110度，大于静态时对应的迎角，并发现动态涡与静态涡的重大差异，进而揭示了多种参数对动态三角翼气动特性和流动结构的影响。

子课题四：有化学反应的分离流动和旋涡。所取得的研究成果：数值模拟了两股超声速气流的混合，说明不论有无化学反应在一段时间以后观察不到K-H不稳定性；利用超声速旋涡破裂特性与亚声速旋涡不同，提出了在超声速扩散管道内利用超声速旋涡可提高燃烧效率，并得到了数值模拟的验证；利用激波通过两种不同气体介质表面，由于斜压效应产生旋涡，增强了气体的混合，数值模拟得到了与实验相符的结果；利用简单的燃烧室模型和简化二维冲压式发动机，用数值模拟进行了不同几何参数选择的影响研究，发现参数不协调时，会出现热壅。为了获得高精度数值模拟，用五阶迎风紧致格式研究了超声速与亚声速气流无化学反应与有化学反应的二维混合问题，初始阶段形成两个涡，然后开始合并，并伴随有强压缩波，随后情况就非常复杂。

子课题五：分离与旋涡控制。所取得的研究成果：①在分离与旋涡控制研究方面，采用理论分析、试验研究和数值模拟相结合的方法，研究了非定常分离、旋涡及其控制问题，揭示了剪切层失稳的演化过程和尾迹中涡的形成与流动不稳定性的关系，提出依据流场反馈作用和频率增益准则实施流动控制的两类方法，即基于流场局部扰动和基于流动稳定性分析的方法；系统研究了非定常运动时翼前缘分离特性和分离区结构，以及用表面吹吸气进行流动控制的方法，分析了吸气点位置、吸气强度和周期性吸吹频率等因素影响，给出了定量结果，对三角翼和组合体做大振幅动态运动时的气动特性进行了研究，结合流态显示解释了产生法向力过冲、动态失速延迟和滞回现象的机制，根据上述研究结果，分析归纳出局部流场重构、分离涡诱导作用等不同增升机制。②研制并提出了不可压 N-S 方程式的边界条件的确切提法，证明同时在进口提流速和压力条件是超定的，设计出了网络与流动变量的统一算法，成功地用在具有边界变动的强非线性粘性流动的计算；克服了 Osher 等提出的 Level 函数的奇性，提出以双调和函数的 Level 函数，以及用边界元求 Level 函数的方法；提出了时空四阶紧致格式、五阶精度加权型 ENN 格式、自适应 TVD 格式等；设计了三维分块耦合算法，成功地用于大型水下运动物的流场计算。③研究了大后掠机翼（定常与非定常，纵向运动）和机身（定常，纵向运动）的大迎角气动特性、脱体涡相互作用机理和双襟翼系统（前端与前缘涡襟翼）控涡效果；用流场显示和三维重建的图像，分析涡的演变机理，双襟翼系统有优于常用单襟翼的控涡效果，使旋涡衰减率降低，促进旋涡合并；不同襟翼偏角下，达到延缓涡破裂，改进失速特性和增升减阻的目的。展向吹气可锁住旋涡，改善动态气流的迟滞现象，脱体涡增强，Crmax 和失速迎角增大；机翼前缘振片有控涡作用，选择不同频率能增升减阻。

子课题六：分流与旋涡机理。所取得的研究成果：①在分离和旋涡机理研究方面，采用局部和整体两种稳定性分析的途径，系统地分析了静态圆柱在 Re=4~100 的尾迹特性，对前人结果作出全面评估，并揭示了模态跳跃的机理；对匀速旋涡振动圆柱的周期性尾迹首次作为 Floguet 稳定性分析，结果表面频率锁定是典型的参数共振现象；数值模拟了涡环（包括球涡）与平面激波同向和反向正碰撞的三维作用过程，并按两者强度大小的不同组合分析观察了激波结构和涡环结构的演变特征；基于 N-S 方程给出了具有轴向流的非定常轴对称可压缩粘性自由涡流动结构衰变的近似解析解，并数值分析了可压缩涡与物面的作用机制，其中有三维空腔超声速绕流的旋涡振荡流态，二维旋涡与超声速圆柱对撞过程及其热效应。②由 N-S 方程解精确数值分析，首次获得了 Re 数在 3000~10000 时，圆柱近尾迹转捩波频率比随 Re 数变化趋势这一新的理论规律，正确刻画了两类不稳定性相互作用规律，Re 数影响及流动转捩的基本特征；建立了不可压流的紧致有限差分与 Fourier 谱杂交新方法，首次在理论上揭示了尾迹型流动旋涡位错发展形成的三维大尺度相干结构，提出了尾迹转捩的新机制；用涡动力学方法获得了圆柱尾迹由不同尺度的马蹄涡、I 涡及缠绕其上的涡组成的湍流尾迹相干结构；利用热膜测量和流动显示，首次通过试验证实了在高亚临界 Re 数下圆柱近尾迹及其下游存在绝对与对流不稳定区，两者之间是过渡区；在 Re=70~300 的流谱显示试验中揭示了涡的不同脱落模式、流向涡的出现以及三维转化过程，获得了在 Re 为 1000 范围内能抑制涡脱落的方法。③考虑流体多尺度运动之间的相互作用，提出了流体大小尺度运动相互作用模型，模型给出了近程相互作用、能量近程传递等新的和已知的结论，并推导出了流体大小尺度（LSS）运动方程组，利用 LSS 方程组和拟谱方法计算了不可压缩槽道流和平面混合层流的三维演化，给出了流场物理量、大（小）尺度运动量以及能量由大（小）尺度到小（大）尺度的正（反）传递等重要演化特性，揭示了流动从层流向湍流转捩的若干特征等；提出了离散尺度上流体理论和耦合离散流体理论的算法，该算法比求解流体方程常用的算法更贴近高 Re 数流动的真实情况，因此具有计算精度高和计算效率高的优点。

这六个子课题所研究的内容及其所取得的研究成果，都属于国际空气动力学领域的前沿问题，庄逢甘及其担任组长的重大项目学术领导小组，在课题研究及项目的管理等方面，都做了大量卓有成效的工作，具体包括：①在项目立项论证及申请立项的过程中，学术领导小组就整个项目和各子课题的研究内容，与课题负责人进行了充分的交流和讨论，一起确定了研究的主攻方向和所要达到的目标；②在项目实施过程中，利用各种场合同各课题负责人对一些关键问题、疑难问题及出现的困难等进行深入的讨论，如年终的学术报告会、中期的评审会及专题学术讨论会等，按照庄逢甘一贯倡导的“在学术问题面前人人平等，真理越辩越明”的思想，广开言路，集思广益；③庄逢甘和学术领导小组非常重视并积极支持课题组尽可能地参加国际学术会议，在高水平的国际学术刊物上发表研究过程中形成的论文与科技报告，促进国际交流与合作，他还十分关注有关国际、国内学术会议的动向，了解国内外有关问题研究的进展情况；④庄逢甘和学术领导小组对项目及其子课题实施动态管理，根据研究工作的进展、国内外同类研究工作的动态，并参考中期评审时专家们提出的意见，对研究内容及时地进行调整；⑤在经费使用上，督促课题组合理使用，同时对研究工作进展比较好、有创新的，给予适当的奖励或额外的经费支持。

正是由于学术领导小组和研究团队的共同努力，历经四年，完成了预定的研究工作，达到了预期的目标。1998 年，重大项目验收组对“复杂气体流动中旋涡、分离的流动机理与控制”重大项目进行了验收，对该项目给予了很高的评价。验收意见如下：

1）旋涡与分离是流体运动的一种普遍形式，在许多流动中起着主导作用。该项目从分析复杂流动入手，采用理论分析、数值模拟和试验研究紧密结合的方法，揭示其流动机理，发展分离与旋涡特性的预示方法，探索有效的控制原理和技术，不仅具有重要的学科价值，而且在航空、航天、航海和其他领域具有广阔的应用前景。该项目是在原来“七五”重大项目“旋涡、激波和非平衡起主导作用的复杂流动研究”部分成果的基础上，实现了由二维到三维、不可压缩到可压缩、定常流到非定常流的发展，并加强了理论与实践、基础性研究与应用性研究相结合等。

在庄逢甘的杰出领导下，经过四年多的努力研究，该项目各子课题都按照原定任务中规定的研究内容和进度执行，达到了预期目标，取得了一批可喜的成果。从总体上讲，这些成果达到了国际先进水平，其中关于高精度高分辨率数值方法、复杂分离旋涡流场的拓扑分析等属国际领先水平；有化学反应的分离旋涡流研究开拓了一个新的研究领域，在经费条件有限的情况下，高分辨率流场测量、旋涡分离流的试验显示和测量、流动的控制、激波－边界层干扰的试验研究等，取得了重要的创新成果，基础和机理性的一些理论和试验成果具有创新的学术价值。

2）该项目研究在实施和结题期间已发表或即将发表的论文共300多篇，专著4部。已获得国家自然科学奖二等奖1项，国家科学技术进步奖二等奖1项，中国科学院自然科学奖一等奖1项，国防科工委和国家教委科学技术进步奖一、二等奖3项。

3）该项目实施期间，积极地开展了与国外同行的学术交流活动，各子课题多次参加有关的国际学术会议，应邀在重要的国际学术会议上作特邀报告，还参加了中俄、中日相关专题的研讨会，及时地报告了课题的最新研究成果，同时了解了国外同类工作的进展情况，以充实自己的研究工作，并根据国际上的发展适时调整自己的研究工作，有的还与国外同行建立了长期协作关系。这些均对项目的进展起到了促进作用。该项目在执行期间，项目负责人及各子课题负责人极其重视人才的培养工作，在四年多的时间里，培养了8位博士后出站，25位取得博士学位，在读博士生30位；25位取得硕士学位，在读硕士生12位；40岁以下的中青年学术带头人10人，40岁至50岁的中青年学术带头人5人。项目负责人和子课题负责人对年轻的科技人员委以重任，精心培养，涌现出了一批高水平的青年科技骨干，已成为完成该项目并能承担新的重大研究任务的一支不可或缺的骨干力量。

4）该项目学术领导小组重视项目管理工作，在项目立项、执行期间，通过中期与年终评审会，加强学术交流并加以引导，对部分研究内容适时作出必要的协调等。

验收组听取了各子课题的报告，并进行了答辩和评议，一致通过该重大项目的结题和验收，验收组还一致认为分离旋涡流动及其控制研究，是一个紧密结合航空、航天技术的研究方向，在国家未来的重大科技研究计划中，应进一步立项，各子课题应紧密围绕主攻方向做进一步深化研究，这是十分必要的。

这两项国家自然科学基金重大项目，如同航天型号工程一样，都是具有相当规模，工作量大、技术复杂、难度高，涉及的单位多、协作面广，亦是大型的系统工程。庄逢甘实际上就是专业的总设计师，按照技术科学思想和系统工程的管理办法，领导和主持了这些系统工程的研究与试验，所取得的科技成果不仅为中国航天绚丽璀璨的史册争了光、添了彩，还从空气动力学的角度为后续航天型号工程的研制奠定了坚实的技术基础。

2005年，庄逢甘（前排左二）在上海交通大学参加空天科学技术研究院战略专家委员会成立暨专家聘任仪式

2. 指导参加 基础研究

进入 21 世纪后，庄逢甘虽已年近耄耋，但他的技术思想依然活跃，科研活动依然紧张繁忙，在他的积极倡议和精心组织下，重大基础研究项目“可压缩湍流的形成机理、作用及其控制的新原理、新方法研究”和“疏导式热防护机理与途径研究”，在 2004 年、2005 年相继正式立项，并分别开始研究，历时五年，这两个重大项目于 2009 年和 2010 年通过验收，完成了项目的研究任务。

“可压缩湍流的形成机理、作用及其控制的新原理、新方法研究”重大项目，于 2003 年开始立项论证，经申报、评审，2004 年获准立项。这一重大课题的研究可以说是庄逢甘早年进行的湍流研究的延续和发展，1947 年 9 月，他赴美国加州理工学院留学时，师从李普曼教授，他基于 Karman-Howarth 方程、海森伯格能谱概念和统计理论，揭示湍流这一复杂现象的本质，准确地估计湍流统计量的变化规律，完成了《湍流统计理论》的博士论文，顺利通过答辩，获加州理工学院航空和数学博士学位；回国后，在 20 世纪 50 年代初，他又继续进行了湍流耗散研究，1953 年 3 月发表了《湍流耗散的研究》论文，他的湍流研究的情结源远流长，功底深厚。

该项目设立了专家组，庄逢甘担任组长，项目专家组的成员有国内空气动力研究单位和高等院校空气动力专业的专家：崔尔杰、张涵信、童秉纲、周恒；从事飞行器气动设计的专家：安复兴、朱广生、张庆兵、司徒明等。项目组的主要成员包括：沈清、马汉东、王强、毕志献、李潜、贾区耀、杨武兵、杨云军、袁湘江、李沁、符松、陈海昕、佘振苏、易仕和、罗纪生、傅德薰、马延文、李新亮、马晖扬等。

庄逢甘及其领导的专家组负责项目论证、开题和年度检查的评审，参与研究内容和研究目标的制定，对项目研究的技术路线进行指导，对项目的研究方向进行把关，还在项目实施中发挥咨询作用。他们参加了该项目的各种学术交流活动，为项目的研究提出了诸多宝贵的意见与建议，在项目研究中发挥了重要的指导作用。

该项目由沈清担任技术首席，中国航天空气动力技术研究院、中国空气动力研究与发展中心、北京大学湍流与复杂系统国家重点实验室、中国科学院力学所和研究生院、北京航空航天大学发动机系等联合承担，组成了中国湍流研究的国家队。

湍流研究一直是流体力学的难题。可压缩湍流具有多尺度、高频脉动、强非线性等特点，使湍流研究分析难、计算难、流动显示难、测试难。国内外学术界到目前也只实现了平板（尖楔和钝楔）低马赫数边界层转捩问题的有效计算，这是一类相对简单的问题。由于高速湍流特征尺度更小、脉动频率更高，低速湍流中发展的传统测量技术已经失效。该问题的复杂性决定湍流机理难以认识、湍流规律难以掌握、湍流流动难以控制。目前湍流应用主要是被动应用，再入飞行器与航天飞机等飞行器的防热设计，基本上是保守设计，还很难进行考虑各种影响因素的精确设计。

按照空气动力学研究的特点，可压缩湍流研究的内容包括：可压缩边界层和混合层的湍流现象，演化机理及其对飞行器的影响，可压缩湍流的建模、转捩等预测、数值模拟与计算方法，可压缩湍流的风洞试验技术，测量技术与飞行器湍流问题的风洞模拟，可压缩湍流的应用原理、方法与技术途径，简而言之，即研究方法、对湍流问题认识和湍流应用三个方面。

在庄逢甘的精心指导下，该湍流重大项目在湍流研究方法、湍流的计算与试验、湍流应用原理与验证及其湍流理论发展等方面都取得了可喜的进展：①揭示了高超声速圆锥边界层转捩的攻角效应及其引起压心前移的规律，可为飞行器的稳定飞行与机动飞行设计提供理论指导和技术支持。②揭示了高超声速混合层存在二次失稳现象，三维扰动波对二次失稳有促进作用，二维涡对二次失稳有抑制作用的机制，该机制是湍流应用的理论基础，据此提出了后掠涡混合增强原理和亚谐共振混合抑制原理，其中后掠涡混合增强原理可用于超燃冲压发动机技术。③提出了湍流在超燃冲压发动机技术上的应用方法和技术途径，提出了三维波亚谐共振人工转捩方法，用于抑制边界层分离，提高进气道的总压恢复系数和起动性能，且得到了试验验证，与已知的美国 X-43A 和 X-51A 进气道的流向涡发生器相比，结构简单，更易于工程实现；还提出了混合增强方法，用于超燃冲压发动机燃烧室，实现了低内阻光滑通道燃烧室设计，该方法与国内外燃烧室中普遍采用凹腔、支板等增强混合和稳定燃烧装置相比，流动损失小，有利于降低内阻、提高推力和比冲；以上两项应用表明，掌握基础理论，可有效推动技术创新，从原理上突破技术瓶颈。④建立了可压缩湍流综合性研究方法，包括先进的理论分析、数值计算和风洞试验研究的方法和手段，三种手段相结合，较好地解决了湍流现象的确认、湍流原理验证的难题；计算方面，在国内首次实现了对高超声速边界层失稳、转捩和湍流全过程的多层次数值模拟；试验方面，发展了我国独创的纳秒级纳米激光散射技术用于混合层流动显示，发展了高频响应热流测量技术用于边界层转捩测量，填补了国内可压缩湍流试验技术的空白。

该重大项目研究成果向航空领域推广，还取得了三项发明专利：①一种喷气发动机降噪装置，在发动机喷流中引入三维扰动波，促进喷流快速进入湍流，消除喷流的低频脉动；②一种翼尖涡快速弱化装置，在机翼的翼梢小翼上引入三维扰动波，促进翼尖涡快速进入湍流并快速耗散；③一种机翼流动控制装置，在机翼的上表面引入亚谐共振的三维扰动波，消除机翼上表面出现的流动分离。

以庄逢甘为组长的专家组和项目的技术首席非常重视该项目的科学管理，在组织管理和学术研究方面均取得了宝贵的经验。

首先，做好调研和顶层设计是项目研究取得成效的前提。可压缩湍流是科学研究和工程应用的难题，国内外已开展的研究表明，可压缩湍流研究投入大、收益小，失败多、成果少。为此，项目的管理机关和专家组要求总体组充分调研前人的经验教训，做好顶层设计，把握研究方向。该项目把研究重点放在了边界层和混合层的稳定性和转捩问题上，将经典的平板和球钝头的边界层问题作为一般的研究对象，将圆锥边界层和超声速混合层作为重点研究对象，将平板边界层和超声速混合层作为应用探索研究的重点。随后的研究历程和美国等国家开展湍流研究的情况均证明，该项目选定的研究方向和重点是正确的，开展充分的调查研究和做好顶层设计，对设计科学的研究方案，选择切实可行的技术路线很有指导作用。

其次，举全国优势力量集智攻关是攻克难题的重要举措。在该项目立项前，国内在可压缩湍流研究方面只有少数的理论探讨。在庄逢甘的带领与组织下，集中了国内从事湍流研究的优势力量，组成了名符其实的可压缩湍流研究的国家队。各单位优势互补，统一研究方向，协同攻关，学术民主，保证了研究项目科学的组织管理和高效的运作。参研单位的团结协作还表现在基础研究和应用研究相结合，理论分析、数值计算和风洞试验相结合。研究的实践表明，所采用的研究方法是科学的，其技术路线是正确的，是适合中国国情的湍流研究道路。通过该项目的研究，已在国内建立了一支顶尖的可压缩湍流的研究团队和面向型号工程应用的研究体系，初步具备了湍流综合研究能力，并使中国飞行器的湍流研究具备了基本的支持条件和手段，其意义和影响已远远超过了项目本身。

最后，探索和创新是取得高水平研究成果的根本保证。该重大项目的专家组及参研的科技人员具有强烈的科学探索和科技创新的意识，针对可压缩湍流研究中的瓶颈问题，在计算方法上提出了多种新型算法，在边界层和混合层计算模拟方面都取得了新的结果。在流动显示技术上提出了纳米粒子激光散射方法，获得了比国外更清晰的混合层流动显示图像。在 RANS 计算方面提出了可压缩边界层的转捩 / 湍流一体模型，在转捩过程的模型上比国外的转捩判据具有更强的普适性。该项目研究还发现了新的可压缩边界层和混合层失稳模式，提出了基于湍流结构统计建模的新思想。在应用方面，提出了超燃冲压发动机湍流应用的新原理和新方法，不同于现有的技术框架。湍流建模是世界难题，百年难题，庄逢甘带领项目的研究团队，避开这个难以逾越的障碍，而是从湍流发展的源头入手，重点研究边界层和混合层的失稳机理，将湍流机理研究和技术应用联系起来，这是研究技术途径的新探索。

基础研究的目的是应用，庄逢甘在指导这一重大基础研究项目中，自始至终强调研究的目的是应用，对应用前景作了深入的研究。①用于超燃冲压发动机的研制，可提高发动机的推力和比冲。②对于解决高超声速飞行器与临近空间飞行器的空气动力学问题具有重大的应用前景。高升阻比外形的绕流包括流动分离、非定常流动、激波、边界层干扰等复杂流动现象，湍流问题更为复杂，该项目研究成果初步建立了开展湍流对飞行器气动力和气动热影响研究的条件，并提出了湍流应用的新方向：一是推迟边界层转捩的发生，降低壁面摩擦阻力和壁面热流；二是促进边界层加快转捩，抑制流动分离、非定常流动、激波、边界层干扰的不利影响。湍流研究对高超声速技术的发展具有前瞻性的意义，对中国高超声速飞行器的研发具有重大的实现意义。③在飞行器飞行稳定性方面，通过该项目的研究，发现高超声速圆锥边界层转捩的攻角效应对弹头飞行稳定性有影响，飞行器底部流动的不稳定性也会产生附加的横向气动力矩，影响飞行的稳定性，进而探索和研究了消除或抑制边界层转捩攻角效应和底部流动不稳定性的方法，可进一步改善飞行器的飞行性能。④该项目提出的湍流应用原理和方法，还可以推广应用于航空技术，对于大型飞机及普通飞机的增升减阻和流动控制技术具有重要的理论指导意义和技术推广价值。

正是由于庄逢甘带领的专家组和参研的广大科技人员，在正确的研究思想、方法、途径的指引下，注重科技创新和应用，所以才取得了具有突出应用前景和高应用价值的研究成果。该重大项目于2008年通过了结题验收。

在此期间，庄逢甘还指导了“疏导式热防护机理与途径研究”这一重大基础研究项目的立项论证与研究工作。该项目于2005年正式启动，2009年结束，2010年通过了专家组的鉴定验收。

该项目由李锋担任技术首席，艾邦成担任首席助理；庄逢甘担任专家组组长，童秉纲、吴承康、刘连元、吴国庭、韩祖南、李贵成、李仲平、张志成、毛国良等为专家组成员；项目组的主要成员有：江贵庆、俞继军、陈连忠、周伟江、程晓丽、曲伟、苗建印、王发民、杨勇、孟松鹤、杜建国等。该项目由中国航天空气动力技术研究院牵头，联合中国运载火箭技术研究院研发中心，中国空间技术研究院总体部，中国科学院热物理研究所、力学所、研究生院，国防科学技术大学，哈尔滨工业大学等单位，共同承担了这一国家重大基础研究项目。

突破“声障”“热障”“黑障”是航空航天发展史上的重要里程碑。高超声速飞行器在大气层中飞行时，会产生严重的气动加热，可使飞行器表面温度急剧升高，如不采取热防护措施，内部温升会导致结构与仪器的损坏，严重影响飞行器自身的安全，这种现象被称为“热障”。在高超声速飞行器发展的60多年里，为解决“热障”问题，曾先后提出了多种热防护的机理和方式，比较典型的有：热沉式、冷却式、辐射式、烧蚀式等。不同的热防护机理与方式可应用于不同热环境特点与飞行特点的飞行器。例如，美国航天飞机就是辐射式热防护机理与方式的典型代表，耐高温的陶瓷瓦使表面温度维持在一个较高的水平，其表面的辐射热流基本上平衡于气动加热的对流热流，因此能有效阻止净热流进入航天飞机结构层。

烧蚀式热防护是目前国内外多种飞行器，特别是高超声速飞行器应用最为广泛的一种热防护方式。自20世纪60年代起，庄逢甘就带领各类航天型号总体单位的气动设计人员和空气动力研究单位的科技人员艰苦奋斗，刻苦攻关，克服了“热障”，解决了热防护的瓶颈问题，保证了中国洲际弹道导弹，以及其他各类导弹和载人飞船等的研制成功。烧蚀防热的研究成果基本形成了一个完整的烧蚀防热理论体系，烧蚀式热防护的理论与技术发展到较为成熟的水平。

1996年，作为庄逢甘领导的烧蚀热防护研究团队成员的姜贵庆、刘连元，合作撰写了《高速气流传热与烧蚀热防护》的专著，庄逢甘应邀为该书作了序，他以简明扼要的语言概述了烧蚀热防护研究的重要意义和历史作用。他指出：“在我从事航天事业的数十年中，最早从事并倾注了很大精力的工作就是为解决高速再入飞行器的‘热障’问题，而开展的气动热力学和防热工作。突破‘声障’‘热障’‘黑障’是航空航天发展史上的重要里程碑，它们的解决和发展有力地推动了航空航天事业的发展，特别是‘热障’问题的解决，既是航天领域的重要标志，又发展了航天科技中的一个新领域和新学科（气动热力学），它是空气动力学、传热传质学、燃烧学、热力学等多学科的发展和延伸，又有着它自己的丰富内涵，既有理论深度，又是实践的重要结晶，在我国更是倾注了一代人的精心研究和心血，取得了丰硕的成果和实践经验。”

然而，随着21世纪的到来，新一代高超声速飞行器的发展，其性能要求和对飞行器外形的要求都在不断提高，从而对热防护也提出了新的要求，低烧蚀和高精度烧蚀的预测分析等需求已提上日程。例如，新型高超声速飞行器，包括以超燃冲压发动机为动力装置的高超声速巡航飞行器、无动力跃滑式飞行器、空天飞机等，这一类飞行器提出了具有尖化前缘的高升阻比复杂气动构型，在临近空间内做长时间的高超声速飞行以及耐高温薄层轻质结构等要求。为满足上述要求，热防护系统应采用非烧蚀或微烧蚀热防护以保持外形完整、稳定，将表面温度控制在材料允许的范围，研制更为高效的隔热结构解决长时间的隔热问题。靠传统的热防护方式的简单组合难以满足新型高超声速飞行器的这些要求，热防护技术再次成为新型高超声速飞行器中的技术瓶颈问题。为此，庄逢甘多次指出：“要在解决的途径上多下功夫。在材料上下功夫固然顺理成章，只要材料本身能达到抗击烧蚀的性能，问题自然就迎刃而解。然而，在短期内研制成功新材料难度更大，我们只能另辟蹊径，从传热原理上，可以将高热流区的热流往相对较低的热流区传递，以减小高热流区的防热矛盾，使高热流区的热流较大程度地减小，从而使相应的材料达到微烧蚀，甚至是非烧蚀。”庄逢甘的这些论述，正是提出疏导式热防护概念的背景。

庄逢甘适时地组织和指导了该项目的立项论证工作。2005年，重大基础研究项目“疏导式热防护机理与途径研究”正式启动，以庄逢甘为组长的专家组和技术首席李锋带领项目研究团队，经过五年的努力，历经顶层设计/方案论证、关键技术攻关、成果集成与验证等三个主要研究阶段，先后完成了复杂热环境预测、疏导式防热的结构原理、疏导式防热的试验方法与虚拟演示等四个方面的研究内容，取得了疏导式热防护理论和技术创新综合性研究成果：创立了疏导式热防护理论体系和技术体系，提出了两种典型的疏导式热防护结构，建立了疏导式热防护预测与验证体系。2010年，该重大基础研究项目通过了专家组的鉴定验收，所取得的研究成果获得了国家级和部委级的科学技术进步奖；2017年，李锋等以该项目研究成果为基础撰写的专著，由中国宇航出版社出版。

该项目研究中，完全不同于传统的烧蚀热防护的概念，而是从新的视角来研究新飞行器的热防护问题，即使飞行器表面的热流进行重新分布，从而降低高热流区热防护的压力，从探索研究开始，进而在实验室验证了这一新概念、新方法的可行性。目前已将这一研究成果列为新一代飞行器热防护的一个备选方案。庄逢甘对这一项目的研究成果十分满意，同时，他又向项目组提出了新的要求，“既要在理论体系上进一步完善，又要将实验室的研究成果真正落实到航天型号应用上。”这正是他“基础研究、应用基础研究的目的是应用”这个一贯思想的体现。

3. 矢志不渝 思考未来

从20世纪80年代末到2010年，庄逢甘不仅承担着航空航天工业部科技委、中国航天工业总公司科技委、中国航天科技集团公司科技委繁重的领导工作，还主导两项国家自然科学基金重大项目的研究，指导两项重大基础研究项目的研究，担任北京大学湍流国家重点实验室第一届学术委员会主任，担任空气动力学国家重点实验室第一届学术委员会主任……工作的繁忙与紧张不言而喻。“天下兴亡，匹夫有责。”庄逢甘不忘他“科学救国”的初心，从国家和中国航天、航空发展的全局，潜心致力地思考着未来，从基础科学研究和应用基础研究的角度，对国家空天安全、设备建设规划、型号研制和湍流研究等问题，进行了全面系统而深入的调查研究，提出了卓有见地、切实可行的意见与建议，得到了国家综合部门和高层领导的认同，也彰显了这位科学家高度的责任心与使命感。

进入21世纪后，中国的载人飞船工程取得成功，成为世界上第三个掌握载人航天技术的国家，也为中国航天事业的发展树立了新的里程碑。但同世界上航天科技工业比较发达的美、俄等国相比，中国还有相当大的差距，对此，庄逢甘有十分清醒的认识。曾任中国航天工业总公司副总经理、国防科工委副主任兼国家航天局局长、载人飞船工程副总指挥，后来曾任嫦娥一号探月工程总指挥，又当选为中国工程院院士的栾恩杰在一次与记者的交谈中，曾戏称："中国航天是'二锅头'，在世界航天科技工业领域是第二梯队的排头兵。"有人同庄逢甘谈起栾恩杰的这一论述，他会意地笑了："是啊，我们要成为世界上的航天强国还有很长的路要走呀！即使是进入了航天强国的地位，科学技术也还是要发展，逆水行舟，不进则退。"接着，他严肃而郑重地说："无论是真正意义上的航天，还是新一代武器的发展，我们和美国、俄罗斯等都还有相当的差距，我们的空气动力研究也还有着差距。"这位中国空气动力学研究的领导者，他一直在思考着中国空气动力学研究的未来，思考随着中国航天技术的发展和新一代航天型号工程研制的开展，空气动力技术如何才能更好地为航天型号研制服务，为建设航天强国作贡献。

在即将进入21世纪之时，庄逢甘首当其冲思考的是开展空天技术发展和空天安全基础研究这一重要问题，思考着力学，特别是空气动力学的发展如何进一步为空天技术的发展和空天安全保障提供强有力的技术支撑。他凭借其在中国空气动力学界的威望和造诣，组织有关的中科院院士和青年学者一起探讨、研究这个重大问题。1999年5月，庄逢甘与俞鸿儒、周恒、张涵信三位中科院院士联名提出了《推动未来航空航天技术发展的力学前沿问题的研究》报告。报告中指出："下一世纪，航空航天技术仍是在国家安全和国民经济发展中起重要作用的高技术，它的需求构成了近代力学前沿问题的主要内容。"报告以航空航天需求为背景，提出了五个相互联系的力学重要前沿问题，即多目标的气动优化，复杂流动环境和控制，与智能结构及智能飞行交叉的气动问题，精细的数值模拟、实验模型以及流动的虚拟现实处理，湍流及转捩。并建议以这五个重要问题为主，设立重大基础科学前沿研究项目，开展研究。

报告还进行了论述："航空航天技术是由多种学科的支持而发展起来的，但由于其涉及的近代力学前沿问题最多，因此，航空航天技术发展的需求是推动力学发展的最主要的动力。而力学的新发现又常常带来航空航天飞行器的更新换代。且力学的发展，又对能源装置、现代船舶、海洋工程、交通运输等很多工程技术发展提供有力的技术支持。"

庄逢甘持之以恒、锲而不舍地追逐着他朝思暮想的空天技术发展和空天安全这一基础研究问题。2001 年上半年，在庄逢甘的倡导与组织下，他与中国科学院数学物理学部和技术科学部中与力学有关的部分院士组成考察团，赴成都、北京和沈阳等地的航空航天科研生产单位，与有关的科技人员就空气动力学领域一些关键技术问题，进行了广泛的交流和讨论。此后，庄逢甘主持召开了以航空航天技术发展为主题的香山科学会议和多次专题讨论会，他直言不讳地指出："空天安全是国家安全的命脉，为发展未来的空间技术，需要大力加强有关重大基础科学问题的研究。而目前对基础科学研究重视不够是一个相当普遍存在的问题，严重地制约了自主创新和适应未来发展所需技术储备的能力……”他们一再呼吁：“要将与未来空天技术发展有关的重大基础科学研究列入国家重点研究计划。”

2001 年 12 月，庄逢甘与周恒、张涵信、崔尔杰联名在香山科学会议上，作了《空天安全的若干重大基础问题》的专题报告，报告指出：“空天安全是我国 21 世纪保障国家安全的生命线。保障空天安全就需要发展空天作战的武器平台，即研制可自大气层至太空和自太空至大气层飞行的空天飞行器。要发展这种空天飞行器就要解决六项关键技术：高超声速技术；高机动飞行技术；长距离空天飞行技术；高隐形技术；精确打击技术和高可靠性技术。解决这六项关键技术需要突破七个核心科学问题：高速飞行中可压缩湍流、转捩及其控制问题；高机动飞行中非定常分离、旋涡运动的机理及其控制问题；高温、高速条件下气流的燃烧及热化学非平衡流动问题；结构和轻质材料的优化设计与抗撞击设计问题；智能结构和微系统的失效防范、主动控制与可靠性问题；电磁波、复杂介质和空气绕流的耦合效应问题；以及多尺度计算问题等。”

庄逢甘还特别强调：“我国与国际总体水平相比还存在较大差距，因此，需要我们加强基础研究，立足源头创新，抓住若干重要方向，组织好跨学科、跨部门的合作，给予稳定的支持，并加大支持力度，提供宽松的科研环境，完全有可能取得世界领先水平的成果。”

也是在 2001 年，庄逢甘、郑哲敏、张涵信、周恒、崔尔杰、童秉纲、黄克智、白以龙等八位院士以中科院院士咨询报告的形式联名向中央军委提交了《21 世纪我国空天安全面临的严峻形势和当前应采取的对策》建议书，在建议书中提出：“当务之急是要抓紧安排部署与发展未来空天作战武器平台有关的重大基础项目研究，这关系到国家未来天疆安全与主权，其意义不亚于‘两弹一星’的

2010年，中国科学院院士新春团拜会上庄逢甘（右）与郑哲敏（左）合影

研究。”这份建议书得到了党和国家高层领导的认同。

2002年6月，庄逢甘又主持召开了以“高超声速技术持续发展战略”为主题的香山科学会议，针对中国21世纪国家安全的需求、高超声速技术的发展战略与需求背景、高超声速技术的发展途径及其关键技术等，进行了深入的学术讨论和交流。

正是由于庄逢甘等的大力倡导和一系列科技会议的研究讨论，2002年，“空天飞行器的若干重大基础问题”列入国家自然科学基金重大项目研究计划。该计划的特点是将基础研究与国家航空航天高技术发展的需求紧密结合起来，着力探讨、研究发展新一代空天飞行器所涉及的具有前瞻性、交叉性的基础科学问题。庄逢甘参与并悉心地指导了这一重大项目研究计划的顶层设计，确定了以实现空天飞行器气动、隐身、材料和控制四个方面的最优化为研究的核心，归纳为“气动、燃烧与隐身”和“材料、防热与控制”两条研究主线的七个核心科学问题，即：高速、高机动飞行中复杂流动机理研究；高温、高速条件下气流的燃烧问题；热力学和化学非平衡流动问题；轻质、强韧、抗撞击、防热结构及其材料一体化设计的理论和方法研究；空天飞行器的智能自主控制与智能结构的失效防范；电磁波、复杂介质和空气绕流对隐身性能的耦合效应问题研究；多尺度计算问题。总的目标是：从基础研究的角度，为未来空天飞行器的设计提供新概念、新理论、新方法和新思路，支撑国家空天技术的发展，在七个核心科学问题上有所突破，达到国际先进水平，通过项目的实施，培养一支跨学科的优秀研究人才和队伍；做到立意清楚，研究内容和目标明确。

崔尔杰为该重大项目的专家组组长，在立项后为时八年的研究中，专家组和庄逢甘都给予了指导。该项目涉及到国家自然科学基金委数学物理、化学、工程与材料、信息四个科学部102个项目，其规模之大，涉及面之广，参与的单位和人员之多，是国家自然科学基金委员会历年来支持项目中所罕见的。这正是庄逢甘不失时机地瞻示未来，亲力亲为，利用其在空气动力学界的威望与资历，团结带领同行深入调查、研讨、提炼、归纳，最终使该项目获得立项，历时八年（2002年1月至2009年12月），项目研究团队夜以继日地奋斗、登攀，庄逢甘也时刻挂在心上，给予了适时而有力的指导，终获完成。

该项目具有显著的前瞻性和先导性，是加强中国航空航天领域基础科学问题研究，增强空天飞行器研制的源头创新能力的一项重要举措，为中国空天技术的发展起到了促进、推动和支撑作用。这些在项目的研究实例和取得的研究成果都可以得到证实。正如该项目的总结报告中所述及的，“该重大项目提出了新理论、新方法、新方向，取得了具有国际影响的科技创新成果，包括：具备了世界领先的高焓流动模拟能力；发展了流体跨流域统一计算的新方法；提高了试验分析和复杂流场测试水平；建立了世界领先的高温防热结构一体化环境性能模拟系统；在热防护材料设计理论与制备工艺方法上取得了新的突破；掌握了轻质多孔点阵材料的多功能设计方法；提出了空天飞行器基于特征模型的自适应控制理论与方法；探索了四针状氧化锌晶须与电磁波作用机理，通过复合改性，实现了轻质隐身的综合效果；发现双各向异性磁性材料可获得优异的高频性能。”

通过这一重大项目研究的实践也进一步证明，前瞻性创新研究对空天飞行器的进一步发展起到了引领和促进作用，推动了跨越式发展。紧密结合国家重大需求，集智、集成创新对关键技术攻关和空天飞行器工程研制起到了推动和支撑作用。通过这一重大项目的研究，聚集了一批高水平的研究单位和一批优秀的学术、技术带头人，取得了在国内、国际有重大影响的研究成果。开展重大科学项目研究，无论是在科学问题本身取得丰硕的研究成果方面，还是在科技工作的组织领导、科技攻关的方法与途径上，都是意义重大，影响深远。对此，研究团队贡献卓越，庄逢甘功不可没。

设施设备建设是基础，所以，搞好设施设备建设规划并付诸实施，也是庄逢甘未雨绸缪、瞻示未来的一项重要内容。早在 1957 年 8 月，按照国防部五院院长钱学森的指示，庄逢甘主持制订了第一份中国航天空气动力学研究试验基地的建设规划，随即领导和主持了国防部五院空气动力研究所建设工程（即 8108 工程）的组织与实施，建成了北京航天空气动力学研究试验基地。1964 年 3 月，国防科委成立了以钱学森为组长，沈元、郭永怀、庄逢甘为副组长的空气动力专业组（第 16 专业组），庄逢甘领导和主持了中国第二个（三线地区）空气动力学研究试验基地暨风洞建设的规划工作。1964 年 5 月 16 日，第 16 专业组在北京召开了三线风洞建设规划会，会上提出了比较完善的满足未来航空、航天型号工程研制所需的新的风洞建设规划草案。此后，时任国防部五院三分院副院长兼空气动力研究所所长的庄逢甘，领导和组织空气动力研究所和非标准设计部的有关人员，制订了第二个空气动力研究试验基地详细的风洞建设规划。从 1965 年开始第二个基地风洞设计起，这一代号为 7305 的工程到 20 世纪 80 年代陆续建成，他一直在技术上领导或指导了各主要风洞设备的研制和建设工作。

庄逢甘亲自领导了北京和四川两个空气动力研究试验基地的建设，又在此后的几十年中关心这两个基地的完善与发展，并为之做出了努力，使中国空气动力地面模拟设备具有了一定的规模和相当的技术水平，并在型号工程研制中发挥了重要的作用。

没有远虑必有近忧。在为中国航天空气动力学事业的发展欣喜之余，庄逢甘更切肤地感到中国航天空气动力设备能力与美、俄等航天强国的差距尚存，亟待赶超。2005 年，年逾耄耋的庄逢甘以其急切和责无旁贷的心情，将中国空气动力研究与发展中心、中国航天空气动力技术研究院、中国科学院和有关的高等院校的几位院士聚集在一起，包括俞鸿儒、张涵信、崔尔杰、童秉纲、周恒以及其他有关的科技人员，就我国未来空天型号工程的发展及其对空气动力学研究的需求等，进行了研讨。对比美、俄等国空气动力设备的现状与能力，分析了中国在气动设施设备能力与试验技术水平上的差距，进而研究了中国空气动力学进一步发展的需求和应采取的对策，提出了中国大型气动试验设施设备的发展战略。

庄逢甘及诸院士提出的发展战略引起了国家决策层的重视，将大型气动试验平台的建设纳入到了国家中长期发展规划。这使他及他的空气动力研究团队备感兴奋，使他的“气动设备是基础”的思想可以实现了。

2005 年 8 月 26 日，国家科学技术部科研条件与财务司和总装备部司令部，在四川绵阳召开会议，就气动试验平台建设问题进行了研讨。与会者得知，庄逢甘在2004年7月给中国航天空气动力技术研究院的题词“气动设备是基础，气动试验是重点，气动计算是关键，气动创新是核心”这四句话，自然而然地成为会议的议题，大家异口同声地称赞庄逢甘高屋建瓴、远见卓识，会议对此前经过调研论证而形成的气动试验平台建设实施方案的框架，进行了深入的讨论，与会者对“气动设备是基础”更加统一了认识。根据国家科学技术部科研条件与财务司和总装备部司令部的提名，成立了专家研究组，组长为庄逢甘，俞鸿儒（中国科学院力学所，中国科学院院士）、邓小刚（曾任中国空气动力研究与发展中心总工程师，后任中国人民解放军国防科学技术大学副校长、校长，中国空气动力学学会理事长，中国科学院院士）为副组长，成员为国家机关、空气动力学研究单位和高等院校的十多位科技专家。

为使国家大型气动试验平台的实施方案做得更合理、更完善，庄逢甘站在国家利益的高度，或深入到各空气动力研究试验单位，或召集有关人员到他的办公室，认真听取各方面、各单位的意见，综合后，责成起草小组对方案进行反复的修改、补充、完善，形成了《国家大型空气动力研究试验设施平台建设规划》的初步方案，提交专家组各位成员审核、修改。

2006年2月，庄逢甘在北京主持召开了第二次会议，对初步方案进行了深入而细致的讨论、修改，在此后两年多的时间里，以庄逢甘为组长的专家研究组和规划编写组的同志们，为之付出了艰辛的劳动和心血，特别是庄逢甘更是以严肃认真、一丝不苟的精神，字斟句酌，进行了严格的把关，终于完成了这一平台建设规划并上报。2008年11月19日，由国家有关部委联合发布了《2008—2020年××××××××××建设规划》。

规划指出：“大型空气动力试验设施设备是提高国家核心竞争能力和战略威慑力的重要战略资源，是实现我国航空、航天、交通、能源、建筑等领域自主创新发展的重要保障，是加快我国国防现代化特别是武器装备现代化的重要支撑。大型空气动力试验设施设备规模庞大、建设周期长、投入多。合理规划大型气动试验设施设备建设，形成资源共享的平台，是应对国际形势的严峻挑战，满足国家战略需求的重要举措，对落实‘平战结合，寓军于民’方针、合理配置我国空气动力试验资源、提高综合利用率意义重大。”

规划阐述了国外大型气动试验设施设备的现状和发展趋势，调查和分析了国内的现状及存在的问题，论述了中国的发展需求，提出了大型气动试验平台建设规划的指导思想、基本原则和发展目标。提出了合理布局、分步分阶段组织实施、相对集中建设等基本原则，明确了 2010 年、2015 年和 2020 年的阶段目标。这些都为此后若干年中国大型气动试验设施设备建设有计划、有序地进行提供了依据。

规划中提出了试验网络信息系统、低速试验设备、跨声速试验设备、高超声速试验设备、气动数值模拟和模型飞行试验装置等六个方向的 15 个重点建设项目。

庄逢甘和他带领的规划编制团队，详尽地分析了重点项目建设过程中需要攻克的关键技术，经过反复地分析、研究、论证，梳理和归纳出了 10 个具有共性、且是工程实施中的瓶颈、也是制约空气动力学发展的关键性重大问题。

凝炼出的 10 个需要突破的关键技术是：①风洞结构设计动态分析技术。重点是将动态设计与动态分析方法融合于大型风洞的结构设计中，对风洞结构动力学、风洞机构运动学、风洞振动特性、风洞结构数值仿真方法和试验技术作深入研究。②风洞噪声控制技术。重点是开展低噪声风洞设计技术研究，加强跨声速试验段流动特性和各类风洞噪声控制技术研究，突破高性能声学导流片、低噪声阀门的设计技术。③高温结构设计、防护技术。重点是研究大尺寸、大流量燃烧室设计技术。④大功率动力技术。掌握压缩机喘振预防和抑制技术，发展高效率、低阻损的热交换器设计技术。⑤风洞精细测量、显示和集成控制技术。重点是开展现代控制论在风洞多参数控制系统中的应用技术研究，突破高精度动态测试、显示技术，掌握风洞流场品质和性能校测技术、诊断技术及高精度定位技术。建立先进的热流、声学测试显示系统。⑥喷管和引射器优化技术。重点是开展柔壁喷管、半柔壁喷管优化设计技术，突破引射器增强混合技术和高效、高增压比引射器设计技术。⑦高雷诺数风洞的相关技术。配合高雷诺数风洞的设计，重点开展低温风洞技术、重气体风洞技术研究，掌握低温和重气体风洞试验技术以及模型、天平设计制造技术。⑧数值风洞专业软件开发、应用技术和虚拟实验技术。开展提高专业软件计算精度和效率的新方法研究，加强复杂外形计算技术，计算流体力学软件的验证和确认技术的研发，突破数值风洞虚拟现实技术，开发与数值风洞建设相关的计算机配置与优化技术。⑨模型飞行试验测量与显示技术。重点是开展风洞模型自由飞、模型空中飞行、演示验证飞行试验的测量和显示技术研究，掌握相应的遥控、遥测技术。突破小型轻量高精度的速度、温度、压力传感器设计与制造技术，发展数据采集、记录与显示技术。⑩高温真实气体效应试验技术。重点是研究化学反应的动力学和热物理参数的实验测定和反应模式的试验验证，发展表面催化效应的试验技术，探讨新型试验设备的原理和建造以及对现有设备进行改造的技术，发展新的试验技术和测试方法。

规划中还提出了实现规划的组织管理办法、标准规范以及对现有资源进行整合的建议。

正如庄逢甘自己所言："工作是大家做的，我只是起到了把大家组织起来的作用。"事情的确如此，但他的组织领导作用，团结和凝聚国内空气动力研究力量的作用，技术上把关和决策的作用等，是其他人所不能替代的。中国空气动力学界一位资深的专家曾形象地说："庄逢甘是我国气动界的'旗手'和'精神领袖'。"

庄逢甘对中国空气动力学未来发展的思考，除了空天安全、设备建设规划外，他还始终不渝地践行空气动力学为航天、航空等型号工程服务的思想。例如，在重大航天型号工程立项中，他积极参加和指导立项论证工作，尤其是在型号工程技术经济可行性论证中，涉及到空气动力学方面的关键技术时，他都要以严谨的科学精神和实事求是的态度，从空气动力专业的角度提出中肯而有见地的意见与建议，助力于型号工程的立项。在航天型号工程飞行试验故障的分析中，有一次神舟飞船在发射时出现了飞行故障，分析遥测数据时，发现返回舱飞行攻角比地面预估值大了许多，怀疑可能是返回舱的气动特性出现异常所致。时任飞船系统总指挥的袁家军当机立断，责令总体部气动设计人员建立飞行攻角异常的故障树，对事件进行逐个分析、排查。庄逢甘听了汇报后，凭借他渊博的科技知识和高深的空气动力学造诣，底气十足且果断地说："不是气动问题，如果是，那问题就大了。"接着，他阐述了不是气动问题的理由，在场的人听了都心悦诚服。后经气动专家和控制专家分析认定，飞行攻角异常的原因是姿态测量设备的累计误差所致，攻角不是导致飞行故障的原因。这一结论已被后续的发射所证实。

关于湍流研究，对庄逢甘而言，更是源远流长、终生不解的情结。他之所以如此专注和痴迷，就是因为他深知湍流研究的突破具有重要的应用价值，随着研究试验的深入，也使其兴趣渐浓。在 20 世纪 80 年代，日本著名湍流研究学者佐藤浩来北京讲学，庄逢甘每次必到，还亲自主持了最后一次讲座。讲座比较系统，包括湍流理论研究、湍流与实验研究、湍流与工程、湍流与军事、湍流与艺术、湍流与生活等。庄逢甘遇到了知音，甚感兴奋，他说："湍流这东西太复杂，100多年了，至今也没有完全搞清楚，湍流问题给人们的印象非常复杂和困难，理论上要面对难以求解和计算复杂的非线性N-S方程，应用上要面对许多不完备的模式理论和经验理论……尽管湍流理论还远不完备，但已有的研究成果已经给人类带来了很大利益。我们要努力研究湍流，包括机理和应用两个方面。"这是他对湍流研究发自内心的感悟，也指明了今后的研究方向。

1995年6月30日，庄逢甘被聘为北京大学湍流与复杂系统研究国家重点实验室第一届学术委员会主任，尔后，他邀请北京大学湍流国家实验室两任主任到北京空气动力研究所参观指导和商谈合作，促成了北京大学这一国家重点实验室和北京空气动力研究所联合建立了可压缩湍流实验室，推动了可压缩湍流的研究与试验工作。21世纪初，庄逢甘悉心指导了中国航天空气动力技术研究院的可压缩湍流研究这个重点项目。

庄逢甘十分清楚，如果湍流问题不取得突破性进展，新一代先进的航空航天飞行器的设计也就难以突破。这就是他矢志不渝、竭尽全力研究湍流并关注湍流研究的未来之动力源泉，颇有不达目的誓不罢休的劲头。他还在一次会议上郑重地倾诉衷肠："湍流是航空航天工程发展的一个卡脖子问题。我退下来以后，余生就是要做一件事，专注湍流研究。"在他的晚年，为推动湍流研究做了大量卓有成效的工作。2005年11月，年高体弱的庄逢甘真是"老牛自知夕阳晚，不用扬鞭自奋蹄"，他主动约请中国科学院数学物理学部流体力学专业的院士们，在北京大学召开了一个座谈会，主旨议题就是如何推动湍流研究工作，他在这次座谈会上重述了他的"余生要专注在湍流研究上"的心声。通过这次座谈会，与会的院士们达成了共识：中国的湍流研究分两步走，第一步是组成一个院士调研组，深入到航空航天科研生产单位，调查了解当前空天飞行器设计的客观需求；第二步是向国家主管部门和领导进言献策，争取国家有关部委和自然科学基金委的支持。会后，庄逢甘亲任组长，带领有关院士和空气动力学的科技人员，深入到有关的航空航天科研院所，进行了系列调研；随后，编制了《加强湍流研究》的建议书。2007 年 9 月，在庄逢甘的倡导与主持下，又成功地举办了“湍流和 CFD（计算流体力学）研究”的香山科学会议。正是由于庄逢甘等科学家一系列不为常人所了解的努力，为中国湍流与复杂系统研究工作带来了实质性的进展。也正是由于庄逢甘等的努力和在香山科学会议东风的鼓舞下，2008 年 3 月，北京大学等六个单位的学者组成了“飞行器气动力学与光学设计中的关键湍流问题”项目筹备组，2008 年 9 月，在国家科学技术部立项。40 多位学者组成的项目组，共同挑战世界难题，并取得了突破性的进展。迄今，不断追求湍流研究新目标的科学家们，还怀念着这位中国湍流研究领军者敦厚的人品和宽厚待人的学者风范。

庄逢甘

庄逢甘院士传记

Academician Zhuang Fenggan's Biography

第八章

调科技委　统览航天

1983年，庄逢甘被任命为航天工业部科技委常委，此后，他一直担任航天系统的科技委领导与高级技术顾问。职责使然，他要站在整个中国航天的高度，在科学技术上做好助手、参谋。

1980年11月6日，经中央书记处批准，七机部任命屠守锷、黄纬禄、谢光选、卢庆骏、宋健、李绪鄂、李伯勇、孙家栋、庄逢甘、杨嘉墀、王希季、杨南生、陆元九、金建中、梁思礼等15人为七机部总工程师，任命蔡金涛、吴朔平为七机部技术顾问。1982年4月，中央决定国家机关实行体制改革，七机部改为航天工业部，航天工业部设立科学技术委员会。1983年，庄逢甘被调至部科技委，任常任委员。后随着国家机关的变革，庄逢甘先后被任命为航空航天工业部科技委副主任，负责航天部分科技委的工作；组建中国航天工业总公司后，他任总公司科技委常务副主任，主持日常工作；组建中国航天科技集团公司和中国航天机电集团公司（后改称中国航天科工集团公司）后，他被任命为中国航天科技集团公司科技委主任。1999年8月，他被聘任为中国航天机电集团公司高级技术顾问，2002年6月起，被聘任为中国航天科技集团公司、中国航天科工集团公司高级技术顾问。

科技委的职责中明确，科技委在航天科技方面是部（总公司、集团公司）党组和部长（总经理）的助手和参谋，对航天科技工业发展战略、重大规划和计划的制订，航天型号工程的立项，航天型号工程研制中重大关键技术的解决等，要负责审议、审查，发挥助手、参谋和决策咨询的作用。庄逢甘在任上，履职尽责、出色地完成了科技委所承担的各项工作任务，为中国航天全面、协调、可持续发展作出了突出贡献，得到了部长、总经理和广大航天工作者的一致好评。

1. 定位准确　有位有为

时代在前进，科学技术在进步，随着新技术革命高潮的到来，科学技术获得突飞猛进的发展。在 1982 年国家机关实施体制改革中，中央决定在国防科技工业系统的委、部设立科技委。但科技委毕竟是新生事物，其职责定位，与部领导、部机关的关系，与型号工程中的行政指挥系统（总指挥）、设计师系统（总设计师）的关系等，都还存在着一些矛盾和问题，需要在实践中去摸索、去实践、去磨合。庄逢甘从研究院副院长兼研究所所长的位置，到部科技委常委的岗位，这种转变无疑有一个适应的问题。沉稳善思的庄逢甘十分清楚，有位才能有为，首当其冲的是定准位。他前思后想，勾起了他在 1957 年“大鸣大放”时所提的一条建议，就是建议国防部五院、分院和设计部、所都应设立技术委员会，以便对重大技术决策提供技术支持。现在设立科技委，和自己当年的建议岂不是不谋而合？他的内心有几分欣慰，也更加体会到“实践是检验真理的唯一标准”这一论断的英明正确。但当时被上纲到攻击外行领导内行的问题，他被定为“中右”，险些被发配到北大荒去劳动改造，幸得聂荣臻副总理、钱学森院长等鼎力呵护，才免遭厄运。所以他对设立科技委从心底里拥护。

庄逢甘冥思苦想，琢磨如何诠释“助手、参谋、咨询作用”，他也同科技委其他的科技专家一起商榷，他认定需要在实践中摸索。他对当时自己的位置是十分清晰的，作为研究所所长在行政、技术上有决策权，而部科技委常委只有建议权、咨询权。但他信心满满，自己从事空气动力学专业工作几十年，可以承担专业总设计师的工作。正是基于这种考虑，并接受部领导（总公司领导）交办和型号工程总指挥、总设计师委托的工作，按照“型号需求牵引和专业技术推动”的原则，庄逢甘竭尽全力为中国航天空气动力技术的发展发挥了举足轻重的作用。在科技委任职期间，他的工作可以说是千头万绪、错综复杂，除科技委本身的工作外，还有带硕士研究生、博士研究生和博士后的工作，学术研讨会的组织领导与撰写学术报告的工作，全国政协、全国科协、中国空气动力研究会（1989年改称中国空气动力学会）等学术团体的工作，科技成果鉴定与科技奖励评审工作，有关的博士生论文的审核等工作。对于这些工作他从不敷衍塞责，也不轻易地拒绝，而是科学地运用“弹钢琴”的工作方法和夜以继日的勤奋精神，逐项予以完成，彰显了他德高望重、学识渊博、和蔼可亲、平易近人、诲人不倦、学术民主、求真务实、一丝不苟的长者、师者、学者风范。难能可贵的是，他视发展空气动力学为己任，团结和带领有关的科技人员，在这一时期攻克了以载人飞船工程为代表的多种航天型号工程一系列的气动力与气动热技术难题，为航天型号工程的研制成功作出了不可或缺的贡献。他还始终不渝地倡导和领导了多项空气动力学领域的国家级重大基础项目与应用基础项目的研究，并取得了丰硕的研究成果。

他还从科技委应“注重发展战略与规划的研究与制订工作”的职责出发，以其超前、前瞻的思维，同有关的科技专家共同对空天安全、空气动力学试验设备建设规划以及空气动力学如何更好地为航天型号工程研制服务，特别是持之以恒地开展湍流研究等，进行了潜心的研究，为中国航天空气动力学全面、协调、可持续发展，做了大量铺垫性的工作，指明了发展的方向。

庄逢甘不仅是尽了空气动力专业总设计师、部科技委空气动力专业组组长之责，而且对整个科技委工作的定位，也有全面而准确的考量。1989年，在航

庄逢甘在办公室

空航天工业部科技委全体委员会议上，他代表航天部分科技委作了工作报告，其中对科技委的工作定位做了系统的阐述："科技委要发挥五个方面的作用：部党组、部长在领导科技工作方面的助手、参谋和咨询作用；制订发展战略与规划以及重大型号工程、预研项目、技改工程等的立项，科技委要发挥主导与带头作用；联系广大科技人员的桥梁作用；解决型号研制中重大技术关键及转阶段等科研活动中，要发挥领导与评审作用；科技成果鉴定与科技奖励工作要起审查和把关作用。"正是基于这一认识，庄逢甘在担任科技委副主任、常务副主任和主任，主持科技委工作期间，在这五个方面都做了大量的工作，赢得了部（总公司、集团公司）领导、机关和广大科技人员的赞许，这与庄逢甘的睿智与勤奋工作是密切相关的。

2. 研究战略 制订规划

早在1962年4月21日，根据聂荣臻副总理关于制订国防部五院技术路线的指示，钱学森副院长具体负责组建了由林爽、任新民、屠守锷、蔡金涛、吴朔平、钱文极、梁守槃、庄逢甘组成的三个小组：综合（规划）组由梁守槃任组长，地地型号组由屠守锷任组长，地空型号组由吴朔平任组长。后来又成立了固体火箭发动机组。庄逢甘作为技术路线研究制订组的成员，以极其认真和钻研的精神，查阅、学习和研究了国内外有关的技术资料，听取有关科技人员和管理人员的意见，调查了解当时中国各类导弹武器系统及主要专业技术的进展情况，分析研究后续的发展方向与技术途径，思考发展的规划。在技术路线研究、制订的基础上，他参加了中国《地地导弹发展规划》即“八年四弹”规划的制订工作，要在1965年至1972年八年的时间里，研制成功中近程、中程、中远程、远程（洲际）等四种液体弹道导弹。此后，庄逢甘参加了“三抓”工程规划的研究与制订工作，“三抓”工程规划的主要内容是在1980—1984年间，向太平洋预定海域发射远程液体弹道导弹，由核潜艇水下发射固体弹道导弹，发射地球同步轨道试验通信卫星。庄逢甘不仅参加了“八年四弹”和“三抓”两个重大规划的研究制订工作，而且在规划的执行中，为各类型号工程的研制付出

1996年，庄逢甘（右一）与任新民（左一）、梁思礼（左二）、黄纬禄（中）、梁守槃（右二）在三亚合影

了艰辛的劳动和心血，特别是在解决各类型号的气动力、气动热难题方面更是贡献卓著。

正是由于“八年四弹”和“三抓”这两项中国航天重大规划的完成，使中国的航天科技工业取得了长足的发展，具备了相当的规模与水平，开始进入世界航天科技工业先进水平的行列。研制成功了多种导弹武器系统并装备部队，极大地增强了中国的国防实力，为提升中国的国际地位、改变世界的战略格局作出了重要贡献。特别是在航天科技成果贮备，技术基础设施设备和技术手段建设，科研生产队伍的形成、锻炼、培养和提高等方面，都为中国航天全面、协调、可持续发展奠定了坚实的技术与物质基础，使之保持良好的发展势头，继续跻身于世界航天科技先进水平之列。正如邓小平同志在1988年10月24日视察北京正负电子对撞机国家实验室时所论述的：“如果60年代以来，中国没有原子弹、氢弹，没有发射卫星，中国就不能叫有重要影响的大国，就没有现在这样的国际地位。这些东西反映了一个民族的能力，也是一个民族、一个国家兴旺发达的标志。”

此后，庄逢甘作为部（总公司）科技委的领导，更是以其极大的精力投入到了20世纪80年代中国航天新三星（“东方红三号”“风云二号”“资源一号”）、一箭（“长征三号甲”）、一论证（载人航天工程技术经济可行性论证）规划，中国载人航天工程从载人飞船工程起步的规划，中国航天开展嫦娥探月工程的规划等的研究与制订工作。特别是在中国载人航天工程从飞船起步以及多用途载人飞船方案的确定等规划的研究与讨论中，时任航空航天工业部科技委副主任的庄逢甘与时任航空航天工业部高级技术顾问、载人航天工程论证领导小组首席顾问的任新民，默契配合，为中国载人飞船工程的立项和研制方案的确定，作出了不可替代的重要贡献。

1992年9月21日，中共中央政治局第十三届常委会扩大会议通过了《关于开展我国载人飞船工程研制的请示》，庄逢甘等广大航天科技工作者为之谋划了七八年的中国载人飞船工程正式立项。在随后进行的长达十多年的载人飞船研制与发射中，庄逢甘不仅承担了载人飞船工程气动力、气动热攻关的艰巨任务，还不遗余力地对这一工程的长征二号F运载火箭、神舟飞船的研制与发射工作，进行了不可或缺的评审和指导。正是由于他在载人航天工程的规划、论证、立项和研制发射中的一系列突出贡献，2004年，庄逢甘荣获国家人事部、中国人民解放军总装备部、国防科工委联合颁发的载人航天突出贡献者奖章和荣誉证书。

庄逢甘在其50多年的航天生涯中，始终如一地关心和重视航天科技工业的发展方向、发展战略、技术途径及发展规划的研究与制定工作，特别是他调赴部科技委后，更是注重了解和研究世界航天科技工业发达国家的最新发展动态与趋势，并紧密地结合中国的国情和中国航天科技工业的实际，反复地强调要正确处理航天型号工程研制与主要专业技术发展的关系，切实贯彻型号需求牵引和专业技术推动的原则，注重型号工程与专业技术协调发展。

20世纪80年代中期，航空航天工业部科技委负责中国航天2000年发展战略的研究与制订工作，庄逢甘更是为之付出了极大的热情和精力，以其治学严谨、虚怀若谷、发扬民主的科学精神，既考虑必要性，又分析技术经济的可行性；既有前瞻性和超前性，又要有现实性和可实现性。他在广泛听取方方面面的意见与建议后，进行了认真的综合、分析与归纳，对各类航天型号的发展战略提出了多项中肯而有见地的意见与建议，博得了发展战略编制人员的认同与赞誉。尤其是各类航天型号发展中与空气动力学有关的问题，他更是提出了全面而系统的论述，他为这 20 多册发展战略的制订付出了心血和劳动。这一系列的发展战略对中国航天后续的发展规划与计划的制订，对中国航天全面、协调、可持续发展，对中国空气动力技术一系列理论基础与应用基础重大研究项目的立项，以及空气动力试验设施设备建设规划的制订与实施等，都具有重大的参考和借鉴价值，并发挥了作用。

3. 风口浪尖　勇于担当

航天型号工程研制中的转阶段评审、型号工程总体及其主要分系统技术方案的评审、重大关键技术的攻关及解决方案的评审、科技成果鉴定及项目的科技奖励评审等，是科技委职责的重要组成部分，而且工作难度和工作量也都是比较大的，身为航天部科技委常委、航空航天部科技委副主任（主持航天部分科技委的工作）、航天工业总公司科技委常务副主任、航天科技集团公司科技委主任的庄逢甘，职责使然，更使他尽职尽责。他曾担任国家科技进步奖评审委员会委员、航天行业评审组成员和组长，还曾担任多项科技成果鉴定委员会主任，在这些评审与鉴定工作中，他都以科学家的科学道德，严肃认真、科学求实的态度，充分发扬技术民主、学术自由讨论的作风，在众说纷纭中，力排众议，发表意见或作出结论，使评审（鉴定）意见做到科学准确或趋于科学准确，从而得到有关领导和广大科技人员的赞许。

他还多次应聘担任清华大学、北京航空航天大学等高等院校和科研单位流体力学博士学位研究生论文答辩委员会主任委员或委员；还曾被聘为中国科学技术协会推荐中国科学院候选人委员会主任委员；中国科协初选 2003 年中国科学院院士候选人委员会数学物理学部组成员。他在履行这些主任委员或委员（成员）工作职责时，始终坚持尊重知识、爱惜人才和实事求是、认真负责的原则，恪守职业道德，给出或发表科学而准确的意见，从而受到答辩委员会和推荐委员会的院士、科学家、教授们的交口称赞，更使被答辩的博士研究生们深受教育，有的博士研究生感叹地说："庄先生的科学思想、治学态度和工作作风是我学习的楷模，必将受益终生。"

庄逢甘在各类航天型号研制中担任的立项评审、技术方案评审、转阶段评审和故障分析调查及其评审的工作，更是不胜枚举。特别是在他 1989 年担任航空航天工业部科技委副主任、主持航天部分科技委的工作后，他大多是担任主任委员和主持评审。这些评审或故障调查、评审都是中国航天科技工业的重中之重的大事，责任在肩，使命在身，他无疑是慎之又慎、细之又细地做好这些工作。

1988 年 11 月，庄逢甘主持召开了有 75 位高级专家参加的长征二号捆绑式运载火箭技术经济可行性方案评审会，这是一次决定长二捆命运的决策辩论会，称“大兴黄村会议”。会议就长二捆运载火箭国内外市场的分析论证、长二捆火箭技术方案的可行性分析论证、整个工程经济概算、大型试验设施设备建设、发射场系统与测控通信系统建设、运载火箭的研制周期等，进行了讨论。航空航天工业部刘纪原副部长、孙家栋副部长和国防科工委沈荣骏副主任等参加了会议。各种不同的意见争论、辩论得十分激烈，有的科技专家将自己带来的录音机往会议桌上一放，慷慨激昂地说：“实践是检验真理的唯一标准，我今天的发言要录下来，准备接受实践和时间的检验。”会议进行了三天，相悖的意见争执不下。会议的主持者庄逢甘深知事态的严峻性，1988 年 11 月 1 日，中国长城工业公司已同澳大利亚卫星公司签署了发射合同，合同规定，长二捆必须在 1990 年 6 月 30 日之前进行一次成功的发射，否则用户有权终止合同，选择其他的运载火箭。这就是说，长二捆必须从 1988 年 11 月 1 日算起的 20 个月内研制出来，并发射成功。这本来就是一个十分紧迫而充满风险的计划，如果再争来吵去，不抓紧实施，那就更难了。他同时也知道，持有异议的同志们的意见也是有道理的。思来想去，他理出了头绪：“机不可失，时不再来，时间不等人呀！只能是求同存异，在技术上可行的前提下，大家齐心协力，步调一致地去努力，去完成中国运载火箭的国际商业发射任务。”于是，他在会议期间，会上会下、耐心细致地做持有相悖意见同志的工作，最后终于统一了认识，认为研制长二捆运载火箭技术上是可行的，尽管技术难度很大，研制进度十分紧张，但只要团结奋斗，是会创造出奇迹的。与会者还进一步认识到，长二捆投入国际市场，不仅能取得经济效益和社会效益，而且能使中国的航天科技工业跃升到一个新的水平，促进中国航天事业的兴旺发达。

庄逢甘在处理问题上，历来是周到细致的，在大兴黄村会议上基本统一了认识。虽然当时任新民、龙乐豪（时任一院副院长、长征三号甲运载火箭总设计师）等都在西昌卫星发射中心执行卫星发射任务，没有参加大兴黄村会议，但长征三号甲设计师系统已确定了中国运载火箭的发展思路：在长征三号运载火箭的基础上，实行“上改下捆，先改后捆”。“上改”就是研制新的三级，即研制新的大推力氢氧发动机 YF - 75；“下捆”就是在一级捆绑常规推进剂的液体助推器，捆四个或二个。1986 年 3 月 31 日，国务院已批准芯级的长征三号甲运载火箭立项，现在要研制长征二号捆绑火箭，虽然与“上改下捆”的思路并不矛盾，但研制顺序上要有变化，因此，庄逢甘认为应该征求长征三号甲科技人员的意见，并取得理解和支持。因此，他同科技委的有关人员反复研究、修改长二捆立项的评审意见，字斟句酌，在阐明长二捆研制的必要性与可行性之后，又论述长二捆与长三甲捆的研制可收到相辅相成、相得益彰的效果。根据庄逢甘的决定，将部科技委对长二捆立项的评审意见传真到西昌卫星发射中心，任新民、龙乐豪等对科技委的评审意见进行了研究、讨论，后回复了意见，提出了对长二捆研制工作的一些意见与建议，但对部科技委的评审意见表示同意。尔后经庄逢甘签发，将部科技委对长二捆立项及技术方案的评审意见上报部领导，使长二捆的研制工作如期进行，完成了国际商业发射服务合同。在长二捆（长征二号 E）运载火箭的基础上，又改进研制成功了发射神舟飞船的长征二号 F 运载火箭，为中国载人飞船工程作出了重大的贡献。

1993 年 2 月，长征二号 E 火箭发射亚太二号卫星失利后，庄逢甘被委任为长征二号 E 运载火箭发射亚太二号通信卫星故障调查委员会和审查委员会主任，临危受命，各种意见众说纷纭，又涉及到外国的公司，这确实是在风口浪尖上，而且难度也非常之大，但庄逢甘却十分坦然，“世上无难事，只怕有心人”，他坚信，任何故障都是客观存在的，都是一个科学问题，尤其是这次长二 E 发射亚太二号故障的残骸已找到，故障的原因是可以弄清楚的。他亲自察看了残骸，见到被破坏了的整流罩残骸壳体的外表皮出现了皱纹，而内表面很光滑，他心

2006年，庄逢甘（右二）与集团公司科技委专家们考察航天时代电子公司

里基本有数了，这是过载大造成的结构失稳。后来在他的主持下，对故障现象及机理进行了综合分析，给出了中外双方都认可的故障分析报告及评审意见。后经计算机辅助设计（CAD）的核对，找到了结构设计的薄弱点，经采取有针对性的改进措施和综合治理措施，故障得以排除。

2001 年 2 月，庄逢甘被聘为神舟二号飞船返回故障评审委员会主任，同飞船研制人员一起，圆满完成了神舟二号飞船故障的归零工作。2002 年 6 月，他被聘为载人航天二期工程（天宫实验室工程）技术评审组组长；2003 年 4 月，他被聘为发射天宫实验室的全液氧煤油运载火箭系统技术方案评审组的组长……在这些关系到航天事业发展，关系到航天型号研制能否顺利进行的多项技术方案的评审中，他都以认真负责的态度，竭尽全力，提出令研制单位受益匪浅的评审意见，为航天重大规划的实现和型号工程研制的顺利进行，发挥了保驾护航的作用。

庄逢甘

庄逢甘院士传记

Academician Zhuang Fenggan's Biography

第九章

教书育人　举贤荐才

庄逢甘在其60多年的科技生涯中，始终惜才如金。他亲登讲台，挥鞭执教；研学相长，干完学成；名师长者，亲育高徒；举荐贤良，诲人不倦，从而成为中国空气动力学的一代宗师。

庄逢甘是中国航天空气动力学界的泰斗，他在求学期间是一名优秀的学生，深得诸多老师的谆谆教诲和悉心指导，如读高中时的数学老师赵型和化学老师王可田，读大学时的马明德、曹鹤荪、季文美等教授，读研究生和工作后的李普曼、马勃尔、钱学森、周培源等科学家。正因如此，他深刻地理解了韩愈在《师说》中所言“师者，传道、授业、解惑也”的寓意，更懂得如何做一名师者、研究者，如何育才荐贤，推动科学技术日新月异的发展。

庄逢甘以高度的社会责任感和积极的热情育人树人，举贤荐才。20世纪50年代初，他曾亲登讲台，挥鞭执教，授之以渔，教书育人；调入国防部五院后，他积极倡导研学相长，以“边干边学，干完学会”的方式培养了中国航天空气动力学事业的科技骨干和开拓者。他全力推进科技人员英语水平的提高，尤其是国家实施改革开放以后，他更是致力于科技人员英语的培训，为选派出国访问学者做准备，他以伯乐之心和培养后续拔尖人才的使命感，向国外推荐访问学者和寻找导师，更以极大的热情举荐贤良参加中国科学院和中国工程院两院院士的遴选。1981年，中国恢复学位制度后，他在多所高等院校和研究单位担任导师，尽职尽责地培养硕士研究生、博士研究生和博士后，为中国空气动力学新一代人才的培养倾注了心血和智慧。

1. 挥鞭执教　教书育人

1949 年 10 月 1 日，在中国人民解放战争节节胜利的欢呼声中，诞生了中华人民共和国。然而摆在新中国面前的却是满目疮痍和贫穷落后，教育事业和西方国家相比，更是相形见绌。1950 年 8 月，庄逢甘这位留美博士满怀拳拳报国之心，回到了祖国的怀抱。当时，百废待兴，各行各业都在进行紧张且轰轰烈烈的恢复与建设，无疑是人才紧缺，求贤若渴。此时此情，他心知肚明，也更懂得“十年树木，百年树人，育才不易”的道理。大学当然是培育人才的一个重要环节，1950 年 9 月，他还没有揩去旅途的征尘，便来到他的母校——交通大学。

庄逢甘被聘为上海交通大学数学系副教授，1946 年曾在交通大学任助教，1948 年取得硕士学位后，也曾在美国加州理工学院任助教等，所以对教学工作游刃有余。

1951 年 8 月，庄逢甘被调入中国科学院数学研究所，任助理研究员，1952 年 3 月，兼职于清华大学研究生部，在周培源的指导下，带周培源的研究生。1952 年 8 月，他被中科院数学所聘为副研究员。9 月，因全国高等院校进行院系调整，周培源被调往北京大学负责组建力学专业，庄逢甘随之到北京大学物

1992年，庄逢甘（左）与周培源（右）在北大勺园

理系兼职副教授。当时，周培源在清华大学物理系开设了流体力学课程，庄逢甘担任该课程的辅导老师；清华大学的工科研究生还开设了工程数学，这门课程原来由陆士嘉和钱伟长两位教授分两个学期讲授，到1952年改由庄逢甘教授；到北京大学后，他负责给北京大学物理系气象专业讲授流体力学课，为此，他编写了《流体力学讲义》。

1952年，位于哈尔滨的中国人民解放军军事工程学院开始筹建，1953年6月，庄逢甘被调赴哈尔滨，参加哈军工的筹建，亲睹亲历了哈军工的成立。他被任命为主任教员，1955年，在全国（除港澳台）高等院校评定高教级别时，被评为高教三级教授。哈军工成立之初，还没有高年级的学员，一些专业基础课和专业课还没有开课，庄逢甘所在的空军工程系空气动力学教授会（103教授会）还没有授课的教学任务，他在103教授会主任岳劼毅和副主任马明德的指导下，筹建教学风洞，他为一座真空箱暂冲式超声速风洞设计了超声速喷管，为哈军工早期的教学风洞建设作出了突出贡献。他还参加了有关的实验室筹建工作。随着时间的推移，庄逢甘先后主讲了空气动力学、飞行力学和流体力学等课程。为了保证和不断提高教学质量，他绞尽脑汁，煞费苦心，课前一丝不苟地制订教案、编写讲义；授课时力求做到讲述清晰、逻辑严谨、深入浅出、板书工整，特别是学员中有些是从部队选调来的军官学员，基础知识参差不齐，他除了在讲课时注意照顾不同层次学员的情况，更是在课余牺牲自己的时间，给学习吃力的学员补课和答疑，因而深得学员们的赞誉。例如，他在给空军工程系气象专业讲授流体力学时，精心地编写了《流体力学讲义》，现今在航天档案馆还保存着庄逢甘 1954 年在哈军工时编写的《流体力学讲义》手稿的复印件，仔细翻阅后，可见讲义的字迹工整，内容系统而深邃，令人惊叹。在授课时，他十分注重流体力学有关的基本概念的讲述，从流体力学发展脉络和展望上予人以启迪，特别是他还兼述学习方法与研究方法，讲述自己通过实践而得到的体会与经验教训，不仅授之以鱼，而且授之以渔。更为可贵的是，他能及时地将他的研究成果及他所掌握的国内外最新的科技成就，融于他的讲授之中，这就更增加了他授课的新颖性和前瞻性。从中可见他与人为善、诚心诚意培育后来者的师者风范。

1955 年，哈军工开始培养研究生，庄逢甘被首选为研究生导师，所带的研究生杨秋澄是哈军工空气动力学专业的第一个研究生。杨秋澄 1949 年大学毕业，在哈军工任助教，由于品学兼优，被遴选为研究生，庄逢甘对杨秋澄寄予厚望，期盼杨秋澄成为我国空气动力学领域新一代的领军人物，因此他从学识、思想方法、研究方法等诸多方面，与杨秋澄进行探讨并给予指导，彼此是亦师亦友。1956 年，他调赴北京后，由他在加州理工学院的同学罗时钧接任杨秋澄的研究生导师。可天有不测风云，在 1957 年“反右”扩大化中，杨秋澄被划为“右派”，下放到北大荒劳动了 20 多年。这是庄逢甘一生中的一件憾事。

2. 边干边学　学研相长

今天，我们见到与中国航天空气动力学有关的两个已具相当规模和水平的研究试验基地，一个是位于北京西南郊的中国航天空气动力技术研究院（又称中国航天科技集团有限公司十一院），一个是位于四川绵阳的中国空气动力研究与发展中心。其生机勃勃、人才济济、兴旺发达、欣欣向荣的景象，令人振奋、神往。然而，回想起60多年前，庄逢甘带领18位刚毕业的大学生，在北京西南郊这一片荒凉的燕山脚下白手起家、艰苦创业的情景，足可见庄逢甘的丰功伟绩与卓越贡献。且不说平地起家，建设风洞等空气动力学试验的设施设备，仅就空气动力学科研人才的培养，就可见庄逢甘为之付出的心血与劳动。18位刚走出校门、满脸稚气的大学生，就是1956年11月23日经聂荣臻元帅批准的、庄逢甘担任副主任（技术负责人，主持工作）的国防部五院七室（空气动力研究室）的家底。这些毕业生多数来自于物理系、数学系和机械系，都没有学过流体力学。而空气动力学是一门专业性很强的学科，因此，提高这些毕业生在空气动力学方面的专业素养与水平，是迫在眉睫的突出问题。可当时时间紧、任务重，庄逢甘便提出了“边干边学，干完学会”这一战争中培养人才的方法。

庄逢甘冥思苦想，决意组织专业培训，以使这些毕业生能系统地学习空气动力学及有关的专业知识。他亲授空气动力学，还千方百计地聘请名师授课，如请史超礼讲授航空概论、钱学森讲授导弹概论、卞荫贵讲授超声速空气动力学、留苏回国的侯天相讲授辛钦著的高等数学等。通过这些名师的讲授，使这些毕业生在专业知识方面打下了坚实的基础，而且拓宽了视野，为其自学和深钻开辟了道路，这些同志后来有些成长为我国空气动力学领域的科技骨干。

庄逢甘在国防部五院七室下设理论、应用和实验三个工程组。他要求理论组的同志要加强自学，自学流体力学和空气动力学，采用美国加州理工学院等国外高等院校与科研机构通常采用的研讨会的办法，每周召开一次小型研讨会，由自学者中的一人报告自己一周来的学习收获，然后大家讨论，交流学习中的心得体会。庄逢甘在百忙中总是抽出时间参加研讨并予以点评。

在我国航天空气动力学事业创建中，首当其冲的就是风洞等试验设施设备的建设。在风洞工程的开展和进行中，承担这一任务的刚走出校门的大学毕业生，既没有见过风洞，手头也没有风洞方面的资料。面对这样的困难，作为国防部五院空气动力研究中心建设工程（8108 工程）负责人的庄逢甘，丝毫没有畏缩，而是直面应对，从抓人才培养和队伍建设起步，他除了给年轻的大学毕业生讲授空气动力学外，还组织编写了《新型风洞汇编》一书，人手一册，作为风洞设计和建设人员的重要参考。

当时根据中苏两国签订的协定，中方将从苏方引进 0.6 米 ×0.6 米跨声速风洞、小型高超声速风洞、低密度风洞、电弧加热器及小型电弧风洞、2.5 米低速风洞和动力站等的有关技术资料和图纸，协定中还明确，苏方将派雷任等风洞设计专家来华讲课。庄逢甘积极地组织力量翻译苏联的风洞技术资料、图纸，并进行翻版设计，要求我们的科技人员认真而虚心地向苏联专家学习。然而，好景不长，1960 年苏联单方面撕毁合同，撤走援华的全部专家，停止继续提供图纸和技术资料，8108 工程建设遇到了极大的困难。庄逢甘带领创业者们，自力更生，奋发图强，开始了边干边学、干完学成的战斗。我们的创业者们走过了自行设计建造低速风洞的完整过程，风洞设计、建造、运行和试验的风洞科技队伍也随之逐步形成，为我国后继的大型风洞的设计、建设奠定了坚实的技术与人力资源基础。

庄逢甘不仅注重在风洞的设计与建造中培养风洞的科技人才，在空气动力学的研究中，同样不忘人才的培养。他高屋建瓴，把握空气动力学发展的方向和趋势，适时地组建了空气动力学多个分支的研究队伍。在空气动力研究室（国防部五院第三研究室）扩大为空气动力研究所后，担任副所长（技术负责人）的庄逢甘，适时地组建了理论研究室、应用空气动力学研究室，他还根据空气动力学研究的方向，在国内率先创建了飞行力学工程组、定常空气动力学工程组、非定常空气动力学工程组、气动热工程组等，同时又组建了计算与计算机研究室。使之与理论研究室的工作互相配合。他果断地提拔、任用一批年轻人担任工程组组长和有关课题的负责人，这些同志经过科研实践的历练，都已成长为国内各自领域的知名专家，如曾广存、傅德薰、蔡金狮、乐嘉陵、崔尔杰、傅光明、杨希霓、姜贵庆、汪翼云等，他们都为我国各类航天型号工程的研制和空气动力学事业的发展与进步，作出了重要的贡献。

正因为庄逢甘注重和采取切实措施培养人才，抓科技队伍建设，在艰苦卓绝的创业中，不仅在空气动力研究、气动热研究和风洞等试验设施设备建设等方面取得了显著的成绩，而且在科技队伍建设上取得了长足的发展。空气动力研究所专业技术人员的不断增加，也从一个侧面反映出我国空气动力学事业蒸蒸日上的繁荣景象。

2005年，庄逢甘80华诞，701所4任所长合影（左起：毛国良、李锋、庄逢甘、张文杰）

2008年，庄逢甘（前右）出席高超声速技术基础科学研究中心成立暨揭牌仪式

3. 远见卓识　培训外语

中华人民共和国成立后，我国在外交上采取的是一边倒的政策，全面学习苏联，因此在20世纪五六十年代，大中学校都是学俄语，有的大学虽给高年级的学生开了英语作为第二外语，也只是英语入门教育。20世纪五六十年代的大学毕业生，普遍是英语水平低。1962年年初，在庄逢甘的倡导下，空气动力研究所举行了一次全所科技人员英语摸底考试，从中发现，在科研一线工作的大学毕业生，有相当多的人还不能借助字典阅读本专业英语科技文献资料。他很清楚，从事科研工作是要靠自己的刻苦钻研和勤奋学习，但掌握英语这一工具，实乃获取知识、获取世界上最新科技成果必不可少的。恰逢此时，国防部五院钱学森副院长也向全院的科技人员提出："大学毕业的研究人员要英语过关。"

英雄所见略同。庄逢甘与钱学森在这个问题上不谋而合，他在空气动力研究所率先办起了“基础英语培训班”，对所内英语水平较差的人员轮流进行脱产培训。庄逢甘还针对英语基础比较好的同志和经过基础英语培训班培训，英语水平有所提高的同志，以不脱产的形式帮助他们提高英语阅读能力，还千方百计地帮助这些同志提高翻译和口语水平，一时间，在空气动力研究所形成了英语热。庄逢甘倡导的这一英语培训和学习之事，确实是功在当代、利在千秋的好事，不仅助推了当时的科研工作，同时也为这些科技人员后来参加选拔出国访问学者英语考试，以及参加国际学术、技术交流奠定了英语基础。这也彰显了庄逢甘的战略眼光和远见卓识。

国家实行改革开放后，在20世纪70年代末和80年代初，为选派出国访问学者做准备，七机部组织了英语培训班，正是由于空气动力研究所在英语培训上的建树与基础，七机部的这个英语培训班就设在了该所。1978年，举行了国家选派出国访问学者的统一英语考试，空气动力研究所是七机部出国访问学者录取人数最多的单位，这与庄逢甘所付出的心血与劳动是息息相关的。他积极而认真地为这些准备出国的访问学者选择国外的单位、专业方向和导师，不仅给予指导，还通过自己在国外熟悉的老师、同学请他们帮助推荐。他还亲自给这些出国培训的访问学者授课，讲授他所了解的国外高等院校及研究机构的特点与研究方法，有关专业技术的发展方向与动态，直至外国的风土人情与出国注意事项等，使这些年轻的学子受益匪浅。他还应邀参加这些年轻学子举办的使用英语交流的座谈会，一展他纯熟的英语水平，并在对话中纠正年轻学子的不足之处。

此后，空气动力研究所先后派出了崔尔杰、王增和等十多位学子赴美国、英国、法国、德国和日本等国做访问学者，进行进修和学习。这些学子通过出国留学，不仅学到了先进的科学技术，提高了相应的英语等外语水平，提高了业务能力，而且还开阔了视野，了解了国外的研究方法。他们回国后，又通过科研工作的历练，成为我国空气动力学领域独当一面的领军人物，为我国空气动力学事业的发展作出了突出的贡献。这其中凝聚着庄逢甘的一份贡献。

庄逢甘虽寡言少语，但心里充满着空气动力科技队伍茁壮成长的大业和富国强军的大局，他用无声的行动来抒发他的千言万语。他不仅为年轻学子出国进修操劳尽力，还对参加中国科学院院士和中国工程院院士遴选的科技人员，给予关注和鼎力相助。他不但指导申报者如何更好地填写申报材料和准备答辩材料，还根据申报者的学术技术水平、业绩与贡献，积极而审慎地推荐，张涵信、崔尔杰、乐嘉陵等多位院士的当选，都离不开庄逢甘的努力。

4. 亲任导师　培育高徒

1981 年，中国恢复并逐步完善学位制度，庄逢甘发自内心的高兴。他虽已年近花甲，仍渴望从事他热衷的培育人才的工作，为空气动力学事业培育高端科技人才。经组织批准，他先后在北京航空学院（现北京航空航天大学）、中国空气动力研究与发展中心、中国航天空气动力研究所（701 所，现中国航天空气动力技术研究院）等高等院校和研究院所兼任教授，指导硕士研究生、博士研究生和博士后。在近 30 年的时间里，他指导了一批优秀的空气动力学领域的硕士研究生、博士研究生和博士后，这些人都已成为中国空气动力学领域的生力军，为我国空气动力学事业人才济济、后继有人添了砖、加了瓦。

1981 年 7 月，庄逢甘被北京航空学院聘任为兼职教授和空气动力学学科的博士生导师。1986 年，他作为北航实验力学的学科带头人，使该专业成功获得了实验力学博士学位授予权，此后，他一直在北航空气动力学和实验力学两个博士点指导研究生。1998 年，教育部调整学科目录后，他开始招收流体力学学科研究生。庄逢甘在北航带的第一个硕士研究生为汪棋生（在校时间

1982年1月至1984年5月），其论文题目是《带闭式分离区的边界层流动数值求解研究》。他于1983年9月至1986年1月，又带了第二个硕士研究生张自强，其论文题目是《涡襟翼低速性能的试验研究》。在北航获得空气动力学学科博士学位授予权后，庄逢甘于1984年6月至1987年3月，指导了他的第一个博士生王垒，其论文题目为《二维无粘液亚跨超声速流动的数值计算》。尔后，又相继指导了郭文海、马广云、唐少杰、袁礼、秦燕华、王为国、康琦、朱智春、胡仁伟、程苏闽、祝成民、屠恒章等博士研究生。1992年后，他还作为导师指导了邓小刚、张正科、蔡国飙、陶建军、王强、陈兵、祝立国等博士后。

在中国空气动力研究与发展中心的创建与发展过程中，遇到了高层次、高学历人才短缺的问题。20世纪80年代初，我国空气动力学领域出现了人才断层危机，中国空气动力研究与发展中心又地处三线，更难吸引人才。庄逢甘积极地向中心建议，自己创办研究生部，自己培养高层次、高学历人才。根据他的建议，1984年，中心向国家教委递交了成立研究生部的申请。1985年8月，中国空气动力研究与发展中心完成了研究生部的组建，庄逢甘被聘任为研究生部名誉主任。1986年，国务院学位委员会批准中心研究生部具有空气动力学博士学位和空气动力学、计算流体力学硕士学位的授予权，从此，中心开始自己培养硕士和博士研究生。

中心研究生部组建初期，急缺有经验的硕士和博士研究生导师，庄逢甘着眼于培养空气动力学高端人才的大计，在导师队伍的建设上，倾注了大量的心血。他力主导师由中心的人员担任，但他可做副导师，实际上他是导师的导师，对导师队伍的建设给予了极大的关心与指导。在研究生部硕士导师队伍充盈后，他又兼职担任博士研究生导师，尽心尽力地培养这些博士。中心研究生部招收的硕士研究生和博士研究生毕业后，他们大多数都继续在中心从事科研工作，成为中国空气动力研究与发展中心的主力军和科技骨干，为中心的发展与兴旺发达作出了突出贡献。

中国航天空气动力技术研究院，是从庄逢甘亲自创建的国防部五院第七研究室演变、发展起来的，他为之倾注了毕生的心血，对于人才的培养更是不遗余力。1996 年，该院的前身北京空气动力研究所获批博士学位授予权，他是首批博士生导师之一。2003 年，该院成立了研究生部，同时获准设置博士后流动站，他又任博士后导师。2006 年，该院设置院士工作室，在庄逢甘和崔尔杰两位院士的指导下，培养更高层次的人才，推动和促进我国航天空气动力事业的发展与进步。庄逢甘指导了两名博士后，尚庆和杨武兵，还指导了一名博士研究生，苗文博。博士后出站、博士研究生毕业后，都在中国航天空气动力技术研究院继续从事有关重大项目的研究与试验工作，成为了我国航天空气动力学领域的后起之秀和科技骨干。

在担任研究生和博士后导师中，庄逢甘始终如一地坚持严谨认真、一丝不苟、亲力亲为、潜移默化的原则，从研究生论文的选题到研究内容的确定，他都反复调查研究国内外有关问题的研究动态与发展趋势，把握研究课题的方向。特别是他紧密结合我国空气动力事业发展和航天型号工程研制的需求，使研究生的研究成果更具实用性。他还十分注重发扬技术民主，同副导师、研究生一起开展平等、充分、自由的讨论，以求得真谛，充分体现和彰显了他坚持调查研究、坚持技术民主、坚持理论与实际相结合的学术思想与治学态度。

庄逢甘不仅潜心致力地指导硕士研究生、博士研究生和博士后，而且念念不忘导师队伍建设和国际学术交流与合作，使培养研究生、建设导师队伍、国际学术交流与合作三者相辅相成，收到相得益彰的效果。他和连淇祥、忻鼎定、申功炘、吕志咏、李素循等教授，长期合作，共同培养研究生和博士后，一起进行有关问题的研究，其中申功炘、吕志咏、李素循三位教授，在协助庄逢甘指导博士研究生的基础上，加之自身勤奋钻研，都已成长为博士生导师和国内外知名学者。

在国家实行改革开放政策后，庄逢甘千方百计地通过多种渠道积极推进中国空气动力学界与国外同行的合作与交流，他通过自己的威望与影响，邀请国际知名学者 Cebeci 来华访问与讲学，还推荐多位国内空气动力学界较年轻的学术骨干到国外著名大学进修或做访问学者，如申功炘、李素循等。他还在国内外发起并组织了多个有关空气动力学的学术会议，为国内年轻的学者创造参与国际交流与合作的机会。通过这些交流与合作，使国内学界更多地了解国外的研究情况、研究方法与实验方法，同国际接轨，共铸空气动力学新的更大的成就。

5. 桃李天下 人才济济

庄逢甘在空气动力学领域享誉国内外，他培养的一批硕士研究生、博士研究生和博士后也逐渐成为我国空气动力学、流体力学的学术和学科带头人与领军人物，如曾任总装备部科技委正军职专职委员的屠恒章少将，曾任中国空气动力研究与发展中心总工程师，后任国防科技大学副校长、校长的邓小刚院士，曾任北京航空航天大学宇航学院院长、国家教育部长江学者蔡国飙教授，以及尚庆、杨武兵等空气动力学的学者等，都可谓名师高徒，庄逢甘为之倾注了大量的心血和智慧。即便是到了耄耋之年，他这位勤奋的园丁仍在空气动力学育人的苗圃里辛勤地耕耘，抚育年轻学者茁壮成长。

庄逢甘一生中多次应邀担任有关高校、研究机构研究生毕业论文答辩评审委员会的委员或主任，这当然是为国育才之举，也是他了解年轻者研究情况、发现苗子的良机，同时，他也将此视为向后来者学习之机，教学相长。邓小刚就是 1992 年 3 月他担任其博士论文答辩评审委员会主任时相识、相知的，并欣然

庄逢甘（前）与他的学生们在办公室合影

同意担任其博士后导师。首当其冲的是选择研究方向和确定研究的题目，庄逢甘详尽地了解了邓小刚博士攻读研究生时的研究内容，并充分分析了世界各国在空气动力学领域研究的现状，反复与邓小刚交换意见，给予有益的指导，最后确定了非定常流动分离流研究这个世界性难题。

育才先育人。1987 年，庄逢甘在纪念我国著名的女空气动力学科学家陆士嘉逝世一周年的大会上，引用爱因斯坦在《悼念玛丽 · 居里》一文中的一段话："第一流人物对于时代和历史进程的意义，在其道德品质方面，也许比单纯的才智成就方面更大，即使是后者，它取决于品质的程度，也远远超过通常认为的那样。"庄逢甘非常欣赏这段话，他常常对他的同事和学生讲起这段话，并将其深深地植根于他的思想追求和人生轨迹。

20 世纪 90 年代初，正值市场经济大潮翻涌，经商热、下海热、出国热风靡全国，学界也不例外，出现了"搞导弹的不如卖茶叶蛋的""拿听诊器的不如握方向盘的"等奇怪现象。有些人觉得搞空气动力学没什么前途，陆陆续续地跳槽、改行，人才队伍规模大幅萎缩，空气动力学的发展陷入困境。面对此情此景，再加上邓小刚与秦燕华、袁礼、唐少杰、王为国四名博士研究生共同开展的这一探索性课题举步维艰，年轻的学子必然有这样那样的思想。庄逢甘就像老朋友和一位慈祥的长者，同学子们促膝长谈，谈生活、谈家庭、谈工作，给学子们加油，增加他们战胜困难的决心与勇气。当谈及空气动力学事业面临的困境时，他语重心长地告诫学子们：不要受外界因素干扰，要专心致志地做好研究工作。一切困难都是暂时的，要看到国家航空航天技术未来的发展对空气动力学的需求是迫切的，要看清空气动力研究的光明前景，从我做起，争创一流，真正把气动研究当作报效国家的一项事业来做，为国家作出自己的贡献。他的语气中饱含着坚定、自信和义无反顾的决心。也正是他谆谆的教诲与叮咛，才使得面对困境的学子在空气动力学领域坚持并获得了长足的进步。

庄逢甘教人、育人，更关心人，为人才的成长提供环境条件。1993 年，他带领邓小刚一起赴日本参加了国际性 CFD（计算流体力学）学术会议，邓小刚在庄逢甘的指导与提携下做了学术交流发言，引起国外一些学者的兴趣。他抓住机遇，积极推荐邓小刚到国外研究机构做访问学者。1994 年，邓小刚博士后出站，1995 年，如愿进入日本东京电气通信大学机械系从事博士后学习访问，开始涉足高阶非线性紧致差分格式和可压缩湍流的直接数值模拟等国际前沿课题的研究。期间，庄逢甘到日本开会，他不顾年事已高、工作繁忙，在他下榻的宾馆会见了邓小刚，仔细地询问了邓小刚的学习、生活情况，并殷切地勉励这位年轻的学子："要珍惜难得的机会，努力学习国外的先进技术，大胆创新研究方法，用优异的成果报效祖国。"1996 年夏，邓小刚结束了在日本的博士后学习，返回北京。邓小刚第一时间拜见了恩师庄逢甘，聆听他的教诲与叮嘱："要创新，要改革，要大胆借鉴国外的先进管理模式，不断推进科研管理办法的创新。"

邓小刚在各级组织和领导的关心与培育下，牢记师嘱，矢志不渝，勤奋刻苦，在非线性紧致差分格式研究等空气动力学技术和科技领导工作中，都取得了优异的成绩，现在邓小刚挑起了国防科技大学校长的重担，承担着为国育人的重任。邓小刚还担任着中国空气动力学会理事长，接过了庄逢甘手中的接力棒，成为了中国空气动力学领域学术带头人和领军人物之一，铭记恩师在病榻上的叮嘱："气动界要搞好团结，为国家服务。"邓小刚现正满怀豪情地为国家、为军队培养人才，为我国空气动力学事业取得新的更大的成就而奋斗着、拼搏着。

还如，曾担任北京航空航天大学宇航学院院长、长江学者特聘教授的蔡国飙，与庄逢甘相识，并成为他的博士后，是一个偶然的机会，也是源自于他平易近人和热衷于交叉科学和跨界研究而结缘的。蔡国飙学的是火箭发动机，博士论文研究的内容是真空羽流的数值模拟，其博士生导师们都是发动机方面的专家，对真空羽流这一复杂问题接触得比较少，研究工作进展得不太理想。蔡国飙通过北航流体所庄逢甘的博士生秦燕华与庄逢甘取得了联系，将自己博士论文的进展情况和遇到的困难向庄逢甘做了汇报，庄逢甘及时地给出了很多很好的建议和具体的指导与点拨，使蔡国飙的博士论文研究取得了突破性的进展，并于 1996 年 1 月提前半年完成了博士论文答辩。在此期间，蔡国飙将其希望在庄逢甘名下针对化学反应流开展博士后研究的想法转告了庄逢甘，他详细地了解了蔡国飙的情况及对研究工作的设想后，经审慎思考，同意蔡国飙做他的博士后。

1996 年 1 月至 1997 年 12 月，在两年的时间里，蔡国飙在导师庄逢甘的亲自指导下进行了博士后的研究工作，主要是化学反应流和真空羽流效应的数值模拟研究。庄逢甘因人施教，针对化学反应流研究的特点和蔡国飙的基础知识情况，耐心地向他讲解相关的理论方法，甚至数值模拟方面的细节问题。蔡国飙茅塞顿开，研究工作很快取得了突破性进展，不仅顺利完成了国家自然科学基金重大项目的相关任务，还得到了国内外同行的好评。

关于真空羽流的研究工作，庄逢甘更为重视，因为他知道，真空羽流研究是发展航天技术所需要的，尤其是卫星上的姿控发动机的真空羽流问题。他在理论和研究方法上都对真空羽流研究给予了及时的指导，对其中的数学公式亲自推演，及时指出其中的疏漏，并将他 20 世纪 40 年代在美国加州理工学院读博士时的笔记本拿给蔡国飙看，使之受益。

博士后出站报告更是博士后研究工作成绩的重要标志，在蔡国飙出站前的几周，庄逢甘曾多次约蔡国飙到他家，每次都从晚上 7 点多谈到 11 点。一方面，是蔡国飙向他汇报新完成的出站报告的主要内容；另一方面，是他给蔡国飙讲解对博士后出站报告的修改补充意见。庄逢甘不仅对蔡国飙出站报告的理论、方法、公式及结果进行严格把关，有时还会亲自推演，就连文字修辞也都进行认真修改，力求精炼、准确、生动，可谓字斟句酌。例如，他对化学反应旋涡的发展改用“重组”这个词，就很准确，同当时国家正在进行的企业重组、资产重组相映衬，更为生动、形象。

庄逢甘不仅关心蔡国飙的出站报告，而且对其出站后的工作单位及工作方向也是费尽了心思。他根据其研究工作的情况和特长，建议蔡国飙在北航宇航学院做教学和科研工作，一方面真空羽流问题是一项需要长期开展的工作，另一方面火箭发动机需要开展的相关工作也很多。蔡国飙按照他的建议，出站后便到北航宇航学院工作。

由于在研究生和博士后期间打下了良好基础，蔡国飙出站后，在教学、科研和科技管理等工作中坚持不懈地努力，取得了显著的成绩。2000 年，蔡国飙被评为中国首届优秀博士后，其博士后导师庄逢甘也作为颁奖嘉宾出席了颁奖大会，被大家传为佳话。

庄逢甘关心博士后们的成长，更关心博士后们从事的研究工作的发展。例如，他一直关心着蔡国飙的工作，关心着有关真空羽流方面的研究工作。他清楚真空羽流实验研究难度很大，实验系统极其复杂，造价昂贵，且实验费用也很高。但他更清楚，如果不开展实验研究，仅凭数值模拟还是很难令设计师们信服。根据庄逢甘的建议，并经过充分的分析论证，宇航学院提出了建设真空羽流效应实验系统的申请报告。庄逢甘作为课题组成员，在中国国际工程咨询公司组织的该系统立项的评审会上，向与会的领导与专家阐述了建设真空羽流效应实验系统的重要意义、必要性、迫切性和可行性。作为空气动力学领域的大家和航天科技专家，他的阐述无疑是令人折服的，对这一实验系统的立项发挥了不可替代的重要作用。他还严肃地、直言不讳地强调：课题组不仅要搞好系统的建设，同时也要花大气力对实验技术进行系统而深入的研究，要做到所有的实验数据都是可信的，航天设计部门可以直接采用，要使国家的投资产生效益。该实验系统已于 2011 年年底建成并投入使用，大大提高了我国真空羽流研究的水平。

6. 学者师者　薪火相传

追溯近代力学的发展史，人们首当其冲地会提及哥廷根学派及这一学派在各个时期的代表人物。哥廷根学派起源是德国哥廷根大学在 20 世纪二三十年代，有一群具有相同学术思想的研究者，主张力学的发展应当理论联系实际，解决实际问题。这一主张后来成为一种重要的学术思想，在近代力学的发展中发挥了重要作用。

普朗特是这一学派的鼻祖，是近代伟大的流体力学家之一，曾提出了著名的边界层理论；冯·卡门师从普朗特，后将哥廷根学派的学术思想带到了美国加州理工学院；陆士嘉是普朗特的关门弟子，承袭了哥廷根学派的学术思想，回国后创办了流体力学专业，将哥廷根学派的学术思想传授给了更多的年轻学子；钱学森是冯·卡门的学生，他深受这一学术思想的熏陶和影响，并将这一学术思想发扬光大，提出了技术科学思想；郭永怀，1935 年毕业于北京大学物理系，1940 年获加拿大多伦多大学应用数学硕士学位，1941 年到美国加州理工学院古根海姆喷气推进实验室，师从冯·卡门，出色地完成了当时空气动力学领域一项前沿课题——跨声速流下连续解的研究，获博士学位，与钱学森相识，成为知己和挚友，并一起成为哥廷根学派学术思想的传承人；罗时钧、郑哲敏在美国加州理工学院读研究生时，是钱学森的学生，亲受钱学森的指导与教诲，回国后又多受老师的指点与帮助，无疑成为哥廷根学派学术思想的传人；庄逢甘在美国加州理工学院读研究生时，虽师从李普曼教授，但他与罗时钧为室友，同租住一座房子，每人一间卧室，共用一间起居室，朝夕相处，形影不离，情同手足，另当时在加州理工学院的中国人不多，彼此都非常熟悉，又相互交流学习、思想和生活等，通过罗时钧等渠道，钱学森的哥廷根学派的学术思想潜移默化地影响着庄逢甘，当他从罗时钧那里得知他所敬佩的钱学森决定回国的消息后，更加坚定了回国的决心，义无反顾地回到了祖国。从学术思想上看，自 1947 年 9 月赴美国加州理工学院航空研究院，师从李普曼、马勃尔攻读硕士、博士学位，直到 1956 年 8 月调赴北京，参加筹建国防部五院，前后十年的时间里，由于庄逢甘所从事的学习与研究的专业工作内容及导师的影响等，他凭借其深厚的数学、物理功底和对理论研究的浓厚兴趣，基本上是热衷于理论研究，即在某种假设的基础上，用数学语言精确地描述大自然，然后按照一定的逻辑理性演绎获得对物理现象的确切认识。他同时清楚，一种科学理论或者从它推出的结论，是能够经过实验予以证实或证伪的，理论是可以检验的，此即理论研究的实验理性。逻辑的、数学的和实验的理论理性是科学理论研究的三个必要标准。因此，他也注重理论的实验和实践的检验，注重理论的实际应用。这就是他这一时期的学术思想。

1955 年 12 月，钱学森回国后，赴东北考察、参观，在哈尔滨见到了其在加州理工学院的朋友庄逢甘、罗时钧，殷切而中肯地对他们讲：“现在主要不是搞理论研究，而是要搞工程建设。没有工程建设，理论研究就是空的。”钱学森的一席话给了庄逢甘极大的启迪，促进了他学术思想和科技工作方向的转变，使他逐步形成和坚定了技术科学思想，正如他自己所说的：“我个人不搞标新立异，就是践行钱老的技术科学思想。”正是由于钱学森的指导、影响和耳濡目染，庄逢甘成了哥廷根学派学术思想的正宗传人之一，成了钱学森技术科学思想杰出的践行者。

庄逢甘更懂得，传授道德品质和专业知识固然重要，但传授学术思想、研究方法、治学态度更为重要，这些实际上也属于广义的道德品质范畴。因此，他在担任导师的工作中，始终注意传授哥廷根学派的学术思想，传承技术科学思想和系统工程的理论方法，使之后继有人。

正由于他在树人育才方面的卓越贡献，2004 年 8 月 16 日，庄逢甘被授予航天人才培养突出贡献奖。

庄逢甘

庄逢甘院士传记

Academician Zhuang Fenggan's Biography

第十章

社团学会　尽职尽责

庄逢甘曾当选为全国人大代表和全国政协委员、常委，并在中国科协多个学会、社团任职。他在这些职务的任上，绝不是挂名而已，而是竭尽全力，履职尽责，促进相关事业的繁荣、发展。

庄逢甘是中国航天空气动力学领域一位泰斗级的大师，在中国科技界、学界都颇有影响，享有崇高的威望，而且他平易随和、作风民主、团结共事，因此，受组织和群众的推举，他曾当选为第三届全国人大代表，第五届全国政协委员，第八、九届全国政协常委，中国科学技术协会第三、四、五届副主席。他在航空、航天、力学、流体力学，尤其是空气动力学领域，知识渊博、造诣颇深，并具有奋力登攀、勇于创新的精神，因此顺理成章地当选为中国空气动力研究会（后改称中国空气动力学会）第一、二、三届理事会理事长，中国力学学会第五届理事会理事长，中国航空学会第三、四届理事会副理事长，全国地方遥感应用协会（2002年更名为中国遥感应用协会）第一、二、三届理事会理事长，中国宇航学会名誉理事长等。他还于1980年当选为中国科学院数理学部学部委员（后改称院士），1985年当选为国际宇航科学院院士。他还曾当选为世界科学技术协会副主席、亚洲计算流体力学学会主席等。他曾任《力学学报》编委会委员、科学出版社力学丛书编委会委员、《空气动力学学报》主编、《宇航学报》主编，肩负繁杂而艰巨的工作。

庄逢甘在这些人大政协、中国科协、社会团体、学术组织中担当的职务，着实是千头万绪、错综复杂，他科学地运用“弹钢琴”的工作方法，靠加班加点地干，多年来一直是每天工作到夜里11点，一天干一天半的活，从而按时保质地完成了所承担的工作。

1. 政协科协　尽心尽力

庄逢甘于1978年至1983年任第五届全国政协委员，1993年至2003年任第八、九届全国政协常委，前后在全国政协任职达15年之久。他深刻地认识到，全国政协委员、常委的工作关系到党和国家全局的利益，肩负的责任和使命是重大的。他在参加全国政协召开的会议及其所组织的活动中，都以严肃认真的态度履职尽责、建言献策。例如，1995年3月9日，他与出席全国政协八届三次会议的11位委员，经过反复磋商研究，递交了一份题为《建议国家增强航天科技工业技术改造投资力度》的提案，从国家重大科技工程研制的需要和一些专业技术发展的需要出发，论述了增强技术改造投资力度的必要性、急迫性与可行性。这一提案得到了国家有关部门的高度重视，陆续设立了一些重点工程的专项技改项目和一些专业技术的国家实验室项目，并相应地增加了投资强度。当时的中国航天工业总公司提出并实施了“两抓一突破”的发展思路，两抓一是抓应用卫星和卫星应用，二是抓技术改造，一突破就是突破载人航天技术。这样就将航天技术的发展与国民经济建设进一步结合起来了，通过卫星应用可使航天技术更好地为国民经济建设服务。国民经济实力的增强，可增加技术改造的投入，使航天科技工业的技术基础设施设备与研究、设计、试制、生产、检测、测试的技术手段得到进一步完善与加强，无疑会增强我国航天事业发展的后劲，形成航天事业与国民经济建设的良性循环和协调发展。庄逢甘等12位政协委员（主要是航天系统的政协委员）的提案从一个侧面起到了促进作用。

在此期间，庄逢甘作为科技界的全国政协委员，主动联络和带领有关专业领域的科技专家，就一些专业技术项目和事关国家安全的重大问题向国家综合部门进言，旨在发展我国有关的科技事业。如 1999 年 5 月，他与俞鸿儒、周恒、张涵信联名提出了《推动未来航空航天技术发展的力学前沿问题的研究》的报告，旨在明确未来航空航天技术的发展需要解决的力学关键课题，促进基础学科力学的进步，进而为航空航天科技的发展提供支撑。2001 年 12 月，他同郑哲敏、张涵信、周恒、崔尔杰、童秉纲、黄克智、白以龙等中科院院士联名，以院士咨询报告的形式，向中央军委提交了《21 世纪我国空天安全面临的严峻形势和当前应采取的对策》的建议书，意在从航天技术、航空技术的发展动态与趋势，瞻示我国空天安全所受到的威胁，按照有矛必有盾、矛盾对立统一的哲理，提出了应采取的对策措施，以制定科学的、切实可行的国家空天安全发展战略，保卫国家空天安全。

庄逢甘从 1986 年起，连续担任第三、四、五届中国科学技术协会副主席，更是牢记中国科协的宗旨和职责，恪尽职守。在此期间，他曾多次率中国科协代表团参加国际性的科学技术活动，旨在开展科学技术方面的国际交流与合作，扩大中国在世界的影响与声望。如：1986 年，他作为中国代表团团长前往瑞士参加国际科学联合大会，在会上他坚持“只有一个中国”的立场，采用了奥运会的方式，设立了中国台北席位，妥善地解决了两岸关系问题；1987 年 9 月，他作为中国科协代表团团长访问苏联，积极探索了中国与苏联在航空、航天领域开展交流与合作的可能性与途径，为后来中国与苏联（俄罗斯及独联体有关国家）在航空、航天及其他科技领域的交流与合作打下了基础；1996 年 9 月，他率团赴法国参加了世界科学工作者协会第 17 届全体大会，并当选为执行局成员；1997 年 6 月，他代表中国科协赴法国巴黎参加世界科学工作者协会（WFSW）执行委员会会议，并担任 WFSW 副主席；1997 年 8 月，他赴挪威普格瓦什参

庄逢甘（二排右二）出席在北京召开的世界科学工作者协会会议时与会议代表合影

加科学与世界事务第 47 届年会；2000 年 8 月，他前往加拿大参加世界科学工作者协会第 18 届大会；2001 年 6 月，他率团赴法执行世界科学工作者协会第 69 届执委会会议的任务……庄逢甘代表中国科协参加这些国际性的科技会议，一贯是任劳任怨，认真负责，致力于扩大中国科协、中国科技工作者在世界的影响，千方百计地开展科技与学术的国际交流与合作，服务于中国科技事业的发展。

庄逢甘在全国政协委员、常委和中国科协副主席的任上，还为弘扬科学精神、反对伪科学，科技工作者要树立良好的职业道德、杜绝弄虚作假等方面，作出了突出贡献。

2003 年 2 月 26 日，第六届中国科协荣誉委员、年近耄耋的庄逢甘院士亲赴海南省海口市，给海南省有关领导和省直机关干部、职工做现代科技知识讲座。科学大家亲自授课，使听课者欢欣鼓舞，他结合海南的实际，深入浅出、通俗易懂地讲解航天技术。首先，他详尽地分析了海南省发展航天技术的三大优势：一是从地理位置上看，海南是我国距离赤道最近的省份，从海南发射航天器最节省能源，换言之，同样的运载能力发射同一航天器，从海南发射的航天器可以携带更多能源，使之延长寿命；二是从地理条件上看，海南临近广袤无垠的海洋，容易解决运载火箭分离后的一级和二级的落区问题，增加安全性；三是解决直径达 5 米的大型运载火箭和空间站从生产厂到发射场的运输问题，可以将总装厂选在天津，然后通过轮船运至海南。

庄逢甘还用具体的数字论述了在海南建航天发射场带来的好处：在海南北纬 19 度建航天发射场，与位于北纬 27 度的四川西昌航天发射场相比，同样的运载火箭，有效载荷可提高 7.4%，对应现有的运载火箭，可使其地球同步转移轨道的运载能力增加 300 多千克，目前国际上每千克有效载荷的发射价格约为 2 万美元，仅此一项其价值就达 600 多万美元。从海南发射的航天器的轨道倾角（航天器飞行的轨道平面与赤道平面的夹角）为 19 度，从西昌发射的航天器的轨道倾角为 27 度，只从修正轨道倾角所需的推进剂上计算，海南航天发射场与西昌航天发射场相比，所节省的推进剂就可使航天器多运行三年。从发射场射向范围上看，海南航天发射场的射向可覆盖 90 度至 175 度，射向距离 1000 千米的范围均为海域，运载火箭一、二级残骸的落区安全性良好。

庄逢甘所做的中国航天与海南发展的报告，既是一场科普讲座，更是一个在海南建航天发射场的必要性与技术经济可行性的论证报告。他以美国肯尼迪航天中心为例，指出航天发射场往往也是一个国家的旅游胜地。随着阿波罗登月飞船在肯尼迪航天中心成功发射，其所在的佛罗里达州成了全世界著名的旅游胜地，壮观的航天发射吸引了世界各地大量的旅游者不远万里前往参观。1998 年和 2003 年，发现号航天飞机发射升空时，来自世界各地的旅游参观者逾百万人次。

庄逢甘还列举了国内西昌和酒泉卫星发射中心的例证。据不完全统计，对外开放后到2002年，来自各地的观光旅游者已达160多万人次，直接收入和间接收入都十分可观。随着神舟号飞船的发射，前往酒泉卫星发射中心和周边地区参观的游客，也是与日俱增。海南省是中国旅游的胜地，未来规划建设航天发射场的文昌市，更是旅游资源丰富之地，建设航天发射场定会助推文昌乃至海南旅游业的发展，打造生态旅游、航天发射旅游、航天高新科技旅游三元组合的旅游胜地，其经济效益和旅游业的收入增长必然是显著的。

经国务院、中央军委批准，继酒泉、太原、西昌卫星发射中心之后，中国的第四个航天发射场——海南文昌航天发射场，于2009年9月14日开始动工修建，建成后已先后成功地进行了长征七号运载火箭、长征五号大运载火箭的发射。庄逢甘虽未能亲眼目睹长征五号发射的壮观场面，但他力主建设海南航天发射场的意见却永久地镌刻在航天史册上，这也是他对中国航天事业的又一贡献。

他在海南省海口市的这一科普讲座，内容十分丰富。除建设海南航天发射场这个内容外，他还简要地介绍了中国航天事业创建与发展的历程，充满信心地瞻示了包括载人航天、月球探测等航天科技发展的广阔前景；他用通俗易懂的语言，深入浅出地讲述了卫星遥感、高超声速飞行器、月球探测和神舟号飞船等航天科技知识，特别是使用电脑三维技术，形象而生动地演绎了神舟号飞船发射、运行、回收的全过程，更是引人入胜。他的科普讲座受到了包括海南省领导在内的全体听众的一致认可与赞誉。

2006年11月，在天府之国成都，庄逢甘主持召开我国近代空气动力学与气动热力学会议，国内外30余家科研院所的200多位气动力与气动热学者，围绕这一领域前瞻性的科技问题展开了热烈的讨论。会议期间，庄逢甘就未来太空飞行器推进技术的发展作了一次科普报告，受众不止是与会的学者，还有四川省直机关的干部和科技人员。他就未来可能的太空推进技术作了预示和展望：

其一，激光推进；其二，核能推进；其三，光压推进。他不仅讲述了这些新型推进技术的原理、基本概念，还介绍了国内外对这些新型推进技术研究的现状，并预示了未来的应用前景和对航天技术发展的意义。庄逢甘的科普报告得到了广大听众的高度评价。

像这样大大小小、不同内容、针对不同受众的科普报告和讲座，竟有数十次之多，庄逢甘用实际行动兑现了一位中国科协副主席和荣誉委员之职责，弘扬了科学精神，普及了科学知识，旨在提高全民族的科学文化素质。他还着眼于青少年的成长，主编了《太空的召唤》《航天大世界》等科普图书。

2. 学会学术 创办发展

庄逢甘的一生好像是一台永动机，有使不完的劲，睿智而勤奋的头脑总是在默默地思索。他在国内外的学术团体和学会中的兼职就有十多个，主要有中国力学学会、中国航空学会、中国空气动力研究会（后改为中国空气动力学会）、中国宇航学会、全国地方遥感应用协会（后更名为中国遥感应用协会）、亚洲计算流体力学学会、美国航空和航天学会、国际宇航科学院、世界科学工作者协会等。由于他在科技与学术上的高深造诣、宽厚随和的品格和严谨执着的工作作风，被推选为这些学会和学术团体的理事长、副理事长、主席、副主席、高级会员等。

庄逢甘在担任这些学会、学术团体的领导职务期间，始终坚持活跃学术氛围、开展交流合作、推动科技进步的宗旨，想方设法地组织有关科技专业和学术的交流会或论坛。同时，他为了保证和提高研讨会、论坛的质量与水平，亲力亲为，撰写科技报告或论文，在会议上宣讲。例如，1978 年 4 月，他亲自倡导并组织召开了全国宇航飞行器计算空气动力学会议，作了题为《计算空气动力学的发展与任务》的报告；1980 年 6 月，中国空气动力研究会成立，庄逢甘

1993年，庄逢甘（右）在日本参加第五届国际计算流体力学会议

担任理事长后，他更是充分地利用这个平台，开展空气动力学、空气热力学的研讨与学术交流活动；1984年，在他的倡导与组织下，成立了北京计算流体力学讨论班，与国内空气动力学同行定期研讨和交流前沿课题的研究成果与最新进展，如前缘涡襟翼研究方面等，该讨论组一直延续了下来；1986年12月，他主持了第一次在中国召开的第十届国际流体力学数值计算会议，当选为会议主席，并与张涵信合作发表了《一种气动力方程的推进迭代法》；1987年9月，在美国航空航天学会（AIAA）召开的第八届计算流体力学会议上，庄逢甘作了题为《中国计算流体力学》的报告，向国际同行介绍了中国计算流体力学的进展情况与成就；1995年4月，他领导并参加了中国空气动力学会在河南洛阳主办的“第七届全国激波与激波管学术交流会”；1996年5月，他参加了中国空气动力学会、中国图形图像学会和日本可视化学会在北京香山饭店联合举办的“第四届亚洲显示学术会议”；1996年8月，他领导并参加了中国航空学会、中国宇航学会、中国空气动力学会在浙江举办的“第八届全国计算流体力学会议”；1996年10月，他领导并参加了中国航空学会、中国水利学会、中国造船工程学会和中国空气动力学会在重庆联合举办的“第五届全国流体弹性力学会议”；

2002年5月，他参加了中国科学院第11次院士大会的学术报告会，在会上作了题为《空天安全的若干重大基础问题》的报告，论述了为保障未来中国的空间安全，中国应致力于有关的基础研究，为发展空天作战武器平台和空间飞行器做好科学基础的准备，这一报告引起了国内外的广泛关注；2002年6月17日至19日，他作为会议执行主席，在北京香山饭店主持召开了以“高超声速技术持续发展的战略”为主题的学术论坛讨论会；2002年11月3日至21日，他赴澳大利亚参加了第二届国际计算流体力学会议，在会上作了题为《各向同性可压缩湍流激波》的报告，受到与会者的好评；2004年2月，为了促进“多多合作”，他参加了“多多合作”第一次协调小组会议；2004年3月2日至7日，他前往日本参加第四届亚洲计算流体力学工作会议。通过这些学会和学术团体所开展的科技与学术交流、研讨活动，不仅彰显了中国在空气动力学等方面所取得的成就，确立了我国在这些领域的重要地位，推动和促进了我国空气动力学等专业技术的发展，而且与世界有关国家及港澳台的同行们建立了良好的交流和合作关系，加快了我国空气动力学走向世界的步伐。

值得一提的是，庄逢甘十分重视和积极参加我国空气动力学领域一些国家实验室的创建与发展工作，将这一工作视为理论与实验相结合、践行技术科学思想的组成部分。早在1985年1月，他借赴美国参加学术会议之机，参观和考察了美国加州理工学院航空空间系喷气推进实验室和TRW公司，并思考我国有关国家级开放实验室的创建工作和实验室工作的开展；1991年11月15日，他被聘为中国科学院力学研究所连续介质力学开放研究实验室副主任；1995年4月6日，他被聘为中国科学院力学研究所高温气体动力学开放研究实验室学术委员会委员；1995年6月30日，他被聘为北京大学湍流国家重点实验室第一届学术委员会主任，并于7月5日主持了该重点实验室第一届学术委员会第一次会议，部署了实验室开展的研究项目；1997年10月31日，他应邀参加了中国科学院大气物理研究所大气科学和地球流体力学数值模拟国家重点实验室LASG年度学术年会，并被聘为本届学术委员会顾问委员会委员；2006年11月，年逾八旬的他被聘为中国航天高超声速研究中心第一届学术委员会高级顾问；2006年12月18日，他被聘为国家科技基础条件平台建设专家顾问组成员；2007年4月29日，他担任中国空气动力研究与发展中心第一届专家顾问组成员；2009年5月31日，他被中国人民解放军总装备部司令部聘为空气动力国家重点实验室第一届学术委员会主任；2010年5月16日，他虽已年高多病，仍被聘为教育部流体力学重点实验室学术委员会名誉主任……凡此种种，庄逢甘在担任这些国家级实验室学术职务中，总是围绕着实验室的工作目标、任务和重点研究与实验项目，殚精竭虑，给予指导与支持。

例如，庄逢甘是北京大学兼职教授，1995年至2001年期间一直担任北京大学湍流与复杂系统研究国家重点实验室学术委员会主任，其后，一直担任该实验室学术委员会名誉主任。他一直高度关注这一国家重点实验室的建设，每年都坚持参加学术委员会会议，不遗余力地指导实验室的工作。佘振苏教授从1998年12月开始担任这一实验室主任，这位从事湍流基础研究的海归学子，1995年在美国加州大学洛杉矶分校被聘为副教授，1997年晋升为教授，在其与庄逢甘十多年的密切接触中，是湍流研究国家重点实验室、湍流研究作为纽带将他们紧密地联系在了一起。2002年，佘振苏隐隐约约地感觉到，应该以工程中的复杂流动为对象，发展崭新的湍流理论，他初步决定从认识论和方法论的角度，从认识目标和研究方法上下一番功夫。就在此时，佘振苏在庄逢甘的办公室，就有关对湍流的认识及研究方法等问题，与庄逢甘进行了一次深入的交流与讨论。庄逢甘说：“我听说你对钱老（钱学森）的复杂系统理论很有兴趣，我对钱老的理论学习得不够，但是，我多年的实践经验表明，钱老的思想是很高明的，有时我们没有理解，但过了一些时候，在工作中碰了壁以后，又想到他的思路，多数时候钱老是对的。你看看，是否能够从复杂系统的角度来解决复杂流动中的湍流问题呢？”真是英雄所见略同。佘振苏在过去的一些年里，也对复杂系统进行了哲学思考，并对钱学森的“开放的复杂系统”理论、从定性到定量的综合集成法、专家研讨厅体系以及大成智慧的一些思想等，进行了认真的学习。但是，这些思想和理论基本上都是用来讨论社会、人和生物等复杂系统的。人们习惯地认为，流体力学是经典学科，力学是具有严谨逻辑的，与复杂系统的思想不兼容。对于这些思想，佘振苏虽不能苟同，但也没有想通如何以复杂系统的思想来看湍流。庄逢甘的一席话给了佘振苏很大的鼓舞。通过这次交流讨论，佘振苏下定决心，将湍流系统视为一个复杂系统来处理，从复杂系统研究的认识论和方法论方面吸取营养，着手探索湍流的普遍原理。2003年，庄逢甘和佘振苏经过反复研究、讨论和修改，联名撰写了《在开放的复杂巨系统指导下的湍流研究》，后来，佘振苏又撰写了《湍流的复杂系统论》。这两篇论文对近年湍流理论的发展起到了重要的奠基性作用，论文中讨论的一些论点、论据，至今仍有参考和启迪作用。

2006年，国内湍流研究的科技工作者开始启动了一项关于湍流的重大研究计划，作为湍流与复杂系统研究国家重点实验室主任的佘振苏也参加了这一项目的研究。庄逢甘与佘振苏适时地就这一项目的研究方向和目标进行了交流讨论。他们一致认为，目前湍流研究方向和目标的设计过于局限在传统的思路里，从直接数值模拟、大涡模拟到可视化实验、实验测量平均速度等，基本上是跟着国际研究的步伐走。诚然，这些是完善我国研究平台的必要工作，但这些也仅仅是基础，在基础上还需要明确主攻的目标。佘振苏向庄逢甘述说了自己的困惑："湍流基础研究的高目标应该定在哪里合适呢（既高、又现实，且可望有解）？工程复杂流动的湍流问题有解吗？"庄逢甘听后，以他特有的缓缓的语调说："我一直问自己，如何解决飞行器设计中湍流这个卡脖子的问题？这个问题到底有没有希望？我们做了这么多实验，积累了许多数据，但一提到湍流，大家都想回避，但这是回避不了的。湍流是 N-S 方程所控制的，我们做了许多年的数值计算，到底算得准不准？什么情况下算的是准的？能不能有一个说法？我想了许多年，总没有一个满意的答案。然而，飞行器的设计等不了，我们就用简化模型，通过调参数，那就是猜。猜也能猜个大概，你看，飞机飞得还是很好。所以，我认为，答案还是有的，只是现在的答案太粗。要精确并非易事，实验数据少了不行，需要许多实验数据来校正。于是，我们只能建风洞。波音公司、空客公司有大量的风洞数据，但这是人家的保密知识。新一代的飞行器设计，无法依赖国外，也不能依靠大量的风洞实验，太昂贵，周期也太长。因此，就要靠理论上有突破了。你的理论功底很深，应该设法为飞行器复杂湍流的理论发展作出贡献。"庄逢甘的一席话，使佘振苏深受鼓舞。接着，庄逢甘就湍流实验室的研究方向和重点指出："你（佘振苏）以前的工作（S6 标度律）是对 Kolmogorov 均匀各向同性湍流理论的修正，有没有想过另外一个湍流理论的里程碑工作，那就是 Prandtl 的边界层理论。这个理论在航空航天应用上是头等重要的。因为有了边界层理论，尽管对湍流的许多问题还没有弄清楚，我们的计算也还不是那么不靠谱。但是，这个理论迄今还是经验性的，尤其是遇到复杂边界需要修正时，还没有系统的修正方法。当遇到高速(可压缩)流动时，更是令人头痛。你能不能集中攻一攻 Prandtl 理论这个湍流基本问题呢？发展一个复杂流动的边界层理论。”正是由于庄逢甘的指导与教诲，佘振苏及其所领导的湍流实验室，将目标专注于包含固壁的强剪切湍流，特别是将大雷诺数、高马赫数（高速飞行器的典型条件）的流场作为研究对象，志在发展一个复杂流动的边界层理论。

在我国湍流研究领域，庄逢甘是一位继周培源之后，始终不渝地倡导和持之以恒地坚持湍流研究的科学家。2005 年至 2007 年间，他以其长者、师者的睿智和风范，运筹并组织开展了湍流研究的一系列活动，使人们从现实的需求中认识到坚持湍流研究的必要性，也使湍流研究科学工作者进一步坚定了攻克湍流这个世纪难题、为民族的科学复兴而作出贡献的决心。他组织了院士调研组并担任组长，亲赴我国多家航空航天科研院所调查研究，了解当前飞行器设计的客观需求，组织起草了《加强湍流研究》的建议书；2007 年 9 月，成功地举办了“湍流和 CFD（计算流体力学）研究”的香山会议。在关于湍流研究的香山会议强劲东风的鼓舞下，2008 年 3 月，在北京大学成立了由六个单位科技工作者组成的项目筹备组，经过半年多艰苦细致的工作，筹备组申报的国家科技部项目“飞行器气动力学与光学设计中的关键湍流问题”获得立项，40 多位科技工作者开始挑战“世纪难题”，为我国的航空航天事业研究和发展新一代的湍流计算模型。

功夫不负有心人。在庄逢甘的精心指导与组织下，佘振苏及其领导的北京大学湍流与复杂系统研究国家重点实验室，已经取得了初步成果。2008 年，在复杂系统思想的指导下，从思想方法上找到了探索各种复杂流动背后普适规律的一条路线，将这一新思路取名为“结构系统理论”，将湍流流动的结构动力学与统计物理学的系统理论结合起来，为非平衡系统的研究探索出了一条新的道路。2009 年，提出了序函数的新概念，将物理平均场理论中用于描述产生时空对称破缺相变（如水变为蒸气）的序参量概念推广到刻画具有多种空间复杂运动形态的湍流场，将序参数拓宽为序函数；同年，将其成功地应用于第一个可行性实例——槽道湍流的封闭计算中，其计算精度远远高于传统的封闭模型的计算精度。2010 年，又开展了从计算数据中总结序函数规律的理论建构，完成了对湍流平均场开展定量研究的完整过程，为系统地分析湍流数据集，为系统地提取湍流结构系统的定量信息，为构建定量的平均场模型建立了一个普遍适用的框架。2011 年，又提出了刻画序函数数学性质的李群对称性分析思路，并在充分总结序函数定量规律的基础上发展了壁湍流的多层结构理论，成功地获得了两个最基本的实际流场（槽道与圆管）的解析解，这个解析解给出了迄今为止最大雷诺数的圆管实验——普林斯顿大学圆管（雷诺数达到 4000 万）的高精度刻画（平均速度测量的每一个点的理论描述误差不超过百分之一，与实验本身的测量误差相当），这一成果实现了自普朗特 1940 年创建边界理论以来，人们期盼已久的一个梦想，即获得壁湍流的解析解。

实践是检验真理的唯一标准。自 1995 年湍流研究国家重点实验室成立以来，庄逢甘给予的引导、鼓励、支持和指导，足可见他的远见卓识和先见之明，他用实际言行证明了他是我国空气动力学领域重点实验室工作和湍流研究工作的领军人物与旗手。

3. 学报主编 认真负责

众所周知，担任学报主编或编委是一件繁冗、艰巨，且又耗时、费力的工作。庄逢甘对此十分了解，但他更清楚，学会和学术团体所出版的学报、丛书是学会和学术团体工作的重要组成部分，是开展学术交流、活跃学术氛围的重要载体，同时，也是发现和培养年轻科技人才的一个阵地。因此，他对有关学会、学术团体邀请其担任学报主编或丛书编委会编委等，都义不容辞地欣然接受，并为之尽心尽力，一丝不苟地尽主编或编委之责。

1979年4月26日，庄逢甘被聘任为科学出版社力学丛书编委会编委；从1980年6月起，他连续当选为中国空气动力研究会（后改为中国空气动力学会）第一、二、三届理事会理事长，同时被聘任为《空气动力学学报》主编；1980年，他还被中国宇航学会聘任为《宇航学报》主编；1982年至1990年间，被聘任为《力学学报》第二、三届理事会常务理事；1993年，被聘任为美国航空航天学会的高级会员，并担任美国《飞机杂志》的国际编委；1997年4月4日，被聘任为全国自然科学名词审定委员会中国宇航学会航天名词审定委员会副主任；1997年8月30日，被聘任为中国核学会计算物理学会《科学与工程计算丛书》第二届编辑委员会名誉编委；2000年10月16日，被聘任为《英汉航空航天工程词典》审定委员会委员；2003年1月，被聘任为中国宇航学会《太空探索》杂志顾问；2004年10月，被聘任为第四届《力学进展》编辑委员会副主编兼编委，任期四年；2006年8月28日，被聘为中国航天空气动力技术研究院《气体物理——理论与应用学报》第一届编辑委员会高级顾问；2006年9月15日，被聘任为《科学技术与工程》编委会主任……

庄逢甘在其科技生涯中，确实是活到老、学到老、干到老，生命不息，战斗不止。无论是担任主编、编委，还是高级顾问、名誉编委，只要是提请他审核或审定的论文、报告，他都不会轻易地签字付印，而是严肃认真、一丝不苟地审阅，对于有疑问或关键内容，他都要亲自推演；有的还要同论文、报告的作者一起研究、讨论，提出修改、补充意见；凡遇有他在专业、学科上不太熟悉的论文、报告时，他都要亲自委托有关专业的专家进行审阅，以确保所刊登的论文和报告的质量。他确实是在超负荷地工作，在他的科技生涯中，基本上每天晚上7点到11点，有相当多的时间是在审阅、修改论文与报告，可见他为之付出的心血与劳动。

更为难能可贵的是，他不仅不遗余力地组织编辑部的人员扩大稿源，提高来稿的数量与质量，认认真真、仔仔细细地审阅论文、报告，签发丛书和每期学报等的付印，还亲力亲为、潜心致力进行课题研究，并以科学家严谨和精益求精的精神，对研究成果进行提炼、总结，为有关学报、丛书撰写报告或论文，以求成果共享，促进空气动力学事业的发展与进步。例如：1953年，他在《物理学报》上发表了《湍流耗散的研究》；1953年，中国科学院出版社为他出版了《湍流底微结构——理论及应用力学第一册（科学译丛）》；1953年，他在《数学学报》上发表了《抛物型似线性微分方程的辐射问题和湍流的数学模型》；1955年，他在《物理学报》上发表了《查甫雷金气体的超声速运动》。这些都是他早期的经典之作，同时，也在他的心灵里播下了对学报、丛书感情的种子。

尔后，在他担任有关学报、丛书的主编、编委之后，伴随着科技工作盛世的到来，他为学报、丛书撰写的报告、论文可以说是不胜枚举。1981年，他同黄志澄、董兴德总结了再入飞行器气动攻关工程的成果，在《宇航学报》上发表了《再入气动理论和实验的评述》;1983年，在《力学进展》上发表了《计算流体力学特辑前言》；1983年，同张涵信在《力学进展》上发表了《计算空气动力学的回顾与展望》；1984年，在《空气动力学学报》上发表了《分离流动研究的进展》；1987年，他同王垒在《空气动力学学报》上发表了《用于二维无粘跨音速流计算的隐式TVD有限体积法》（英文）；1989年，王垒同他又在《空气动力学学报》上发表了《二维跨音速流动计算的显式多步有限面积方法》；1993年，郭文海、忻鼎定和庄逢甘在《航空学报》上发表了《前端襟翼对带涡襟翼的细长翼影响的实验研究》；1993年，申功炘、马广云和庄逢甘在《航空学报》上发表了《白光气泡图象测速技术》；1996年，袁礼、忻鼎定和庄逢甘在《航空学报》上发表了《不同轴长比椭球体的绕流计算与分离形态分析》；1996 年，唐少杰、庄逢甘、忻鼎定在《力学学报》上发表了《卡门涡街的慢不稳定性》；1996 年，洪金森、庄逢甘、忻鼎定等在《空气动力学学报》上发表了《尖顶机翼/涡襟翼干扰对三角翼背风面流动的影响》；1997 年，张正科、庄逢甘和朱自强等在《计算物理》上发表了《网格间距及正交性控制在翼—身—尾组合体三维绕流中的研究》；1997 年，张正科、庄逢甘、朱自强在《推进技术》上发表了《两种椭圆型方程求源项方法在喷管内流场网格生成中的应用》；1997 年，庄逢甘在《世界科技研究与发展》上发表了《航天与力学的发展》；1998 年，张正科、朱自强、庄逢甘在《空气动力学学报》上发表了《多部件组合体分块网络生成技术及应用》；1998 年，秦燕华、庄逢甘、沈礼敏在《空气动力学学报》上发表了《展向射流控制机翼前缘涡的机理及其应用》；1998 年，蔡国飙、张化照、庄逢甘在《北京航空航天大学学报》上发表了《氢氧发动机推力室化学反应流场计算》；1998 年，张正科、朱自强、庄逢甘在《北京航空航天大学学报》上发表了《复杂外形网格生成技术及应用》；1998 年，蔡国飙、庄逢甘在《北京航空航天大学学报》上发表了《二维 H2/O2 混合和流动的直接数值模拟》；2000 年，蔡国飙、张化兆、庄逢甘在《宇航学报》上，发表了《双组元姿控发动机喷管化学反应流场的数值模拟》；2001 年，蔡国飙、郭景晶、庄逢甘等在《宇航学报》上发表了《考虑化学反应的真空羽流的数值模拟》；2002 年，祝成民、忻鼎定、庄逢甘在《空气动力学学报》上发表了《改进油流显示法研究层流和湍流下绕椭球分离》；2003 年，庄逢甘、张德良在《空气动力学学报》上发表了《扩散抛物化（DP）NS 方程组的意义及其在计算流体力学中的应用》；2003 年，祝成民、忻鼎定、庄逢甘又在《空气动力学学报》上发表了《绕椭球三维流动的分离结构随雷诺数的变化》；2003 年，祝成民、忻鼎定、庄逢甘还在《航空学报》上发表了《利用截面数据显示三维涡结构的新方法》；2003年，祝成民、忻鼎定、庄逢甘在《航空学报》上接着发表了《两种湍流模式对绕椭球体三维分离流计算的比较》；2005年，王强、程晓丽、庄逢甘在《航空学报》上发表了《基于简化Boltzmann方程的超声速流稀薄效应分析》；2006年，王强、程晓丽、庄逢甘还在《计算力学学报》上发表了《稀薄流非线性模型方程离散速度坐标法有限差分解》；2007年，沈清、王强、庄逢甘在《力学学报》上发表了《超声速平面剪切尾声辐射涡模态数值分析》；2007年，祝立国、王永平、庄逢甘等在《宇航学报》上发表了《高速高机动飞行器横航向偏离预测判据分析》；2008年，杨武兵、庄逢甘、沈清在《力学进展》上发表了《可压缩混合层流动近十年的研究进展》；2008年，庄逢甘、李明、王立等在《中国航天》上发表了《未来航天与新能源的战略结合》；2009年，祝立国、王永丰、庄逢甘等又在《宇航学报》上发表了《Weissman图的产生、发展及其在再入航天飞行器气动布局设计中的应用》；2010年，尚庆、沈清、庄逢甘在《空气动力学学报》上发表了《简化微小液滴在超声速气流横向喷射中运动的探索》；2010年，尚庆、沈清、庄逢甘接着在《空气动力学学报》上发表了《超声速流简化微小液滴横向喷射的气化过程探索》;2012年，在庄逢甘辞世后，还以沈清、杨武兵、庄逢甘的署名，在《现

庄逢甘（左一）在法国巴黎国际宇航科学院办公室参加航天名词工作会议

代防御技术》上发表了庄逢甘生前完成的《航天飞行器中的湍流问题》。

庄逢甘和他的麾下、他的博士研究生与博士后所完成并在各学报上发表的论文、报告之多，水平之高，学术参考价值之大，得到了业内同行的一致认同和高度赞赏。他之所以积极而热心地撰写和发表报告与论文，一则是着眼于科学技术的研究与交流，活跃学术氛围；二则是他率先垂范，引领和号召广大的科技工作者研究和总结出更多、更好的科技报告与论文；三则是利用学报这个平台，彰显他的麾下及学生们的学术成就与贡献，使之成长为中国空气动力学领域的佼佼者和领军人物，以尽中国航天空气动力学领域一代宗师之责。

4. 航天遥感 服务四化

庄逢甘深深地懂得，发展航天科技工业，旨在服务于国防建设、国民经济建设、社会发展和科技进步，服务于工业、农业、科学技术和国防的现代化（“四化”）。而航天遥感技术及其应用则是完成这些服务的重要组成部分。正是基于这一认识，他以极大的热情关注我国的卫星遥感事业，并为之付出了艰辛的劳动和心血。

勇挑重担，带头创建遥感应用协会。作为导弹、运载火箭、卫星研制和空气动力学专业技术带头人之一的庄逢甘，他经常说：“卫星上天了，不抓应用，无法体现研制卫星的意义和效益。”在他的倡议和支持下，1992年8月26日，全国地方遥感应用协会（2002年更名为中国遥感应用协会）成立。1993年10月，在北京召开了第一次全国会员代表大会，庄逢甘当选为第一届理事会理事长。万事开头难，遥感应用协会成立之初，就遇上机构无编制、无经费、无办公用房的“三无机构”的问题。作为协会理事长的庄逢甘，却非常镇定，毫不气馁。他坚信，路都是靠人走出来的，他一方面带领协会的工作人员去争取机构的编制、经费和办公条件；另一方面，领导协会的工作人员先将工作开展起来，邀请了六位遥感领域的专家，着手制定卫星应用的“九五”计划和2010年的长远规划。他还反复地向协会工作人员讲：“有位才能有为，有为才能有位，这是个辩证的关系，我们应该埋头苦干，要用工作的业绩来取得和提高协会的地位。”在他的带领、组织和推动下，协会的组织机构日益扩大和健全，遥感应用协会由23个会员发展到200多个会员，先后成立了专家委员会、环境遥测分会、国土资源遥感分会、红外遥感专业委员会等分支机构，团结全国遥感应用工作者，为国产遥感卫星的应用、推广提供了良好的服务。

殚精竭虑，建设行业协会并发挥应有的作用。庄逢甘冥思苦想、反复斟酌，他明确了遥感应用协会的定位。1995年5月5日至7日，在重庆市召开了遥感应用协会年会，他在开幕词中明确提出：“协会要发挥桥梁、纽带和组织协调作用。”正是根据这一定位，协会积极组织了长江三角洲地区项目、环渤海地区项目、海峡两岸交流合作项目、中法合作项目、多云多雨地区合作项目、西部大开发等多项跨省、跨地区、跨行业的合作，并取得了预期的效果。

发挥科技专家群体作用，为科技决策提供咨询、参谋意见。为了团结遥感器研制方面的科技专家和遥感应用方面的科技专家共同发挥作用，在庄逢甘的倡议与推动下，遥感应用协会成立了专家委员会，由庄逢甘和陈述彭院士担任主任委员，在两位科学家的带领下，将科研和应用紧密结合起来，使协会的工作呈现出生机。在中巴资源卫星02星方案论证时，庄逢甘指出："中巴地球资源卫星的红外数据在煤层自燃、浅水沙滩变迁、城市绿地调查、水体污染等方面都有广泛的应用前景。"2002年2月8日，听取了"红外多光谱扫描仪成果与应用""红外多光谱扫描仪零级数据处理软件"的报告后，他指出："红外遥感及其应用非常重要，要将中巴地球资源卫星红外遥感数据的应用促上去。"正是由于庄逢甘等科技专家的意见，对中巴地球资源卫星保留红外相机，促进红外遥感数据应用，发挥了重要的参谋作用。2003年，中国遥感应用协会先后成立了红外遥感专业委员会和国土资源遥感分会，促进了遥感应用的发展。正是由于庄逢甘及他领导的遥感应用协会的出色工作，协会挂靠在了中国航天工业总公司，并得到了总公司领导和机关的认可与赞评。

推广普及，扩大卫星遥感应用。在庄逢甘的倡导与建议下，我国的山西、江苏、广东、福建、广西、贵州、江西、辽宁、新疆等省（自治区）先后成立了省级遥感应用协会，旨在将各省（市、自治区）遥感应用界的工作人员、科技人员组织起来，促进遥感应用事业的发展。2004年4月15日，他在山东省遥感技术应用协会成立大会上指出："山东省遥感技术应用协会成立，在山东省遥感技术推广应用方面，将进一步发挥组织协调、中介、桥梁和纽带作用。"2005年7月2日，河北省遥感应用协会在石家庄召开成立大会，庄逢甘亲赴大会祝贺，他在致辞中指出："建议各省、市、自治区都成立遥感应用协会，将各自的遥感技术力量联合起来，并向各地、市、县推广，使遥感技术在国民经济各领域、各层次都能发挥更大的作用，使航天研制的运载火箭、应用卫星等的效益得以释放。"

庄逢甘在积极促进各省、市、自治区遥感应用组织机构建设的同时，还大力组织和邀请有关的科技专家，根据国家计委、国防科工委（后为解放军总装备部）编制《卫星应用“九五”计划和2010年长远规划的通知》精神，遥感应用协会编制了《全国地方遥感应用、遥感与导航定位卫星应用“九五”计划和2010年长远规划》。他主持召开了专家评审会，得到了通过，后上报。国防科工委根据这个规划，先后批准了“卫星遥感在洞庭湖洪水调节评估中的应用研究”“淮阳市地区区域中卫星遥感与地理信息系统的应用研究”“内陆水体污染监测示范系统研究”“山西能源开发卫星遥感环境监测信息系统”等课题以及“农作物估产”课题中的水稻、棉花、大豆等估产的子课题等，并适时开展了研究，完成了研究任务。这是地方遥感应用第一次进入国家计划。尔后，在国家编制“十五”“十一五”计划前，遥感应用协会在庄逢甘的指导下，组织各省、市、自治区研究、编制了各地遥感应用的“十五”“十一五”计划，为国防科工委编制卫星遥感应用计划提供了参考，为我国卫星遥感应用事业的蓬勃发展作出了贡献。

为了普及卫星遥感应用的科技知识，促进和推动卫星遥感应用事业科学持续发展，庄逢甘领导遥感应用协会坚持每年召开一次全国性的遥感应用技术交流会，并编辑出版《遥感科技论坛》文集，在12年的时间里，出版了10卷文集，刊出论文824篇。其内容十分广泛、丰富，包括防灾减灾、资源一号卫星应用、国产遥感卫星应用、国产遥感卫星应用产业化、遥感应用与西部大开发、青藏高原遥感应用、城市遥感应用等，为推动国产遥感卫星的应用，促进我国各类遥感卫星的发展，发挥了积极作用。除此之外，1997年，庄逢甘与陈述彭主编了《卫星遥感与政府决策》一书，为普及遥感卫星及卫星遥感应用科技知识，促进遥感卫星及卫星遥感应用事业全面、协调、可持续发展，提供了强有力的技术支持和决策支持。

庄逢甘

庄逢甘院士传记

Academician Zhuang Fenggan's Biography

第十一章

交流合作 走向世界

中国要在科学技术上跟踪和赶超世界先进水平，不仅要了解世界各国科学技术发展的现状，而且要开展必要的合作与交流。正是基于这一认识，庄逢甘始终坚持并大力开展国际合作与交流。

20世纪五六十年代，中国的教育、科学技术，特别是导弹、核弹等国防尖端技术，都是向苏联学习，当时主要是与苏联合作。庄逢甘这位留美的博士审时度势，毅然于1951年开始自学俄语，他还于1952年参加了北京大学的俄语阅读速成班，随后边译边学、边学边译，出版了苏联查甫雷金1902年的博士论文《论气体射流》(1949年版)的中译本，打开了我国高速空气动力学的大门。也正是由于他掌握了俄语，为他在主持8108工程（苏联援建的中国空气动力研究中心建设工程）中与苏方谈判，以及向苏联专家学习等，提供了语言条件，保证了8108工程建设任务的圆满完成。

1972年2月，美国总统理查德·尼克松访华，从此打开了中美两国科学技术交流的闸门，特别是随着中美建交和我国于1978年实行改革开放的政策之后，中国与世界各国在科学技术上的交流与合作逐步展开，庄逢甘如鱼得水，利用其娴熟的英语和在美国的人脉关系，走出去、请进来，在有关的科学技术领域，特别是在空气动力学领域，开展了卓有成效的国际交流与合作；倡导和组织召开了有关空气动力学的学术会议，或前去有关国家参加空气动力学等专业会议，受益匪浅；充分利用国际宇航联合会和国际宇航科学院的平台，为中国航天赢得了声誉，也使中国宇航界在世界宇航界取得了更大的话语权；利用遥感应用协会的平台，同国际上有关国家、地区开展广泛的交流和务实的合作，推动了遥感应用技术及其产业的发展，使航天效益得以释放。

1. 打开国门　请进走出

随着美国总统尼克松访华和中美建交，中美政治气候转暖，中美的科学技术交流日益频繁，一些留美的华裔学者、科学家纷纷回祖国参观访问，由于庄逢甘留美的背景及其在科学界的声望，多位留美华裔空气动力学家等主动提出要参观访问庄逢甘所在的空气动力研究所。从 1972 年开始，庄逢甘相继接待了一些知名科学家、学者来所访问并进行了学术交流，这些科学家学者包括：林家翘、冯元祯、田长霖、郑显基、柏实义、卞学鐄、程心一、李定一、李跃滋、吴镇远、吴建民等。通过这一系列的参观、访问、交流、座谈，不仅增进了彼此的友谊，了解了对方空气动力学领域的研究情况，更为后续的进一步交流、合作奠定了良好的基础。

1975 年 9 月，经中央批准，中国科协组织了以周培源为团长的中国科技访美代表团，庄逢甘作为代表团成员随团参访。这是他 1950 年离美回国后，时隔 25 年再次踏上美国的土地。他十分珍惜这次出访的机会，会老友、结新友，叙谈美国、中国及世界有关国家在空气动力学及其他科学技术领域的发展情况。时任美国总统福特还在白宫椭圆形办公室接待了中国科协代表团。此次访美取得圆满成功，达到了预期目的，为后续的中美科技进一步交流开了一个好头儿。

“文革”结束后的第二年——1977 年，我国的各行各业、各项事业都在突飞猛进地发展，发生了日新月异的变化，尤其是在科技文化教育领域，更是迎来了春天，“尊重劳动、尊重科学、尊重知识、尊重人才”已形成共识。正是在这样的背景和氛围下，我国的空气动力学事业也有了新的蓬勃发展。11 月，庄逢甘奉国防科委之命率领由中国主要空气动力研究单位的研究人员组成的中国风洞考察团，对英国、西德、荷兰、法国的空气动力研究机构和有关高等院校进行了为期一个月的考察、访问。临行前，时任国防科委副主任的钱学森就此次出访专门做了指示，“每个人都带了许多问题，但要突出重点……要抓住建设我国空气动力学事业还有哪些问题需要解决的，了解人家是怎么想的、怎么解决的，要努力把我国空气动力研究试验基地建设好”。钱学森还特别强调，这次出访、考察的重点应是风洞测量技术，要了解空气动力试验技术的世界水平如何，亲眼看看，特别要了解外国人想做但还没有做的打算。庄逢甘作为代表团团长，担负着责任和使命，他事先对出国考察制定了预案，包括考察的内容、重点以及日程安排等。他对代表团成员的工作进行了分工，查阅了英、德、法、荷四国从低速、亚声速、跨声速到高超声速几十座风洞以及相关的试验技术等文献资料，并进行了分析。按照分工，分头准备了调研提纲，包括调研的项目及提出的问题等。在聆听了钱学森的指示后，他又组织代表团成员对预案进行了复核，进一步明确了重点，并补充了有关的考察内容。

正是由于庄逢甘的精心组织、策划，准备工作非常充分，考察、访问的对象又都是当时欧洲最先进的空气动力研究机构和风洞试验设备，考察取得了预期效果，获得成功。回国后，庄逢甘组织编写了出国考察报告，并向钱学森作了汇报，得到了钱学森的肯定。

考察的成果对我国后来的风洞试验设施设备建设和试验技术的进步，都发挥了积极的推动作用，例如，六分量应变天平技术、直升机风洞试验技术、风工程技术等。特别是庄逢甘不仅仅局限于自己所从事的航空航天飞行器空气动力学研究的范畴，他在同外国同行交流讨论时，不约而同地提出，空气动力学不仅要为航空航天事业服务，还要为国民经济其他领域服务。在回国后撰写用于汇报的考察报告时，他特别要求写上空气动力学研究与风能利用，以及工业空气动力学的发展等。随后，钱学森作了"要搞风力发电"的指示。尔后，在庄逢甘与北京大学孙天凤的推动下，在空气动力学会成立了工业空气动力学专业委员会，促进了我国风能利用和建筑、桥梁、环保等领域的空气动力学研究的发展，开创了空气动力学为国民经济建设服务的新局面。

1978 年 11 月，中共中央成功地召开了十一届三中全会，开始将工作重点转移到以经济建设为中心，并实行改革开放政策。

1979 年 2 月 6 日至 26 日，根据中国宇航学会与美国航空航天学会签订的协议，中国宇航学会委派以庄逢甘为团长的中国宇航学会代表团访美，并参加美国航空航天学会在华盛顿召开的年会，参观、访问了多所与空气动力学研究有关的高等院校和科研机构，包括马里兰大学航空工程系、普林斯顿大学航空与机械科学系、纽约工业大学航空工程系、纽约州立大学布隆克斯气动力实验室、麻省理工学院航空工程系、加州大学圣地亚哥分校应用力学和工程科学系、加州理工学院和喷气推进实验室、美国国家航空航天局艾姆斯研究中心以及斯坦福大学航空工程系等。回国后，庄逢甘亲自起草了关于空气动力学部分的总结报告，他在报告中指出："美国研究工作的一些做法是值得我们借鉴的，但有的单位只给我们看了40年代的设施设备……这不能不激发我们力争尽快赶上和超过世界先进水平的热情，我们应该有自己远大的空间研究计划，在研究工作上，创造出我们自己的特点。”他还特别强调指出：“在空气动力学研究工作方面，我们与美国的差距是存在的，但我们有信心迎头赶上并超过。”

此次赴美参观、访问收获颇丰，利用这次难得的机会，庄逢甘一行对美国空气动力学研究的发展有了一个较全面的了解。而且，通过这次访问，为此后我国航天空气动力学研究工作的国际交流、合作奠定了十分重要的基础。

1979年4月，经七机部、国防科委和国务院批准，七机部空气动力研究所（701所）以“北京空气动力研究所”的名称，对外开放。这是七机部第一个对外开放的窗口。1979年，庄逢甘以北京空气动力研究所所长的名义，先后接待了西德宇航代表团、法国宇航代表团、美国国家航空航天局（NASA）代表团、日本宇航科学技术代表团，以及美国普林斯顿大学波格丹诺夫教授、美国科学院院士西尔斯教授、道格拉斯飞机公司史密斯顾问、西德洪堡基金会霍尔特博士、英国克兰菲尔德工学院托莱教授等。通过这些国家宇航界代表团和知名科学家的来访，使其对我国航天空气动力学的研究工作有了初步了解，扩大了北京空气动力研究所的国际影响。美国国家航空航天局（NASA）代表团来所访问，回美国后撰文称北京空气动力研究所为中国的兰利中心，有力地提升了北京空气动力研究所的国际声誉和中国空气动力学事业的国际地位。

庄逢甘以其“育才不易，惜才如金”的战略眼光，十分注重1978年后国家选派访问学者的工作。1976年，七机部在701所举办了一期英语培训班，以提高欲参加出国访问学者选拔人员的英语水平。庄逢甘对此给予大力支持，701所派出了多人参加培训，他还亲自给培训班的学员授课。在1978年国家选派出国访问学者的统一英语考试中，701所是航天系统被录取人数最多的单位，这与庄逢甘从20世纪60年代就开始抓科技人员的英语培训以及重视这次英语培训是密切相关的。在这些出国访问学者选择访问单位和导师时，庄逢甘亲自给予指导，帮助向国外的单位与导师推荐，亲自写推荐信。这些被选派者当时都是 30 多岁，或 40 岁刚出头的科技人员，有的已是科技骨干，有的还仅是初露锋芒。庄逢甘伯乐识马、慧眼识珠，极力推荐他们走出去，目的是为国家、为空气动力研究所造就人才。在 1979 年后的几年里，701 所经他推荐的包括崔尔杰、王增和等十余人赴美国、英国、法国、德国、日本等国家的高等院校或科研机构进修学习。这些出国进修人员不忘初心、牢记使命，也没有辜负庄逢甘的嘱托与希望，十分珍惜出国学习的机会，孜孜不倦、如饥似渴地汲取知识营养，以丰富自己。这些出国人员无一例外地按期回国，庄逢甘亲自了解这些访问学者在国外的学习与研究情况，并对其今后的工作提出了指导意见。这些回国人员在各自的研究领域勤勤恳恳、兢兢业业地工作，都取得了出色的业绩。崔尔杰、王增和被批准为国家级有突出贡献的专家，崔尔杰还当选为中国科学院院士，其他回国人员，有的成了有关研究领域的业务骨干和领军人物，有的走上科技领导的岗位，都为我国航天空气动力学事业的发展作出了突出贡献。

正是由于庄逢甘为我国航天空气动力学事业开启了国际交流与合作之门，也由于经他精心推荐的访问学者在世界有关国家播下了星星之火，1983 年以后，继任的北京空气动力研究所所长张文杰、毛国良、李锋（2004 年北京空气动力研究所改组为中国航天空气动力技术研究院，李锋担任首任院长）等继承和弘扬庄逢甘积极开展空气动力技术国际交流与合作、发展我国空气动力学事业的思想与传统，我国空气动力学领域一直保持良好的对外开放、交流、合作的势头。庄逢甘开启的航天空气动力学技术对外开放、交流、合作的事业得以延续、扩大和发展，取得了丰硕的成果。20 世纪 80 年代中后期，北京空气动力研究所的张文杰、楼洪钿等开始进行向国外出口风洞设备的谈判，承接了为国外飞行器进行风洞试验的合同，迈出了我国空气动力技术向国外出口的步伐。20 世

1996年，庄逢甘（后左）率团访问法国宇航院

纪90年代以后，楼洪钿带领有关人员高质量地完成了出口风洞的设计、加工和安装调试工作，获得了用户的高度评价。在此期间，毛国良、姜贵庆、张嘉祥等积极地与国外开展了软件、电弧加热设备出口等的谈判，并签订了合同，实现了我国航天空气动力学领域软件技术和电加热设备出口零的突破。2000年后，在李锋的领导下，成功地引进了交流电弧加热设备，还与国外签订了风洞建设和无人机的合同，在我国航天空气动力学领域首次实现了军贸产品出口，极大地提升了中国航天空气动力技术研究院的国际声誉，并取得了良好的经济效益。这与庄逢甘奠定的基础都是密切相关的。

2. 学术交流 中国声望

庄逢甘力主积极开展航天空气动力技术的国际学术交流与研讨，并身体力行，不辞辛苦地活跃在国际空气动力学学术交流的舞台上。一则是通过国际间双边和多边的学术交流，了解国外空气动力学的最新研究成果及发展动态，促进我国空气动力技术和学科的发展，以跻身于世界空气动力学先进水平的行列，提升我国空气动力技术的国际声誉；二则是能适时地将国外的最新科技成果应用于我国航空航天型号工程的研制，发展我国的航空航天事业。

庄逢甘在国际空气动力学交流中的活动主要是：主持或参加一些大型的国际多边学术会议，发起并主持大型的国际双边学术会议。

早在1975年，庄逢甘作为以周培源为团长的中国科协代表团成员访美时，他以北京航空学院教授的身份作了题为《超声速流中机翼颤振的理论和试验研究》（英文）的报告，介绍了我国在这方面有关的研究成果，对三种典型外形用不同的理论计算方法和风洞试验的结果进行了介绍；针对与实际结构相似的超声速颤振实验模型加工带来的复杂问题，还介绍了实验模型的设计与加工方法。这是我国航天系统最早开展的对外学术交流，也是最早向国外介绍的我国空气动力学的研究成果。

1979年2月，庄逢甘率团赴美，访问和参观了洛克希德公司等，最重要的活动是参加美国航空航天学会在华盛顿召开的年会。赴美前，他将其与崔尔杰等在非定常空气动力学方面的研究成果进行了整理和总结，撰写成论文在美国航空航天学会年会上进行了交流，广受赞誉。

1981年至1985年间，随着我国计算空气动力学研究的蓬勃发展和取得的丰硕成果，庄逢甘在空气动力学领域的国际学术交流和合作方面更为积极活跃。他在国内外的科技期刊上发表了多篇学术论文和报告，如《再入气动理论和实验的评述》《计算空气动力学的回顾与展望》《高速粘性流的数值计算》等论文。1984年，他还在国内倡导和组织了北京计算流体力学（CFD）讨论班，后来，该讨论班一直得以延续。经过庄逢甘等我国空气动力学科学家的艰苦工作和通力合作，在我国形成了以5M+A的计算空气动力学内涵和以NND格式为代表的具有中国计算空气动力学研究特色的发展模式，也为我国计算空气动力学研究成果走向世界创造了条件。

1986年，庄逢甘出席第十届国际流体力学数值计算会议，并担任会议主席。他与张涵信将其合作研究的成果，联名发表了《求解气体动力学方程的推进迭代方法》的论文，该文在解决计算流场内在局部亚声速小区时的计算不稳定难题方面取得重要突破，因此，引起了参会的国际同行的广泛关注。1987年，他出席了美国航空航天学会第八届计算流体力学会议，他在会上作了《中国计算流体力学》的学术报告，介绍了我国计算空气动力学的发展和特色，较全面地展示了我国当时已取得的计算空气动力学研究的最新成果。事实证明，自己的研究成果已达到一定的科技水平，是开展国际学术交流与合作的基础和前提，如果你的工作和水平没有达到一定的高度，别人是不会拿出相应水平的成果来和你交流、合作的。正是由于庄逢甘和中国计算空气动力学研究者所取得的令世人瞩目的成就，才使我国的计算流体力学在世界占有一席之地，庄逢甘也于1989年被推举为国际计算流体力学会议科学委员会成员。

1989年11月至1990年9月，庄逢甘的母校、世界著名学府加州理工学院向他发出了荣誉邀请，请他以Sherman Fairchild卓越学者身份赴美国进行学术访问和讲学，这是一个难得的殊荣，在他之前，中国学者中只有华罗庚享受过这一殊荣，庄逢甘经批准赴美加州理工学院。在美期间，他不负祖国和同事之托，以发展我国空气动力学和航天事业为己任，积极而不遗余力地进行学术交流活动，他介绍了他同张涵信一起研究的物理分析与数值模拟相结合的 NND 差分格式的形成与发展，后将这一报告发表在美国 Advances in Applid Mechanics(1993，29) 上。当时，他正主持国家自然科学基金重大项目“旋涡、激波和非平衡起主导作用的复杂流动”课题的研究，赴美期间，他不仅继续进行这一课题的研究，而且就这一课题与 Anatol Roshko 和 Hans Hornung 等教授、学者进行了深入的讨论、交流，这对课题研究发挥了积极作用。

1992 年，庄逢甘出席了第 18 届国际航空科学大会（ICAS），他应邀在会议上作了《旋涡控制技术》的专题报告，这是他主持研究的“旋涡、激波和非平衡起主导作用的复杂流动”课题的主要研究成果之一，这一报告系统地描述了旋涡的形成、发展和相互干扰的机理；这一成果研究了包括几何形状变化、声激振、质量引射以及产生有利干扰效应的其他人工装置等在内的改变旋涡流动的各种可能性。报告还指出，利用旋涡控制技术改善未来飞行器性能具有巨大潜力。庄逢甘的报告在与会者中引起了巨大的反响，并受到一致的好评。庄逢甘的《旋涡控制技术》报告在大会上荣获国际航空理事会颁发的理事会最高荣誉奖古根海姆奖。

1999 年 12 月，庄逢甘出席了第八届亚洲流体力学会议，会上他应邀以纪念周培源的名义作了《关于计算流体力学中的数值技术》的报告，介绍了他和张涵信、傅德薰、马延文等合作研究的成果：有限差分算法中网格点数与计算精度的关系，高阶差分格式构建的基本原则，传统有限差分格式与紧致格式的比较，数值格式的进一步改进以及数值模拟结果等。

这些远不是庄逢甘参加国际和亚洲流体力学与空气动力学重要学术会议的全部内容，却具有代表性，他应邀所作的学术报告和专题演讲，介绍了当时我国计算空气动力学和有关的研究成果，得到了国际同行的认可和高度评价，为我国空气动力学事业在国际上取得一席之地、获得良好的声誉起到了重要作用。

庄逢甘参加和主持的国际学术交流活动和双边学术交流活动，不仅是旨在发展空气动力学本身的学科，而且鼎力服务于我国航天、航空型号工程的研制。特别是他主持和支持的中俄高超声速流动会议、中日计算流体力学会议和中意气动热力学与热结构会议等，更具较强的应用背景，并取得了显著的效果。

1992 年 9 月 21 日，经中共中央政治局常委扩大会议批准，我国载人航天工程正式立项。此前，在载人航天的气动力、气动热研究上，我们虽开展了一些预先研究工作，但也清楚地认识到，中国的载人航天工程毕竟是第一次，没有实践的经验，也缺乏充分的技术积累。当时，国际上只有美国和苏联有成功的实践经验。美国的经验只能从公开文献中寻找，不可能从直接交流中获得；而苏联刚刚解体，中国航天审时度势，探求中国与俄罗斯交流的可能性，于是派出了以北京空气动力研究所人员为主，有中国运载火箭技术研究院、中国空间技术研究院有关人员参加的代表团，访问了俄罗斯，中俄双方在空气动力研究方面进行了交流，也都表示了进一步加强交流的愿望。代表团回国后，将访俄的情况向庄逢甘作了汇报，并提出了以双边会议的形式作为交流平台，庄逢甘非常支持这一建议，使双边会议得以适时召开和延续，收到了预期的效果。

1994 年 7 月，北京空气动力研究所、中国空气动力研究与发展中心和俄罗斯中央通用机械研究院联合发起，在北京空气动力研究所召开了第一次中俄高超声速流动会议（SRHFC），庄逢甘担任会议主席，并在开幕式上致辞。这次会议围绕复杂流动的基础研究和飞行器气动力与气动热的应用研究，提出了具有较高水平的研究报告 22 篇，其中俄方 8 篇、中方 14 篇。

尔后，基于中俄双方空气动力学和气动热力学科技人员的共同兴趣与努力，

2002年，庄逢甘（站立者）在中俄高超声速流动会议上

特别是在庄逢甘的大力支持下，这一双边会议基本上每两年召开一次，参会的科研机构和人员不断增加，先后在莫斯科、乌鲁木齐、上海、绵阳和新西伯利亚等地举行，庄逢甘多次参会并担任会议主席。

2002 年，是庄逢甘参加国际学术交流比较多的一年。6 月 17 日至 19 日，他作为会议执行主席在北京香山饭店主持召开了以“高超声速技术持续发展战略”为主题的学术讨论会；7 月 13 日至 21 日，他前往澳大利亚参加了第二届国际计算流体力学会议，在会议上作了题为《各向同性可压缩湍流微激波》的学术报告；8 月 14 日至 19 日，他赴英国剑桥大学参加国际理论和应用力学（IUTAM）理事会和委员会会议；9 月，他到上海出席中俄高超声速流动第五次会议，会议期间，俄罗斯宇航科学院和航天局联名授予庄逢甘等三人齐奥尔科夫斯基奖章，以表彰和褒奖他们在中俄宇航合作中所作出的突出贡献。会后，编辑出版了会议文集，庄逢甘为文集撰写了序言，他在序言中指出："完全可以相信，在航天飞机时代结束以后，诸如第二代可重复使用的飞行器一类的高超声速飞行器一定会设计出来并投入使用的。这类飞行器应具有高安全性、高可靠性，以及更具经济性，这是对我们的巨大挑战。"他还强调："美国航天飞机计划的取消及以后的 X-33、X-34 计划的停止，这一事实告诉我们，在设计阶段可能遇到的一些基本技术问题没有得到恰当解决之前，航天飞行器项目不要急于进入工程阶段。"他殷切地希望通过双边会议的平台理出一些未来超声速飞行器设计中重要的且没有解决的基本问题，如有可能可提出一些合作研究的项目。他的这一论述无疑是十分重要而中肯的，这也彰显了庄逢甘等我国老一辈航天科学家严谨务实的科学态度和工作作风。

时隔四年之后，2006 年，在四川绵阳中国空气动力研究与发展中心召开了第六次会议，会议名称改为中俄高速流动会议（英文缩写仍为 SRHFC)，会议讨论的内容有所扩大，包括高速流动研究和数值模拟、吸气式高速飞行器技术、星际探测飞行器技术以及高速空气动力学和气动热力学的试验技术等。庄逢甘和俄罗斯科学院西伯利亚分院副院长兼力学所所长弗明院士共同担任会议名誉主席。

更使我国有关的空气动力学和气动热力学工作者难以忘怀的，是 2008 年 7 月在俄罗斯新西伯利亚举行的第七次中俄高速流动会议，庄逢甘秉持"不去参加会议亲眼看看、亲耳听听，怎么能够知道这些年来俄罗斯在空气动力学方面的发展情况呢"的思想，克服年高体弱的困难，中国航天空气动力技术研究院院长李锋认真负责地制定了保护庄逢甘的有关措施，使其终于成行。他到达新西伯利亚这座森林城市后，无意观赏科学城宾馆周围一望无际的高大白桦林和雪松树，更无心欣赏新西伯利亚的风光美景，而是一门心思地聆听每一场报告，细思其中的观点和内容；他还不顾劳累和腿脚的不便，参观了俄罗斯科学院西伯利亚分院理论和应用力学研究所的风洞设施设备，还不时地提出问题，同俄方有关人员讨论。

这次会议和访问取得圆满成功。回国后，庄逢甘根据从会议上获得的信息，并针对我国空气动力学与气动热力学发展的现状和风洞设施设备的实际，向中国航天空气动力技术研究院的领导，提出了一些中肯而有见地的意见与建议。然而，这是庄逢甘最后一次出国，他的一些意见与建议也成了他遗嘱的一部分。

在空气动力学领域开展双边学术交流，除中俄外，还有中日和中意。就在中俄举行第一次高超声速流动会议（SRHFC）的 1994 年，由庄逢甘、张涵信和日本的大岛、久保田共同发起，组织召开了亚洲计算流体力学研究会，亦称中日计算流体力学研讨会。会议于 9 月 12 日至 14 日在四川绵阳举行，庄逢甘在开幕式上致辞，系统地评述了国际和亚洲在计算流体力学方面的发展现状。会上，他还与邓小刚联名发表了《非定常低马赫数流动计算的一种新方法》的论文，受到与会者的赞许。此后，这一会议分别在日本和中国召开，在庄逢甘生前召开的历次中日计算流体力学研讨会中，他或为会议主席或为会议顾问，这一会议为中日乃至亚洲计算流体力学的发展与相互合作都发挥了积极作用。

2008 年年底和 2009 年年初，中国航天空气动力技术研究院和意大利驻华使馆通过多次接触和磋商，萌生了举办中意气动热力学和热结构双边学术会议的动议。当中国航天空气动力技术研究院有关人员向庄逢甘汇报这一动议时，他热情地表示支持，并表示届时一定安排好时间参会。2009 年 5 月，中意气动热力学和热结构双边学术会议在北京如期召开，庄逢甘和意大利驻华大使、科技参赞等出席了会议，并在会议上作了富有哲理且热情洋溢的讲话，为双边学术会议开了个好头儿。

庄逢甘（左）在意大利都灵参加流体力学实验会议时与Onorato（右）合影

庄逢甘在陪同意大利代表前往中国航天空气动力技术研究院的路上，途经被西方称之为马可·波罗桥的卢沟桥时，他借此风趣地说："希望这个会议能成为中意空气动力学和气动热力学专家进行学术交流的桥梁。"意方对此次双边学术交流会议非常重视，参会人员达十人之多。意大利具有世界上最大功率的气动加热试验设备，在试验技术上有独到之处，并取得了相应的科技成果。会议上，意方专家介绍了意大利的气动加热设备及相关的试验技术和研究成果，对我国具有启迪和参考价值，并为后续的中意实质性的合作奠定了基础。此后，2010 年和 2011 年又分别在意大利的卡布普亚和中国的上海举办了第二次、第三次会议。庄逢甘虽已辞世没能再参加会议，但他积极支持的中意双边学术交流会议确实成了中意空气动力学、气动热力学同行进行交流与合作的桥梁，这足以告慰他的在天之灵。

3. 国际组织 发挥作用

国际宇航联合会（IAF）和国际宇航科学院（IAA），是宇航界重要的国际组织，是世界各国参与国际宇航科技活动的重要平台。国际宇航联合会是一个

中意交流活动留影（前排中为庄逢甘）

世界性的大型宇航科学技术交流的学术组织，世界各国从事宇航事业的主要科研机构和各国的宇航学会大多都是其成员，国际宇航联合会每年召开一次年会，进行大型的学术交流。国际宇航科学院是国际宇航联合会辖属的学术型机构，由参加国际宇航联合会的各国宇航界的重要科学家和科技领导人组成，每年都从世界各成员单位中遴选国际宇航科学院的院士。

1985 年 10 月，经中国宇航学会评选和推荐，我国首批 12 位宇航科学家当选为国际宇航科学院院士，这 12 位科学家是：任新民、陈芳允、王大珩、吕保维、曹鹤荪、蔡金涛、梁守槃、杨南生、孙家栋、杨嘉墀、陆元九、庄逢甘。这 12 位科学家都是我国宇航界著名的科学家，而且在国际宇航界都具有较高的声望。

国际宇航科学院下辖四个学部，庄逢甘属工程科学学部，由于他在航天科技，特别是在航天空气动力学和气动热力学方面所作出的重要贡献，以及他在国际宇航界的声望，继 1985 年当选为国际宇航科学院院士之后，他又于 1995 年当选为国际宇航科学院理事会理事，进入国际宇航科学院的领导层。在他担任理事会理事期间，几乎每年 3 月都要去法国巴黎总部参加理事会会议，履行其对重大议题的讨论与决策的职责，他负责对系统开发、系统运行与应用两个委员会的研究报告进行修改和提出意见，还要对国际宇航联合会收到的论文、报告进行评审，并提出取舍的意见。正是由于他对国际宇航科学院有关工作的积极参与和认真负责、一丝不苟的工作态度，并能发表实事求是、中肯而有见地的意见，庄逢甘在国际宇航界赢得了良好的声誉，得到了理事会成员的赞赏与尊重。同时，也扩大了中国航天在国际宇航界的影响与声望，使中国航天在国际宇航界取得了更多的话语权。

在庄逢甘当选为院士和理事会理事后，特别是从 2006 年起担任国际宇航科学院中国地区负责人之后，他一直致力于扩大中国在国际宇航联合会和国际宇航科学院的影响，积极而又实事求是地推选中国籍的国际宇航科学院院士和通讯院士。院士和通讯院士的遴选都是在通过资格审查后，经过理事会成员投票选举产生。庄逢甘推荐的候选人都已当选，截至他逝世前，中国已有 50 多位科学家当选为国际宇航科学院院士。

2005年10月29日，庄逢甘在北京召开的国际宇航科学院中国院士会议上讲话

庄逢甘大力倡导和推进国际宇航联合会和国际宇航科学院在中国开展活动，1996年，他积极支持并参加了在北京举办的第47届国际宇航联合会大会；2006年，他赴西班牙参加了第57届国际宇航科学院大会，在会议期间，国际宇航联合会大会与国际宇航科学院大会同时召开，庄逢甘参加国际宇航科学院大会的日程已安排得很满，但他都是尽量挤出时间，根据专业选择去听国际宇航联合会大会的科技报告，而且每次都聚精会神地坚持听完，绝不放过任何获取新知识的机会。他通晓英、俄、法等多种语言，特别是熟通英语，这更方便他与各国科学家的交流和讨论，由于他在提问、交流、讨论中颇有见地的观点与意见，引起国际同行的尊重与重视。由于他在宇航事业中的杰出贡献，以及潜心致力地支持国际宇航联合会和国际宇航科学院工作，在2006年第57届国际宇航联合会大会上，庄逢甘被国际宇航科学院授予工程科学奖。这既是庄逢甘本人的荣誉，也是中国航天和中国的荣耀，提升了中国航天在国际宇航界的声誉。

1999年，在庄逢甘的倡导和精心策划下，他在中国西安主持召开了太平洋地区的国际宇航科学院院士会议，来自中国、美国和日本等国的国际宇航科学院院士们，齐聚一堂，讨论宇航科技问题，特别重点讨论了空间太阳能的开发与利用等科学技术问题。

庄逢甘和有关的中国籍国际宇航科学院院士，一直积极筹划建立国际宇航科学院中国工作站，希冀在中国建立一个国际宇航科学院的常设机构。经过庄逢甘等人的努力，终于成立了国际宇航科学院中国研究中心（后更名为国际宇航科学院研究中心），他担任该中心指导委员会主席。中心的成立扩大了中国航天在国际宇航科学院的活动范围和内容。后来，中心向国际宇航科学院提出并开展了航天科技应对自然灾害方面的研究课题，并取得了初步成果。

正是由于庄逢甘在国际宇航联合会及国际宇航科学院的工作业绩和贡献，并基于他在中国航天科技工业，特别是航天空气动力学技术创建与发展中的功

2006年，庄逢甘（左二）在西班牙荣获国际宇航科学院工程科学奖时在颁奖仪式上讲话

2006年，在西班牙参加国际宇航联合会大会（左起：郭宝柱、庄逢甘、毛国良、庄逢源）

绩，他成了国际宇航科学院中的中国名人，2010 年，美国出版了《国际宇航科学院 50 年》一书，其中“第二节 科学院的名人”中有庄逢甘为之撰写的专文。值得一提的是，庄逢甘的小弟庄逢源，1983 年 2 月结束了在美访问学者的研究工作后，回国仍从事生物力学的研究，尔后辗转调入北京航空航天大学，开展空间生命科学的研究，进入宇航界。2006 年，庄逢源当选为国际宇航科学

院通讯院士，2009 年转为院士，并当选为国际宇航科学院理事会的理事。这样国际宇航科学院中就有了庄氏两位兄弟同为院士、理事的佳话。2006 年 10 月，庄逢甘、庄逢源两兄弟同聚西班牙，共论宇航科技的发展与进步。

4. 遥感应用　造福人类

从严格意义上讲，遥感应用技术与空气动力技术关联不大，庄逢甘之所以跨界担任全国地方遥感应用协会（1992 年 8 月成立）的理事长，这主要是他基于所担任的航空航天工业部科技委副主任和中国科学技术协会副主席职责的考量，中国航天要服务于国民经济建设、国防建设、社会发展和科技进步，航天遥感应用是一个不可或缺的重要方面，为此尽力是义不容辞的。同时，他也深刻地认识到，在经济全球化、信息网络化的趋势日益显著的今天，航天遥感信息应世界各国共享，遥感应用应服务于世界各国的国计民生，提高全人类的福祉。因此，他义无反顾地带领全国地方遥感应用协会走出国门，参与并推进遥感应用领域的国际交流与合作。

力主国外遥感卫星的数据进入我国，丰富我国的航天遥感信息。在庄逢甘的主持下，全国地方遥感应用协会确定了要办成行业协会的目标。2002 年，全国地方遥感应用协会更名为中国遥感应用协会；2003 年 3 月 26 日，在他主持召开的中国遥感应用协会二届九次常务理事会会议上，讨论更名为中国遥感应用协会后，如何进一步发挥行业协会作用的问题，通过了《关于进一步发挥中国遥感应用协会作用的意见》，决定制订“遥感行业道德规范”和“遥感图像处理软件测评规范”；2005 年 11 月，在他主持召开的 2005 年年会上，确定了“携手办会，共创和谐，当好桥梁”的指导原则，同时明确，要发挥行业协会的作用，欢迎国内外各类遥感卫星数据进入我国遥感信息的市场。他指出：“国外遥感卫星的数据大大地丰富了我国遥感信息的市场，为我国遥感信息应用技术的发展提供了良好的条件，我们要充分地利用。”他还就遥感应用技术的国际交流与合作发表了指导性的意见。

促成了中加在遥感应用领域的合作。在加拿大雷达卫星即将发射前，为了考察和学习加拿大雷达遥感卫星研制和雷达遥感应用技术，1994年11月，庄逢甘应加拿大SPAR航天公司的邀请，率团赴加拿大进行雷达卫星等卫星应用技术的考察。这是全国地方遥感应用协会第一次组团走出国门，遇到了诸多困难，经过庄逢甘不懈地协调与斡旋，终使考察团成行。考察团受到了加拿大太空署和SPAR航天公司的热情接待，考察团参观考察了雷达卫星总装厂，获得了雷达卫星应用研究的ADRO项目，共同讨论了PCI软件的合作问题，还与加拿大自然资源部副部长奥当努进行了会谈，为中加后续的遥感应用合作奠定了基础。庄逢甘的这次率团出访达到了预期的目的。

1996年11月13日，庄逢甘以全国地方遥感应用协会理事长的名义，在北京会见了来华访问的加拿大自然资源部副部长、SHL系统工程公司总经理奥当努一行，就有关的合作问题进行了商谈，SHL公司同意为中国全国地方遥感应用协会免费培训两名ORACLE软件技术人员。

推动了大陆与香港在遥感信息的应用领域的合作。1995年5月25日至28日，香港中文大学地理系和中国海外地理信息系统协会（CPGIS）共同组织召开了“地理信息学95香港国际研讨会”，庄逢甘率团参加了这次会议，会后编辑出版了三卷论文集，收录论文120多篇。通过这次会议，增进了中国全国地方遥感应用协会与香港、台湾同行的相互了解，为后来的2003年两岸四地多云多雨地区遥感合作的“多多计划”的制订与实施奠定了基础。

身先士卒，大力开展中法遥感应用项目的合作。1997年4月1日至18日，庄逢甘受国家航天局的委托，应法国全法大地空间科学主席、里昂大学教授依夫·格赫蒙的邀请，率领代表团赴法国进行卫星防灾减灾应用技术考察。代表团受到法国宇航局、国际水管理委员会、蒙彼利尔地区议会等14个单位的热情接待。

这次赴法代表团取得了多项成果，主要有：中国湖南省和国际水管理委员会联合拟定了洞庭湖卫星防洪减灾信息工程运行系统项目建议书，该项目于1997年12月18日被列入《中华人民共和国减灾规划（1998—2010年）》，并得以实施；全国地方遥感应用协会代表中国国家航天局与SCOT公司签署了中法遥感应用合作项目，包括在农作物估产、荒漠化监测等方面的合作；为中方免费培训30名农作物估产技术人才协议等，这一协议于1999年11月1日至28日在法国图卢兹执行，法国SCOT公司举办了以农作物估产和土地利用遥感监测为主题的“中国决策者战略研讨会”。

1998年11月18日至20日，由全国地方遥感应用协会理事长庄逢甘和SCOT Conseil公司爱福赫·让主持，在北京召开了中法遥感应用的圆桌会议，法国驻华大使馆、中国国家发展计划委员会、农业部、国家林业局调查规划设计院、中国航天工业总公司等部门和单位，都派代表参加了会议，参加会议的还有河北、山西、黑龙江、江苏等省和新疆维吾尔族自治区的代表。会议经过认真的讨论和友好的协商，取得了可喜的成果，签订了中法遥感应用合作项目北京圆桌会议备忘录，使中法有关遥感应用的合作项目得以扩大和顺利开展。

为召开海峡两岸空间资讯与防灾科技研讨会和开展相应的技术合作，做了开拓性、奠基性的工作。1998年11月30日至12月10日，经国务院台办批准，庄逢甘任团长率领24人的代表团赴台参加“1998年海峡两岸空间咨询与防灾科技研讨会”，研讨会举办了6场交流会，交流论文、报告31篇，还组织了气象灾害、林业灾害、地质灾害三场对口交流，到受灾地区做科技考察，访问了台湾大学地理系、成功大学卫星资讯研究中心、逢甲大学地理资讯系统研究中心、中央大学太空及遥感研究中心、新竹工业技术研究院能源与资源研究所等单位。会议期间，全国地方遥感应用协会同中华地理资讯学会签订了合作备忘录，确定每年举办一次关于空间资讯与防灾科技方面的研讨会，由大陆、台湾隔年在两岸轮流主办。截至2007年，连续举办了10次海峡两岸空间资讯与防灾科技研讨会，还举办了4次两岸气象卫星地震短临预报研讨会，开展了地震短临预报、山东山水圣人游等合作项目。大陆、台湾双方都很满意，认为效益、效果显著，两岸的科技交流活动也受到了国家有关部门的赞誉。庄逢甘为此开了好头儿，作出了贡献。

庄逢甘除与加拿大、法国、香港特区、台湾地区在遥感应用方面的交流合作，大力推进中巴（巴西）合作研制的资源卫星的应用外，他还积极支持举办遥感应用方面的国际学术会议，旨在遥感应用事业在世界各地得到推广，开花结果。2000年5月，在庄逢甘的倡导与支持下，全国地方遥感应用协会同国内有关单位联合举办了“中国国际地球空间信息产业及设备展览会”，会议期间，庄逢甘参与主持了“卫星遥感应用与发展”国际论坛，他亲自出面或打电话，邀请陈述彭、承继成、孙来燕、陈宜元、刘侠、刘玉机、赵锐、范天锡、蒋兴伟等有关单位的领导和科技专家作专题报告，分别介绍中巴合作研制的地球资源卫星、风云一号和风云二号气象卫星及正在研制的海洋卫星的概况，重点介绍了这些

2009年6月23日，庄逢甘（右三）赴四川省北川县考察地震灾情

卫星的应用情况及发展前景，使国内外有关人员更加了解中国应用卫星及卫星应用事业的发展，助推中国航天走向世界。

2002年5月23日至28日，中国地理信息系统协会与中国遥感应用协会联合举办了“第二届中国国际地球空间信息产业技术及设备展览会”，会议期间，召开了“国际遥感科技论坛”，庄逢甘应邀在论坛上作了《中国遥感卫星的应用与发展》的报告，系统地介绍了我国遥感卫星的应用情况与发展愿景，提出了“逐步增加利用我国自己的遥感卫星数据”的建议，并指出“在遥感技术上，要向高光谱、高空间分辨率、高时间分辨率、微波的方向发展；在遥感应用上要大力向精准农业、城市遥感应用、数字化方向推广，提高航天遥感应用的效益、效率。”他的这些论述引起了与会者的高度重视和极大兴趣。

庄逢甘

庄逢甘院士传记

Academician Zhuang Fenggan's Biography

第十二章

结识钱老　良师益友

庄逢甘与钱学森相识、交往了62年，共同为之奋斗的航天科技事业，特别是航天空气动力学事业，使他们结下了深厚的情谊，钱学森是他名符其实的好领导、好导师、好邻居、好校友。

1939年6月，钱学森获美国加州理工学院航空与数学博士学位，1946年夏，钱学森来到麻省理工学院，次年2月，钱学森被麻省理工学院聘任为正教授，而且是终身教授，时年还不满36岁。1947年7月，钱学森回国探亲，由于他在科学技术上的成就，成为当时国内高校和知识界竞相追捧的名人。他应邀在交通大学、清华大学、浙江大学做了三场题为《工程和工程科学》的演讲，正在交通大学任助教并即将赴美留学的庄逢甘兴致勃勃地聆听了钱学森教授的演讲，钱学森新颖的科学思想、严谨的逻辑、流利的语言，使他耳目一新、备受震撼，敬佩之情油然而生，钱学森开始成为他心目中的偶像和追逐的目标。

1947年9月，庄逢甘考入美国加州理工学院航空研究院，此时，钱学森正在麻省理工学院任教，无缘成为他法定意义上的导师。1948年10月，加州理工学院新任院长杜布里奇致函钱学森的导师冯·卡门和钱学森，诚邀两位回加州理工学院工作。当时，美国古根海姆基金会决定在加州理工学院和普林斯顿大学分别成立喷气推进中心，聘请钱学森担任主任和航空系教授；冯·卡门继续担任古根海姆空气动力实验室主任和加州理工学院航空系主任。1949年9月，冯·卡门和钱学森一起回到了加州理工学院。此时，庄逢甘虽已师从李普曼教授，但钱学森指导的学生罗时钧与庄逢甘是室友，朝夕相处、形影不离、情同手足，再加上当时在加州理工学院的中国师生人数不多，大家交往甚笃，庄逢甘与钱学森都从事空气动力学专业，又是江浙同乡、交大校友，共同语言颇多，良师益友的关系日趋紧密。

1955年10月8日，钱学森在周恩来总理和中国政府的过问下，冲破桎梏，终于回到了祖国的怀抱。翘首期盼良师的庄逢甘、罗时钧终于在1955年11月23日与钱学森相见了。1953年9月1日，中国人民解放军军事工程学院（因地处哈尔滨，简称哈军工）正式成立，罗时钧、庄逢甘先后被调到哈军工空军工程系103教授会（空气动力教研室），并在1955年11月双双被授予空军技术少校军衔。钱学森此次在东北参观考察时，提出要见见在哈军工的庄逢甘、罗时钧两位老朋友，11月23日，庄逢甘携夫人戴淑芬同罗时钧一起去看望钱学森，钱学森坦诚而肯定地谈道："现在主要不是搞理论研究，而是搞工程建设，没有工程建设，理论研究是空的。"一语道出了钱学森技术科学思想的核心。

1956年2月17日，钱学森受周恩来总理的委托，呈报了《建立我国国防航空工业的意见书》，在意见书中列出了可以调来参与这一工作的21位高级科技专家名单，这21人当中就包括了哈军工的任新民、梁守槃、庄逢甘、罗时钧、卢庆骏等教授。1956年8月，庄逢甘被调赴北京，参加国防部五院的筹建工作，自此，他一直在钱学森的领导与指导下，从事他酷爱并为之奋斗50多年的航天空气动力事业和航天科技事业，鞠躬尽瘁，死而后已。

1. 报效祖国　投身建设

1950年6月，庄逢甘以其论文《湍流统计理论》（《On the Statistical Theory of Turbulence》），通过了博士答辩，获得加州理工学院航空研究院航空和数学博士学位，论文博得学位评委会的一致好评，他的学位证书上被标注为“成绩优异”。同时，他被聘为加州理工学院航空研究院研究学者，继续从事空气动力学研究工作。当时，中华人民共和国成立的喜讯已传到大洋彼岸。钱学森正在加州理工学院古根海姆喷气推进中心任主任，并兼航空系教授；师从钱学森的罗时钧是庄逢甘的室友，钱学森指导的另一位研究生郑哲敏与曾经到过延安，后转道重庆、天津赴美学习的罗沛霖同住一个宿舍，罗沛霖、郑哲敏的宿舍里摆有罗沛霖订阅的香港《大公报》和美洲《华侨日报》，庄逢甘等也常去罗沛霖、郑哲敏的宿舍阅读这些报纸。这些在加州理工学院的中国学者经常谋面或聚会，交流信息、思想，纵谈家事、国事。这样，庄逢甘从 1947 年 8 月在交通大学与钱学森相见、相识，到此时在加州理工学院已多有交往，并幸得教诲与指点。大家都为中华人民共和国的成立和“中国人民从此站起来了”而欢欣鼓舞，看到了中国的曙光，跃跃欲试，盼望回到祖国怀抱，投身新中国的建设。

当时的庄逢甘也是心存纠结，他酷爱空气动力的理论研究，并已初获成果，美国的研究、实验条件当然比中国要好，而且已有了研究学者的身份，工作、生活的条件都是相当优裕的。梁园虽好，却不是久留之地。强烈的爱国心、炽热的回国情，使他最终作出抉择：回国！后来，庄逢甘回忆道：“我在这个天平上考虑来考虑去，最后还是选择了回国。”

庄逢甘的家国情怀源远流长。早在他上小学、读中学时，正值日本侵略者于1931年发动“九一八”事变，大举侵略我国东北、华北，1937年7月7日，又悍然发动了卢沟桥事变，8月13日开始淞沪会战。他耳闻目睹日本侵略者的凶残，烧杀抢掠，沦陷区的广大民众在日本侵略者的蹂躏下过着水深火热的生活。特别是他从已沦陷的上海奔赴重庆入读搬迁到重庆的交通大学时，更是亲眼目睹、亲身体会到逃难人群的艰辛和饥寒交迫。这在他幼小和年轻的心灵中，埋下了家国情怀的种子，也使他感悟到“落后就要受欺负，落后就要挨打”。他的心底开始萌生“学到知识、学到本领，报效祖国、服务人民。致力于强国、富国”。所以，已取得数学和航空工程博士学位的庄逢甘，舍弃在美优裕的工作、生活条件，抉择回国是必然的。然而，钱学森、罗沛霖、罗时钧等师者、学者也确是他回国的助推剂和催化剂。1949年10月6日，中华人民共和国成立后的第一个中秋节，钱学森夫妇与同在加州理工学院学习的罗沛霖、罗时钧、庄逢甘、郑哲敏等十几位中国留学生，在学校附近的街心花园聚会，音乐袅袅，茶香飘飘，一轮明月把缕缕柔光洒向大地。观景生情，这些学者、学子们举头望明月，低头思故乡，难抑的思国、思乡之情随着夜色潜入大家的心底。罗沛霖向大家介绍了在延安的所见所闻，介绍了新中国的情况，钱学森夫妇和同学们都有些动情，不约而同地表示，现在是报效祖国和人民的时候了。不久后，庄逢甘也看到了华罗庚从美国返回祖国时发表的《告留美同学的公开信》，其中谈道：“1949年的胜利，比一年前人们所预料的要大得多、快得多……朋友们，梁园虽好非久留之乡。为了抉择真理，我们应当回去；为了国家民族，我们应当回去；为了为人民服务，也应当回去。回去建立我们的工作基础，为了我们伟大祖国的建设和发展而奋斗！”这些对当时正处在犹豫和抉择中的庄逢甘都有一定的激励作用，使其在思考的天平上向回国方向倾斜。后来，他获悉钱学森要在1950年暑假起身回国，他更加坚定了信心，义无反顾地决定回国。

决心已下，庄逢甘即开始积极准备，将书籍、资料陆续搬回住处，足足装了六箱。同时，开始选择返回的路线，订购机票、船票。离美前他向他的导师李普曼告别，这位学术造诣深厚、人品极为正直的教授，对得意门生庄逢甘作出回国抉择表示赞赏，并表示设宴为他饯行，后出于形势的考虑，庄逢甘婉拒。但在抗美援朝战争已经爆发的形势下，李普曼还是执意到火车站为他送行。这样，庄逢甘在他被加州理工学院航空研究院聘为研究学者两个月后的8月，回到了祖国。当时，《人民日报》还在显著位置刊登了庄逢甘等留美学者回国参加祖国建设的消息。钱学森获悉后，甚为欣喜。

2. 技术科学 系统工程

庄逢甘回国后，目睹了新中国生机勃勃、蒸蒸日上的繁荣景象，时不时地也想起远在大洋彼岸的、不是导师胜似导师、令人崇敬的钱学森，在美国当局的无理阻挠下备受煎熬。盼啊，想啊，相见的一天终于来到了！1955年11月23日，庄逢甘携夫人戴淑芬和罗时钧应邀来到钱学森的住处看望他，相见恨晚，一见如故。他们热情而亲密地交谈着，钱学森直言不讳地谈道：“现在主要不是搞理论研究，而是要搞工程建设，没有工程建设，理论研究是空的。”这简短的一席话道出了钱学森意欲在我国开展航空、航天工程建设的决心，也表述了技术科学的思想。这几句话给了庄逢甘一个震动和启迪。随即，钱学森受周恩来总理的委托，递交了《建设我国国防航空工业的意见书》，提出了发展我国火箭导弹事业的组织方案、计划设想和一些具体措施建议，还列出了可参与此项工作的21位高级科技专家名单，庄逢甘名列其中。后根据组织决定，庄逢甘于1956年8月调赴北京，开始参加国防部五院的筹建工作。10月8日，国防部五院正式成立。11月23日，经聂荣臻批准，国防部五院下设10个研究室，其中第七研究室为空气动力研究室，庄逢甘为副主任（主持工作，技术负责人）。自此，航天科技事业、航天空气动力学事业这条纽带维系了钱学森和庄逢甘一生。

随着我国各类导弹型号工程仿制、改型研制和独立研制工作的开展，随着我国导弹与航天事业的创建与发展，钱学森提出并不断发展和完善技术科学思想、系统工程的理论与方法，庄逢甘与钱学森一脉相承，在科研工作中忠实地践行技术科学思想，并在导弹型号工程的气动攻关中实施系统工程管理。这些都为他在航天空气动力学事业乃至整个航天事业中取得辉煌成就提供了支持和保证。

钱学森认为，技术科学（Engineering Science）是自然科学（Natural Science）和工程技术（Engineering Technology）之间的桥梁，技术科学属于应用科学层次，其目标首先是为工程技术（泛指一切应用技术领域）服务，为工程技术提供以科学为基础的工程理论，进而领导和带动产业的发展。钱学森的技术科学思想是对德国哥廷根应用力学学派思想的继承和发展。庄逢甘曾多次表述：“我不标新立异，我就是践行钱老的技术科学思想。”他在其撰写的《钱学森的科学精神和科学作风》的文章中谈道：“我第一次认识钱老是在1947年8月，当时他在交通大学作题为《工程和工程科学》的报告。钱老提到德国的大科学家菲利克斯·克莱因在美国参观后，认为要超过美国的工业，必须大力开展工程科学的研究。此使我深受启发。此后，克莱因在哥廷根大学培养了一大批如普朗特、冯·卡门、铁木辛柯等杰出人才，形成了哥廷根学派。钱学森作为冯·卡门的学生，是哥廷根学派一脉相承的杰出代表。”庄逢甘在为之奋斗一生的航天空气动力事业和整个航天科技事业的征程中，得到了钱学森的领导和指导，始终不渝地贯彻和践行钱学森的技术科学思想，成为这一学派名符其实的传承人。中国科学院院士、中国科技大学教授童秉纲在其《钱学森技术科学思想的杰出践行者》的文章中记述道："庄先生于1947年至1950年进入以冯·卡门为首的美国加州理工学院应用力学学派团队，获得航空和数学博士学位。期间他有幸得到了钱学森的指点。他回国后，从1956年起，在钱学森的带领下，长期从事航天器空气动力技术的组织领导工作。几十年来，他始终是钱学森技术科学思想杰出的践行者。空气动力学是一门技术科学，他既植根于基础科学，又面向航空航天的工程应用。因此，庄先生既强调应用是气动研究的归宿，又十分重视气动基础性研究，要求建立新概念、新思想和新方法。他审时度势，针对国家需求，不断提出各个阶段气动界需要着力的聚焦点，成功地发展了我国的空气动力学事业。”童秉纲的这一段论述，正是庄逢甘在发展我国空气动力学事业中忠实地践行和发展技术科学思想的真实写照和高度概括。

按照技术科学的思想解决导弹型号工程的气动关键项目的实例就更多了。例如，解决远程弹道导弹的气动防热技术攻关项目，有翼式制导飞行器的气动力研究项目，载人飞船返回舱气动关键技术的攻关项目，以及多个各类风洞的设计、建造与测试技术的攻关等，都是在技术科学思想的指导下，钱学森、庄逢甘等精心组织，严格按照系统工程的理论方法进行科学管理，广大科技人员、工人和干部团结奋斗、刻苦攻关，使这些气动项目得以圆满完成。

技术科学思想和系统工程的理论与方法，是钱学森在组织领导航天科技事业中两个重大的贡献，两者是相辅相成的，可以收到相得益彰的效果，系统工程的管理办法是实现技术思想所确定目标的手段与措施。钱学森曾指出：系统工程是组织管理“系统”的规划、研究、设计、制造、试验和使用的科学方法，是一种对所有系统都具有普遍意义的科学方法。钱学森还对总体设计部进行了阐述：总体设计部设计的是系统的总体，是系统的总体方案，是实现整个系统的基本途径。每个系统都要考虑它所从属的更大的系统，要处理它与其他系统的关系，又要处理它与其所属的分系统的关系。因此，总体设计部要把自己负责的系统作为它所从属的更大系统的组成部分进行设计、研制，在研制过程中，对系统与分系统之间的矛盾、分系统与分系统之间的矛盾等的解决中，都要从总体协调的需要来选择解决的方案。20 世纪 70 年代后期，钱学森对航天型号工程研制中实施系统工程组织管理的理论方法，进行了全面、系统的总结，1978 年 9 月 27 日，在文汇报上发表了《组织管理的技术——系统工程》；1979 年和 1981 年又先后发表了《大力发展系统工程尽早建立系统科学的体系》和《再谈系统科学体系》的文章。至此，钱学森基本完成了系统科学体系理论的工作。

庄逢甘对系统工程的理论方法颇有研究，并在型号工程中气动关键技术项目的攻关中切实实施，极大地促进了气动攻关任务的完成。最为典型的就是远程液体弹道导弹弹头的再入气动和防热问题，钱学森称之为“淮海战役”，要求运用系统工程的办法，解决弹头再入时不翻跟头和不被烧坏两大难题。钱学森委任庄逢甘担任这一“淮海战役”的指挥长。

庄逢甘认为：“航天工程系统是个综合性的复杂的大系统，除了各类飞行器本体系统外，它由相关的管理系统，比如型号研制系统，企业生产系统，发射试验系统和包括财务、教育、器材、情报等在内的服务系统及它们的子系统（模块）呈金字塔状组成。由于空气动力学在型号研制中的重要地位和作用，它和发动机、控制、材料、结构、地面设备、仪器设备等一起构成了型号研制系统中既有联系又有相对独立性的一批模块。”他还明确地指出：“对于再入飞行器而言，特别是高弹道系数的再入飞行器，现在最重要的一些问题中，再入气动力学和气动热力学占有显著的位置，以致于使空气动力学研究变成了再入飞行器研制系统中甚为关键的复杂模块了。”正是基于这种正确而理性的认识，他对空气动力学模块中的各个要素，包括空气动力学、气动热力学工作者以及空气动力学理论研究、风洞建设、气动力与气动热数值计算设备与计算、飞行试验手段等，都进行了详尽的剖析，充分注重各要素的协调发展，并调动人的积极性，使这一“淮海战役”得以紧张有序地推进，使空气动力学模块的系统功能得到了充分的发挥，为型号的外形、结构、控制系统等提供了设计依据，最终成功地研制出了远程液体弹道导弹的再入弹头，达到了弹头飞行稳定和不被烧坏的要求，“淮海战役”大获全胜。

还有一个例子，就是有翼飞行器气动力研究项目，这也是一项具有相当规模和复杂性的系统工程，它是由庄逢甘提出并由他担纲的系统工程。庄逢甘牢牢地把握气动研究要为型号工程服务的技术科学思想，20世纪60年代初，他针对仿制“543”（后称红旗一号）有翼式地空导弹的工作，适时地组织有关的

2001年，庄逢甘在“新世纪力学研讨会——钱学森技术科学思想的回顾与展望会议”上讲话

科技人员进行“543”等型号的气动反设计，编写了《有翼飞行器气动力学计算手册》，不仅保证了有关的有翼式战术导弹飞行试验的成功，也为后续的有关导弹型号气动研究的深入开展奠定了基础。随着有翼导弹有无问题的解决，对研制有翼式导弹（主要是地空导弹和飞航式海防导弹）提出了更高的性能要求，包括很高的机动性，很好的低空跨、超声速长距离的巡航特性等。这样，关于空气动力的关键课题增多，难度增大，气动力模块与控制、动力、材料、结构、飞行力学模块等的关联性增强，以往那种以任务书下达任务和反馈信息的管理模式已不适应新的形势了。在庄逢甘的倡导与组织下，成立了有翼飞行器气动力研究的系统工程管理机构。在现状的调查研究、课题确定、工作分解、信息反馈、进度协调及评价决策等方面，都按系统工程的办法进行管理，取得了很好的效果，为我国有翼飞行器的研制发挥了积极作用。

通过液体远程弹道导弹再入弹头气动力、气动热攻关和有翼飞行器气动关键技术研究这两个实例，足可见庄逢甘在践行钱学森的技术科学思想和实行系统工程的组织管理办法方面，是一脉相承的，这一脉相承的纽带就是空气动力学，就是共谋中国航天兴旺发达的共同理想。

3. 高雅近邻　君子之交

1956年，我国第一个导弹事业管理机构（国防部五局）和第一个导弹研究机构（国防部五院）创建之时，经中央军委批准，将总参谋部北京106疗养院、124疗养院和北京军区空军466医院，腾给国防部五局和国防部五院。当时，为了解决科技专家和领导干部的住房问题，在106疗养院院内即现在的阜成路8号院，建了一种称为乙种宿舍的住宅，一栋三层楼2个单元，每个单元有6套房间。钱学森是党和国家重点保护与照顾的归国专家，钱老的住宅虽不能和其在美国居住的豪宅相比，但所居住的4套乙种宿舍，在当时还是相当优裕的。

出于安全保卫的需要，钱老所在的单元余下的两套房子的住户，不仅组织上要审查，而且要征求钱老的意见。就是在这样的背景下，庄逢甘、戴淑芬夫妇和儿子庄飞于1961年住进了钱老所在的单元三层的东套间。庄逢甘与钱学森成了楼上楼下的邻居。

庄逢甘与钱学森，早在20世纪40年代后期就已相识、相知，特别是在加州理工学院一年多的相处，钱学森对庄逢甘的学识、人品是赞赏有加，庄逢甘也视钱学森为良师益友，十分崇敬。钱学森的夫人蒋英是知名的音乐家、中央音乐学院的声乐教授；庄逢甘的夫人戴淑芬是气象专家，又喜欢唱歌，具有极高音乐素养的音乐爱好者。两位高雅的知识女性都十分端庄、大方，气质非凡，且审美观非常一致。两家成为亲密的近邻顺理成章。

庄逢甘入住后，钱学森亲自登门看望，一则表达诚挚的欢迎，二则表示："你们就不要自己做饭了，到我们家搭伙吧！"庄逢甘夫妇十分感激钱学森夫妇的盛情，但无论如何也不能成年累月地麻烦人家，庄逢甘夫妇婉言谢绝了。

钱学森和庄逢甘两家确实是君子之交、师生之谊，他们交往的基础和纽带就是航天空气动力学事业和航天科技事业，交谈中极少谈及家长里短的琐事，尤其是钱学森和庄逢甘，更是三句话不离本行，无非是航天型号工程研制中遇到的难题、空气动力研究中遇到的关键等，有时也会谈及关于技术科学、系统工程的新思维、新认识。20世纪60年代，钱学森就在其从1960年就开始入住一直未动的阜成路8号院的一间朴实无华的客厅内，坚持在每个星期天的下午，将各个型号的技术负责人请来，大家就一些发展规划和技术途径的问题进行唇枪舌剑的讨论，很多重大技术问题就在这一春风化雨、气氛和谐的"神仙会"上迎刃而解。钱学森晚年曾深情地回忆道："我的办法就是依靠集体，记得那时，每个星期日下午，我就把任新民、屠守锷、黄纬禄、梁守槃、庄逢甘等几位专家，还有林爽同志，请到我家来议事，有什么问题，大家提出来，共同研究解决。不同意见，尽管发表。但议定的事都要执行。执行中发现什么差错，要求尽快改正。我们中国的导弹就是这么干出来的。”钱学森还对技术民主、民主集中制进行了诠释：“我的办法就是民主集中制，讨论中请各位专家充分发表意见，如果意见一致我就拍板定案；如果意见上有分歧，就暂不做决定，下次再讨论。”

庄逢甘是钱学森的近邻，他也是每次“神仙会”的积极参加者和踊跃发表意见者，而且又都是早来晚走者，“近水楼台先得月”，他利用会前会后短暂的几分钟，向钱学森汇报和请示工作中的重要问题，从中受益匪浅。

1966年，由于“文革”的爆发，庄逢甘被责令搬迁到他工作的空气动力研究所的所在地丰台区云岗。但又是有缘和巧合，1983年，庄逢甘被调至航天工业部科技委任常委，他们家又搬回阜成路8号院，又被分配到钱学森所在单元的三层，只是由原来的东套间改为西套间，又与钱学森成了楼上楼下的近邻，这一住又是18年，直到2000年庄逢甘才搬出。

正是基于钱学森与郭永怀、庄逢甘、罗沛霖、郑哲敏等人在加州理工学院的友谊，源于他们胸怀祖国、冲破层层阻力返回祖国、报效祖国的家国情怀，

庄逢甘（左）在钱学森（右）家中汇报工作

1991年，在钱学森家中（左起为：F.Marble，钱学森，庄逢甘，郑哲敏）

更是为了畅叙日新月异的中国科技事业，自1983年庄逢甘搬回钱学森的楼上后，每年春节的假日，钱学森夫妇都要邀请罗沛霖夫妇、庄逢甘夫妇、郑哲敏夫妇、郭永怀的遗孀李佩教授等老朋友到家里聚会，共进午餐，他们互叙友情，互道珍重，纵论国事，共议发展，高瞻远瞩，畅想未来，俨然成了科学大家的高峰论坛会。1985年，庄逢甘的儿子庄飞、儿媳孙影、女儿庄玫都在家过春节，钱学森提出请庄逢甘、戴淑芬主办今年的春节聚会。庄逢甘、戴淑芬一家人不负钱学森的嘱托，为筹办好这一次聚餐，着实下了一番功夫。此时的戴淑芬经过多年的实践，厨艺大有提高，已能在大的节日，如新年、春节、五一、十一等，做出十几样荤、素、冷、热搭配的一桌菜肴。由于受家中餐桌大小的限制，在戴淑芬的筹划与操办下，既利用餐桌，又用了沙发、茶几，采用分餐制。这些科学大家出席过各种高级宴会，但对这种家庭氛围浓郁的友情聚餐，感到别有风味，老先生们都兴高采烈、十分满意。钱学森对戴淑芬烹制的红烧大虾甚为满意，事后钱老家的厨师还请钱家保姆向戴淑芬讨教红烧大虾的烹制方法。

4. 委以重任 共谋伟业

庄逢甘调入国防部五院后，被任命为国防部五院空气动力研究室副主任，直到 1962 年国防部五院成立科学技术委员会，庄逢甘为六位副主任委员之一，而且是年龄最小的。这些固然都取决于庄逢甘的德才，都是按干部任免程序由组织决定的，但与钱学森的荐举也不无关系，钱学森既是庄逢甘的良师，也是他的伯乐。

国防部五院空气动力研究室成立后，时任国防部五院院长的钱学森就给空气动力研究室技术负责人庄逢甘下达了三年内要完成的四项任务：为各种型号设计提供所需要的空气动力参数与资料；编撰高速空气动力学手册；着手建设现代化的空气动力实验室；适当开展具有关键性并有发展前途的空气动力学研究工作。这个研究室的科技人员除了庄逢甘、戴淑芬外，还有 18 位 1956 年毕业的大学生，他们都是物理系、数学系、机械系毕业的，改行从事空气动力学的研究工作。庄逢甘所领导的空气动力研究室要在三年内完成四项任务的难度可想而知。

任务既已下达，就无退路，庄逢甘带领空气动力研究室（1959 年 4 月改组为空气动力研究所）的全部人员，攻坚克难，在空气动力学研究为航天型号工程研制服务的征程中砥砺前行。在完成这些任务中，钱学森不仅下达和交代任务，而且亲临现场察看和指导。庄逢甘更是既做指挥员，又做战斗员，同有关的科技人员、工人一起研究问题、解决问题。例如，1958 年 3 月，中央军委决定将原计划在哈尔滨军事工程学院由民主德国援建的亚声速风洞HK-2（现为中国航天空气动力技术研究院FD-08风洞）迁到北京航空学院建设，隶属国防部五院，民主德国专家来华指导。德国人原来是按哈尔滨的地质条件设计的，现改在北航建造，必须按北航的地质条件进行设计。庄逢甘得知这一情况后，立即责成曹如明负责解决这一问题，他还明确地对有关同志说："这个风洞工程先天不足，要靠你们来解决问题，德国人救不了你们，要靠自己，靠你们来解决问题，必须自力更生！"钱学森也亲自到现场检查、指导，鼓励同志们："一定要搞出来！"这座风洞于1959年建成并投入运行，早期的弹道式地地导弹、地空导弹、飞航式海防导弹等都在这座风洞中进行过试验，我国空投的原子弹也在这座风洞中做过模拟试验，称得上我国的功勋风洞。

在钱学森早期交待给庄逢甘的诸多工作任务中，意义比较重大、影响也较为深远的，就是1957年8月，他按照钱学森的指示，主持并组织拟定了我国第一个空气动力技术研究试验基地的设施设备建设规划，规划中列出了16个各种型号和不同尺寸的风洞。1957年下半年，他多次陪同钱学森或单独带领有关人员与苏联谈判，研究空气动力研究与试验的工作及风洞群的建设，即代号为8108的工程（空气动力研究中心工程）。正是由于8108工程的实施与完成，建成了低速风洞、跨声速风洞、高超声速风洞、低密度风洞和电弧风洞等，使我国航天空气动力北京研究试验基地初具规模，并达到了相当的技术水平，为我国航天空气动力学事业，乃至整个航天科技事业全面、协调、可持续发展奠定了坚实的物质、技术和人力资源基础。值得一提的是，1975年，庄逢甘忍痛割爱，从七机部701所抽调398名优秀技术骨干奔赴四川绵阳，为中国空气动力研究与发展中心注入了生机与活力。

钱学森交给庄逢甘后续的工作中，意义重大、影响深远的当属如前所述的“淮海战役”和我国第二个航天空气动力研究试验基地（即位于四川绵阳的中国空气动力研究与发展中心）的规划和建设工作。

随着我国液体弹道导弹研制工作的开展，解决高速再入弹头的气动力、气动热及防热问题，已经成了重大的技术关键。庄逢甘适时地向时任国防科委副主任的钱学森作了报告，提出由国防科委、七机部和中国科学院所属的有关设计、研究单位以及有关高等院校的科技专家、工程技术人员组成攻关组。后经国防科委批准，由庄逢甘牵头组织，形成了一个跨部门、多学科横向联合的研究体系，开展远程弹道导弹再入弹头的气动力、气动热及防热问题的研究，钱学森将这一重大技术关键的攻关工作称之为“淮海战役”，并指定庄逢甘为指挥长。庄逢甘不负钱学森嘱托和众望，团结带领由七机部的弹头总体设计所（14所）、空气动力研究所（701所）、中国空气动力研究与发展中心（国防科委29基地）、中国科学院力学研究所，以及有关的高等院校和工厂等单位组成的联合攻关组，攻克了我国第一代高速再入飞行器的气动力、气动热、防热和再入物理等多项技术关键，如粗糙度对气动热环境和防热设计的影响、表面凸起物的热环境和烧蚀机理的研究、飞行器等离子鞘套与再入通信中断的研究、天地换算和烧蚀试验技术等，为我国第一代高速再入飞行器的研制成功作出了重大贡献，并为我国第二代小型化高速再入飞行器、机动再入飞行器等的研制奠定了坚实的物质、技术和人力资源基础。

钱学森、郭永怀、庄逢甘等都是我国第二个航天空气动力研究试验基地（现位于四川绵阳的29基地，又称中国空气动力研究与发展中心）的主要奠基人和开拓者。1964年年初，国防科委成立了以钱学森为组长，沈元、郭永怀、庄逢甘为副组长的空气动力专业组（第16专业组），由这个组负责我国第二个空气动力研究试验基地的规划与建设工作。1964年5月，钱学森邀请在京的部分16专业组成员在空气动力研究所一室（地处北航院内），召开了国防部五院科技委空气动力专业会议，并委托庄逢甘主持这次会议，讨论我国发展高焓高速新型试验设备的规划与技术途径问题。会后，庄逢甘根据会议形成的共识和钱学森的总结意见，提出了“关于对跨声速、高超声速、极高速试验设备选取的意见”，选取了高超声速风洞、电弧风洞、电弧加热器、激波风洞和低密度风洞等性能参数和气动轮廓尺寸。尔后，基本上按照这一意见开始了29基地的风洞建设，并决定由空气动力研究所对口包建。技术上由钱学森负责，作为包建单位空气动力研究所所长的庄逢甘，实际上是实施中的技术领导，并对钱学森负责。

肩负责任和钱学森的重托，庄逢甘为29基地的创建和风洞的设计、建造付出了艰辛的劳动和汗水。1978年12月，中央军委任命庄逢甘为中国空气动力研究与发展中心副主任（29基地副司令），他在技术上的责任更是义不容辞。钱学森有意将庄逢甘调至四川绵阳，负责中国空气动力研究与发展中心的技术工作，钱学森夫妇还表示，“我们可以帮你照看好爱人和子女”。但出于种种原因，主要是七机部空气动力研究所的工作还离不开庄逢甘，他没有到四川绵阳，但他知道责任在肩，使命在身，建设和发展中国第二个空气动力技术研究试验基地，不仅是钱学森的重托，更是中国空气动力事业乃至中国航

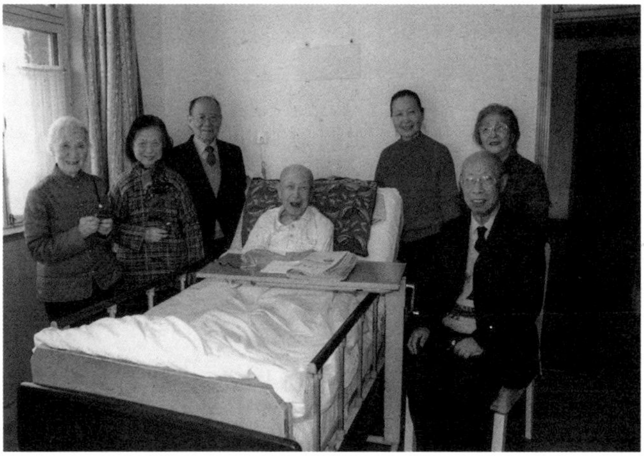

2008年春节看望钱学森（左起：郭永怀夫人李佩、郑哲敏夫人卢凤才、郑哲敏、钱学森、戴淑芬、蒋英、庄逢甘）

天事业发展与进步所必需的，因此，他义不容辞地奔波于北京与绵阳之间，悉心指导中国空气动力研究与发展中心的建设，包括重大课题的立项和攻关、验收工作，中心未来发展的思路等；倾心为中心培养后备科技人才，特别是他作为中心研究生部名誉主任，对研究生部的各项建设，尤其是导师队伍建设倾注了大量心血。中心研究生部在庄逢甘的关心与指导下，为中心培养了一大批急需的高层次人才，为中心圆满完成各项科研试验任务，提供了强大的支撑，并增强了发展的后劲。

在此，可以告慰钱学森、郭永怀、庄逢甘等在九泉之下的开创者，中国空气动力研究与发展中心正沿着老一辈科学家指引的道路，健康而持续地发展着，经过实践的检验和时间的考验，庄逢甘对钱学森委托给他的任务完成得很圆满。

5. 信函往来　交流讨论

钱学森与庄逢甘在工作上、学习上的交流讨论，以及钱学森向庄逢甘交代任务、庄逢甘向钱学森汇报请示工作等，形式是多种多样的，包括会议决定、口述交待、信函往来、批示转告等。仅以几件信函为例，包括型号研制中气动技术问题的讨论、前沿科学问题的学术研究、国际学术问题交流等。从这些信函中足可见他们之间的师生情、专业缘，也可见他们为解决型号研制中的气动问题而表现的呕心沥血和严谨务实、一丝不苟的精神，以及他们对前沿科学问题苦苦求索的创新、进取的科学态度。

20 世纪 50 年代末和 60 年代初，我国的导弹事业开始走仿制、改型研制、独立自主研制的发展道路。仿制工作包括仿制苏联的 P-2 液体近程弹道导弹（国内代号“1059”）、苏联的 C-75 地空导弹（国内代号“543”）、苏联 Π-15 舰舰导弹（国内代号“544”）。在仿制中成立了型号委员会，庄逢甘作为空气动力方面的专家参加了相应的型号委员会，负责型号的气动技术工作。

因是仿制，气动方面的问题不是很多。但毕竟是中国第一次制造导弹，对导弹的气动问题从未涉及过，但庄逢甘毫不懈怠，认真履行型号委员会委员的职责，带领有关科技人员进行气动反设计，研究型号的气动问题。他对有关的工作情况及气动问题的研究进行了归纳总结，并研究了应如何开展气动问题的研究与协调。1960 年 1 月 24 日，他给国防部五院党委写了一封信，提出了空气动力设计问题，风洞、试车台、试验件的加工问题，型号委员会问题等方面的看法与意见。1960 年 1 月 27 日，钱学森给他复信，肯定地说：“您能这样提出问题，是非常有利于工作的！”钱学森在复信中写道：“您在 24 日给党委的信，党委叫我来复。三个问题：1）空气动力设计问题，作为红旗一号型号委员会的委员，是负责空气动力方面的，您完全可以，而且有责任抓这个问题。您可以到设计部门去了解，去听汇报。2）风洞、试车台、试验件的加工问题，现在已经做了安排，能满足您提出的要求。3）型号委员会问题，作为委员，您可以把您的意见向型号委员会的主任及副主任提出。”

钱学森在信中还特别告之:“以上的意见我已向钱文极[①]主任，及屠守锷[②]副主任说明。”

正是由于庄逢甘适时地汇集、归纳和提出问题，钱学森及时地作出回复和指示，庄逢甘认真地研究和落实钱学森的指示，推动了红旗一号（以冲压发动机为动力装置的，称老红旗一号）气动问题的解决。

1962 年 3 月 21 日，我国第一种改型研制的中近程液体弹道导弹东风二号首次飞行试验失败，钱学森领导并主持了这次故障分析工作，庄逢甘等各专业技术的专家都参加了这一故障分析工作。钱学森于 1965 年 3 月 25 日就东风二号导弹弹头设计中有关气动问题致函庄逢甘:“在设计弹头结构壳体时，有下面一个问题:P（压力）的脉动在再入过程中（东二的）应如何估计？我看附面层也可能有压力脉动，但频率比较高，对内部装置的影响不大。尾流的压力脉动幅度可能较大，而频率也可能比较低，对内部装置有激振的作用。因此，需要估算。请您给我个答案。”接到此任务后，庄逢甘立即同非定常空气动力组有关科技人员进行分析研究，并亲自带领有关人员到弹道导弹总体设计部，和有关人员一起进行分析、讨论，最后给出了估算结果。

仅从上面所述的两个例子，足可见他们在早期导弹型号工程研制中，彼此进行技术交流讨论及钱学森向庄逢甘下达任务之一斑，彼此信任、理解，亲密无间。

1978 年，国家实施改革开放以后，空气动力研究所是航天系统最早对外开放的单位之一。钱学森与庄逢甘就邀请美籍华裔科学家来华讲学的人选、讲授的内容等，频繁地进行信函磋商。尤其是中国科技人员如何适应改革开放的新形势，如何平等地与外国同行打交道，如何提高自己的外语水平以及从外国吸收有用的知识等，他们两人高度共识，不约而同地认为：我们是伟大的国

① 红旗一号型号委员会主任。
② 红旗一号型号委员会副主任。

家，自己不要在外籍人面前挺不起腰杆子，对方讲的不妥时，要婉言指正，不能默然，不回敬他，不然怎么是平等的态度呢？不平等，就不能很好地合作。这些共识与卓见对中国航天乃至整个中国科技的国际交流与合作，都有重要的指导价值。

钱学森与庄逢甘的信函往来，主要是学术、技术上的交流讨论，尤其是他们进入暮年后，更是对前沿的学术问题进行了诸多的交流讨论，这是两位科学大家老骥伏枥、高风亮节的真实写照。1982 年 3 月 15 日，年逾古稀的钱学森写信给庄逢甘，言道：“我近见由钱伟长主编、科学出版社出版的《奇异摄动法》和 Scientific American，1981 年 12 月期 102 页‘Computer Algebra’一文，又引起了我想到以前讲过的计算气动力学的第二条途径，即用电子计算机把摄动法推向高阶。请您考虑：空气动力研究所能否组织一个这个专题讨论班(会)?以推动一下。”1992 年 2 月 17 日，进入耄耋之年的钱学森又给庄逢甘写信：“那篇论量子混沌的文章在 Scientific American 1992 年 1 月号……我想说的是：从流体湍流得到的启示，要研究一切非线性偏微分方程解出现混沌的可能性。可能会有一个类似流体力学的 Re 数（雷诺数）的参数。氢原子在均匀磁场的 Schrodinger 方程一定有一个与电子云能量有关的参数，一旦越过这个参数，就发生混沌。我不知同志们是否已解决这样的问题。这是试图从科学的整体上考虑问题，非线性科学的一个大问题就是混沌。我们要用理论预见混沌出现的可能。”从钱学森的两封信中可以看到，钱学森对学术研究的浓厚兴趣，尤其是对前沿科学的发展更是给予极大的关注，并孜孜以求地探索着研究的方向。钱学森的两封信对庄逢甘的影响颇大，使其进一步增强了开展学术研究，特别是进行前沿科学研究的热情。2005 年，庄逢甘在为其庆祝八十华诞而召开的“近代空气动力学研讨会”上，还深情地回忆了钱学森的这两封信。庄逢甘同钱学森的科学足迹如出一辙，他年逾古稀重拾早年的湍流研究，耄耋之年还致力于空

2005年2月7日，钱学森之子钱永刚（中）代表父母到庄逢甘院士家中祝贺八十寿辰

气动力学国家重点实验室的学术工作，主持型号工程研制中重大故障分析工作，真是活到老、学到老、干到老。“烈士暮年，壮心不已”，钱学森和庄逢甘都是这样的人。

钱学森与庄逢甘这种不是师生、胜似师生的关系，在航天系统，特别是在航天空气动力学界，更是众所周知的佳话，这种以追逐事业、追逐科学为纽带的、朴实无华的情谊，也从一个侧面彰显了两位科学大家的学者底蕴与风范。

庄逢甘

庄逢甘院士传记

Academician Zhuang Fenggan's Biography

第十三章

志同道合　革命伴侣

庄逢甘与戴淑芬邂逅于燕园，结缘于“流体力学”的教与学。1953年9月1日，他们喜结连理。自此，夫妇二人风雨同舟、同甘共苦、相敬如宾、相濡以沫地走过了57个春夏秋冬。

戴淑芬是一位雍容典雅、端庄时尚、沉默静思、刚毅聪慧的知识女性，在与庄逢甘共同生活的半个多世纪中，她不仅做好了成功人士的另一半，为庄逢甘取得的辉煌业绩与卓著贡献提供了强有力的支撑，是一位名符其实的相夫教子的贤妻良母，而且在自己从事的气象科技事业中也作出了突出的贡献，事业有成，是中华人民共和国早期的气象专家之一。

1. 相识相知 喜结连理

戴淑芬，祖籍山东省即墨县，1931 年 1 月 31 日出生于山东省青岛市一个工商业者家庭。父亲戴玉声从小在家务农，虽只读了几年书，但由于聪慧好学，通过自学已达初中文化水平，且练就了一手好毛笔字。他十几岁时离家到青岛谋生，从学徒做起，逐步升为会计、经理，到 20 世纪 30 年代初期，已开办了两个半机械化的砖瓦窑厂，并在其他几个企业有少量投资，成了殷实的工商业者。1930 年年初，戴玉声将妻子朱佐声，两个女儿、三个儿子接到青岛定居，翌年 1 月，戴淑芬出生，后又生了一个弟弟。戴淑芬共兄弟姊妹七人。

父母深受中华传统文化的影响，承袭了中华民族的优良传统，勤俭质朴、善良纯真、诚信守纪，宽人严己，并以此严格要求和教育子女。正是由于父母的言传身教、耳濡目染和淳淳教诲，戴淑芬及其兄弟姐妹自幼读书勤奋刻苦，做人做事诚恳坦荡、认真务实。她以优异的成绩完成了小学、中学的学业，尤其是数学和英语，每次考试几乎都是全班第一，她是品学兼优的好学生。

随着时间的推移和年龄的增长，她开始更多地接触和了解社会，目睹积贫积弱的半殖民地、半封建的旧中国，广大的劳苦大众过着水深火热的生活，开始在幼小的心灵中萌生出憎恨日本侵略者、憎恨以蒋介石为首的国民党反动派的思想。这一时期她积极要求进步，踊跃参加革命活动。1948 年下半年，戴淑芬加入了中共青岛市地下党的外围组织“拓荒社”。“拓荒社”于 1949 年 2 月正式成立，以山东大学（当时在青岛）的进步师生为主，吸收一些中学的进步师生和工厂进步的年轻技术人员参加活动，其任务是采取秘密与公开相结合的方式，宣传革命思想，开展要民主、要自由、要平等、反内战的革命活动。“拓荒社”的发起与组织领导人之一的薛怀琨是戴淑芬中学的同班同学薛美珍的二哥，薛美珍经常带领戴淑芬等几位同学参加“拓荒社”的活动，到薛家聆听薛怀琨介绍解放区的情况，讲述中国共产党、中国人民解放军为人民服务的宗旨，并号召和鼓励同学们阅读革命书籍，如大众哲学、新民主主义论等，给同学们布置任务，并讲明执行任务时应注意的事项，如为被国民党反动派军警枪杀的进步学生费莜芝守灵，并在守灵时尽量避免与军警发生正面冲突。

在中共地下党和“拓荒社”的领导与组织下，戴淑芬积极参加了秘密书写、张贴反对国民党反动统治、欢迎中国人民解放军解放青岛等标语。戴淑芬参加演出“生产大合唱”，参加青岛市学生为抗议国民党反动统治在青岛市广场举行的静坐示威等活动。1949 年 6 月 2 日，青岛市和平解放。尔后青岛市军管会组织全市各界举行欢庆解放的大游行，戴淑芬参加了文德女中的游行队伍，并领唱《毛泽东之歌》。

随着青岛的解放，戴淑芬的革命激情更加高涨，也更抱定为建设新中国而刻苦学习的坚定信念。她 1949 年 7 月高中毕业，10 月考取清华大学经济系，1950 年 9 月转读清华大学气象系，从一年级读起。1952 年，进行全国高等院校院系调整，清华大学的理学院划归北京大学。她在清华大学气象系读完二年级后，于 1952 年 9 月，转到北京大学物理系气象专业读三年级。此时，北京大学物理系气象专业决定为三年级增设流体力学这门新课，主讲教师是时任中国科学院数学研究所副研究员，且为北京大学物理系兼职副教授的庄逢甘，辅导老师是气象专业的杨大昇助教。当时气象专业三年级只有 10 名学生（6 名男生，4 名女生），物理系物理专业三年级的同学也都没学过流体力学，也有许多人选修流体力学。另外，气象专业有关的教授、副教授、讲师、助教以前也都没学过流体力学，所以都前来旁听庄逢甘讲授的流体力学。给 10 个学生开的课，教室里却坐满了人，约有 50 多位听课者。

庄逢甘讲课时条理清晰、深入浅出、重点明确、板书工整，讲授时基本不看讲稿，即使是板书长达几行的公式，他也能熟记，一口气写下来，从中可见他高超的学术水平和娴熟的教学经验，也可看出他认真负责的教学态度和严谨的工作作风。因此，博得广大听课者的一致好评和赞赏，包括戴淑芬在内的青年学子对这位青年才俊、留美博士更是备加仰慕。

当时北大的教授、副教授们讲课，到点开讲，到点走人，对听课的学生从不点名，庄逢甘与戴淑芬也基本上没有单独接触，更没有相互对话和打招呼的机会。在戴淑芬三年级上学期期末考试时，她的流体力学考得不理想，她鬼使神差地给庄副教授写了一封短信，信中只写了两句话："考得不好，请您原谅；祝您今后取得更大的成就。"这也可能因对他敬仰使然。写者无意，看者有心。戴淑芬将信发出后，根本没想到会有回应，可就在几天后，庄逢甘突然到戴淑芬的宿舍来找她，当时同班的另外三位女同学都在场，她怯生生地请庄副教授坐下，尴尬中听了庄逢甘关于自己求学与工作经历的介绍。这也可能就是缘分，由于这封短信，庄逢甘造访，而后两人约会，从此开始了他们两人在京的频繁而亲密的交往。

开始，每个周日庄逢甘都是早餐后与戴淑芬会面，在燕园内游览，午餐前分手，各自回自己的食堂就餐。后来，每逢周日他们一起游览北京的名胜古迹，如天安门、故宫、中山公园、天坛、颐和园等，他们更是经常涉足王府井的外文书店，翻阅图书，有时还买些有关的专业书籍。他们每次都是在外面共进午餐，有时还在外边用过晚餐后才返回，生活、工作、学习充满了阳光。

20 世纪 50 年代初，青年男女知识分子的谈情说爱可以说是简单而纯朴，既没有花前月下的亲昵，更没有柔情的绵绵细雨。庄逢甘和戴淑芬更是如此，他们谈论的翻过来调过去，只不过是专业、理想和所见、所闻的人和事，甚至连各自家庭的情况，包括家里有什么亲人，也很少触及，在结婚前戴淑芬甚至不知道庄逢甘每月的收入。但随着时间的推移，他们两人对彼此的了解与相互之间的感情与日俱增，大有一周不见、如三秋兮之感。

1953 年 6 月，庄逢甘被调赴哈尔滨，参加筹建中国人民解放军军事工程学院（哈军工）的工作，他们两人分处京哈两地，开始了鸿雁传情的生活。庄逢甘几乎是每天写一封信，从哈尔滨寄回北京。这些信实际是他在写日记，述及他每天接触的人和事，谈自己的感受和体会，根本没有谈情说爱的呢喃。戴淑芬连续地收到他的来信，对他在哈尔滨的情况了如指掌。此时，她临近毕业，事情较多，庄逢甘的来信中又多是自述，无需回答，所以她的回信相对比较少。对此，庄逢甘非常理解。

转瞬，戴淑芬毕业了，她被分配到哈军工。8 月 17 日在北京大学举行了毕业式后，8 月 18 日，她即到哈军工（筹）驻京办事处报到，旋即留下做招生工作。庄逢甘专程从哈尔滨来到北京，接戴淑芬到哈军工报到。到哈尔滨后

庄逢甘与夫人戴淑芬

的次日，戴淑芬又受命参加招生工作，直到8月30日，她承担的招生任务是对报考哈军工的高中毕业生进行物理口试。8月31日，是仅有的为结婚准备和购置婚后家庭生活用品的一天。1953年9月1日，举行了中国人民解放军军事工程学院成立暨第一期开学典礼，这一天对于庄逢甘、戴淑芬是双喜临门，他们迎来了哈军工的正式成立，也是在这一天登记结婚，没有举办婚礼，更没有宴请宾客。当天晚上，哈军工院长兼政委陈赓率院政治部主任张衍及院、空军工程系的有关领导前来祝贺，他们夫妇备受鼓舞，以喜糖和清茶招待了前来祝贺的领导。自此，这对青年才俊开始了长达57年休戚与共、白头偕老的共同生活。

2. 互勉互励 事业有成

燕园才女戴淑芬不仅在学习上刻苦钻研，而且在思想上积极上进，要求进步。抗美援朝战争开始后，国家曾于1951年年初号召青年学生参军，当时许多在校大学生都踊跃报名，有的被批准，戴淑芬也报了名但未被批准。1951年年底，第二次号召青年参军，但不包括大学在校生，因为国家建设急需大量人才，要求在校生努力完成学业后，参加国家建设。她按照学校的要求，留下的同学们要更加努力学习，做建设祖国的栋梁之材。在此期间，她是个活跃的积极分子，参加过学校组织的宣传抗美援朝的宣传队，到北京郊区的农村宣传抗美援朝的伟大意义，宣传发展生产支援抗美援朝。在“三反”“五反”运动中，她参加了清华大学“五反”工作队，同北京的工人一道与不法资本家作斗争。她还参加过清华大学农村服务团，每周给学校附近农村的青少年讲一次课。她担任清华大学数学系、气象系、地理系共同的学生会的文娱委员，组织并参加学校的合唱团，受到了学校党团组织的称赞与表扬。1952 年 6 月，她光荣地加入了中国新民主主义青年团（后改称中国共产主义青年团，简称共青团），并于 1955 年到 1956 年，在哈军工一系六科担任团支部书记。

戴淑芬到哈军工一系（空军工程系）六科（气象科）任教员后，她更是激情燃烧，以火一般的热情投身到了教学工作中。1955 年 9 月 1 日，哈军工第一期学员开始了大学三年级第一学期的学习。此前，海军工程系（三系）临时提出，请一系六科为其开设一门气象常识课，任务紧急，几乎没有时间备课。当时为了应急，这门课由戴淑芬和杨仙馥两位教员共同担任，前半部分由杨仙馥担任，讲授气象观测知识；后半部分由戴淑芬担任，讲授大气物理知识。她凭借在北大物理系气象专业学习和积累的知识，又认真地查阅和学习了有关大气物理的最新文献、资料，夜以继日地边备课，边讲课，并且集讲课、辅导、答疑于一身，一丝不苟地履行教员的“传道、授业、解惑”之责，与杨仙馥大力协同，终于圆满完成了这门课程的教学任务，受到了听课学员和领导的好评。

荣登讲台，挥鞭执教的工作是光荣而艰巨的，戴淑芬在哈军工一系六科连续担任了一期学员、二期学员的动力气象课辅导教员。动力气象是气象专业学员的一门主课，也是一门理论内容比较多的课程，学习的难度也比较大，当年在清华大学气象系称为理论气象。一期学员和二期学员的动力气象学的讲课教员分别由两位副教授担任，两位副教授都是第一次讲授动力气象，其中一位从中国科学院调来的副教授更是第一次登上讲台，这样辅导教员的担子就更重了。戴淑芬积极主动地与讲课教员密切配合，每次上午讲课两个学时，她在下午都答疑两个小时，适时地出习题测试学员的学习效果，并及时批改学员的作业，予以讲评。当时在教学计划中还明确，学员在学完一个阶段后，要安排一次“课堂讨论”，即阶段性总结，由教员先讲述这个阶段学习的重点，然后由学员提出问题，教员对提出的问题予以归纳，梳理出几个问题，再指定几位学员进行解答，学员们各抒己见，开展讨论，最后由教员作总结，并对学员的学习方法、学习态度等作出评价，指出今后如何做。这本是讲课教员的任务，戴淑芬为了使两位讲课教员有更多的时间备课，积极地承担了组织、主持“课堂讨论”的任务。每学期要进行 2 次至 3 次“课堂讨论”，她还利用辅导课开展讨论（每学期 2 次至 3 次），以提高学员独立思考和钻研问题的能力。组织、主持一次“课堂讨论”所花费的时间和精力远超过一次讲课，她圆满地完成了这一任务。戴淑芬还与两位讲课教员全力以赴地做好期末考试工作，包括出考题、判试卷、组织口试等。他们三人通力合作，圆满地完成了一期、二期气象科学员的动力气象课的教学任务，有力地保证了教学质量，赢得了广泛的赞誉。正因如此，她在 1955 年年终荣获空军工程系的通令嘉奖。

到了哈军工一系六科三期学员学习动力气象这门课程时，戴淑芬就开始担任讲课教员，她只讲了第一章大气静力学，就奉调赴国防部第五研究院就职。

1956 年 8 月，庄逢甘只身奉调来京，参加国防部五院的筹建工作。10 月 8 日，国防部五院正式成立。11 月 23 日，经聂荣臻批准，国防部五院下设 10 个研究室，庄逢甘被任命为七室（空气动力研究室）副主任（主持工作，技术负责人）。10 月 15 日，戴淑芬带着 2 岁的儿子庄飞，随调至北京国防部五院，被分配到七室，七室下设理论、应用、实验三个工程组，她被任命为理论组组长，同庄逢甘一起在我国航天空气动力学领域开始了各自的研究工作。相对气象专业而言，她从事空气动力理论研究虽有所改行，但凭借她扎实的数学、物理基础，加上勤奋学习、刻苦钻研，工作大有起色。戴淑芬任组长的理论组共有四位同志，另三位都是 1956 年刚从大学毕业的数学专业学生，均未学过流体力学，而学习空气动力学应先学习流体力学。她在北京大学曾学过流体力学，经与七室副主任庄逢甘沟通，她在理论组组织了流体力学的学习，选的是苏联柯钦等著的《理论流体力学》，此书是苏联水文气象学院研究生的参考书。理论组每周或每两周学习一章，学后组织讨论，由一位同志谈自己的学习心得和存在的问题，然后大家提问题并进行讨论。庄逢甘也抽时间参加，学习效果逐步显现。

然而，通过近三年的实际工作，戴淑芬这位巾帼不让须眉的刚毅女性，深感到在丈夫麾下工作束手束脚、多有不便，特别是在 1957 年的“反右”斗争和 1958 年的“双反”（反浪费、反官僚主义）运动中，也由于这种夫妻关系，双方都无端地受到莫须有的指责。根据庄逢甘、戴淑芬的口头申请，经国防部五院政委刘有光的协调与批准，空军第三高级专科学校（空军高级气象专科学校）求贤若渴，于 1959

年8月两次发来调函，调戴淑芬到该校任教。1959年8月，她到空军三高专重操旧业，开始了她新的教学生涯。

戴淑芬到空军三高专任教，可以说是轻车熟路，如鱼得水，她深得领导的重用和学员们的敬重，被认定为“尖子”教员。调入空军三高专后，她当即承担五、六两期学员的“大气物理”辅导课，时长约三个月，后期为七期三队和八期四队分别讲授“大气物理”课，各约80学时，另有四位教员作辅导。后又给干部轮训班讲授“大气动力学”“大气热力学”，共40学时。她还主持了《大气物理教科书》的编写与审查工作，由于她在编写工作中业绩突出而荣获奖励。1962年年底，中央军委批准空军三高专迁至南京，后来发展为南京空军气象学院。由于庄逢甘不可能随调，戴淑芬被调至空军第一高级专科学校。她当时正在编写《大气物理教科书》，她随三高专去了南京，原计划教科书的编写工作完成后，返回北京空军第一高级专科学校工作。1963年春季，三高专开始“四清运动”，教科书的编写工作被停止，她于1963年5月返回北京到一高专报到。

空军一高专是培养空军营以下参谋、指挥员，只需了解一般的气象常识，所以气象课的内容比较简单，课时也比较少。这样，戴淑芬在一高专的讲课内容与她以前讲课的内容差别很大，需要大幅度压缩和精选。因此，她认真而细致地备课、试讲，并一如既往地做到讲课内容熟记于心，不看讲稿，力求做到讲述清晰、流畅，板书工整、系统，同时根据学员的具体情况进行辅导答疑，她的教学工作赢得了领导和学员的好评。

是金子总会发光的。经历过“文革”的风风雨雨之后，戴淑芬于1978年10月被调入空军第七研究所，从事气象科学研究工作。到七所后，她接受的第一个任务就是培训在职科研人员的英语，经过培训使受训人员的英语水平达到可以阅读和翻译英文气象资料。当时参加培训的人员，基本上原来都是学俄语的，后来根据工作的需要，不同程度地学习了英语，所以，参加培训的人员英语水平参差不齐。她冥思苦想，琢磨培训的方法。首先讲解英语的基本语法，提高受训人员的英语阅读水平，然后从一些英文的气象书籍和学术刊物中，选择一些段落，请受训人员翻译，她对译稿进行批改，并进行面对面的指导。所选的英文段落，注重对英语语法的学习与运用，由短到长、由简到繁、由易到难，逐步提高，在结业考试中，她精心选择了一些难度比较大的段落，由受训人员自选进行翻译。受训人员最终都通过了考试，圆满地完成了培训任务。时隔数年，空军进行改革开放后的第二次高级技术职称评定，规定参加评定的科技人员需翻译并在指定的科技刊物上发表满 10 万字的译文，方可免试外语。经过英语培训的年轻教员，多年来翻译了大量的关于气象方面的科技文章，她都给予了校核，并多在《航空科技资料》上发表，因此，都获得了外语免试，这是她始料未及的。

完成英语培训任务后，她被分配到七所第一研究室，从事气象课题研究。在七所 12 年多的时间里，她作为第一完成人，先后完成了四个课题的研究任务。在这四项课题研究中，从选题、研究到验收，她都广泛地搜集和学习国内外关于气象科学的最新科技成就及发展趋势，以创新的思维和超前的意识进行选题和开展研究。例如，在第三项课题“MOS（Model Output Statistic）模式输出统计方法预报的试验研究”和第四项课题“航空气象要素中心 MOS 指导预报”两项课题研究中（MOS 方法是 20 世纪 70 年代初美国开始研究并逐步投入使用的最先进的天气预报方法，利用数值预报资料，用统计方法建立方程，预报同期的天气要素，以替代多年来利用今天的气象资料预报明天天气的方法），戴淑芬带领的课题组在中国率先引进并运用了这一方法，其中关于建立方程的统计方法，未见国外的学术刊物上刊载过，她采用逐步回归的统计方法建立预报方程，使方程中的各项统计最佳配合，以提高预报效果。逐步回归的统计方法早已有之，他们的创新之处是将逐步回归的统计方法与模式输出结合起来使用。当然，在这两项课题研究中，数值预报资料、试用预报方程的站点、适用的计算机，是完成这两项课题研究的必要条件。20 世纪 70 年代末，我国的数值天气预报刚刚起步，在进行 MOS 预报课题研究时，国家气象局只有三年的数值气象预报的资料，他们便利用其中两年的资料建立方程，将第三年的资料用于预报方程的验证，第四年就在北京空军气象室试用，这是空军在北京地区唯一能收到数值预报的站点。在当时的条件下，戴淑芬带领课题组成员完成课题研究任务实属不易。

值得一提的是，戴淑芬作为课题组负责人，十分注重团结共事、大力协同和以身作则，努力做好自身承担的工作，并与人为善、宽容待人。经过课题组的共同努力，特别是她家在北京西南郊，七所在北京的西北郊，她每周只能回家一次，单程都要 2 个小时以上，星期六回到家中都是晚上 7 点以后，而周一又得早起赶 39 路公交 5 点 10 分的头班车，甚为辛苦。尽管庄逢甘料理家务事的能力有限，但他还是竭力支持戴淑芬的工作，两人从未叫苦，而是苦中求乐。

奋斗终会有成果，庄逢甘在他从事的空气动力学和航天型号工程的研制任务中，屡建功勋；而戴淑芬在空军气象领域的教学和科研工作中，也是不断立功受奖。在空军三高专任教员时，由于教学工作出色，三高专曾组织全校师生参加教学经验交流会，由她介绍教学经验和体会。在空军七所期间，1987 年 12 月，她主持完成的“用 FACOM 计算气象因子场”的研究项目获全军科学技术进步三等奖；1988 年 1 月，她作为课题组长和第一完成人完成的“MOS 预报试验研究”项目，获全军科技进步二等奖；同年 9 月，荣立三等功；1991 年 11 月，由于她长期服务于空军气象建设事业，并作出了贡献，因此，获得空军司令部气象局颁发的荣誉证书；1992 年 12 月，她作为课题组组长和第一完成人完成的“航空气象要素中心 MOS 指导预报”研究项目，获全军科技进步二等奖；在空军七所工作期间，她发表或作为第一完成人共发表科技或学术论文 20 余篇；在此期间，她曾担任南京空军气象学院（原为她任教的空军三高专）11名即将毕业学员毕业论文的指导教师（1983年5名，1984年6名），毕业论文均获通过，11名学员顺利毕业，为此荣获学院表扬。还由于她的工作业绩和忘我的工作态度，在全所大会上受到所长周鲁女的表扬，号召大家向她学习。1993年10月，她被批准享受国务院政府特殊津贴。

戴淑芬所获得的奖项和庄逢甘从事国家级重大科技工程所获得的国家科技进步奖特等奖相比，是小巫见大巫，但戴淑芬作为从事具体专业项目的科技人员，获此殊荣也实属来之不易。他们夫妇两人志同道合，在为之共同奋斗的国防科技事业中，她可以当之无愧地说，巾帼不让须眉，在夫妇两人各自的业绩与荣誉中，也是互有一半。

3. 身处逆境　共渡难关

庄逢甘和戴淑芬结婚后，正值我国实行国民经济建设第一个五年计划时期，祖国到处呈现出一片欣欣向荣、蒸蒸日上的繁荣景象，他们沐浴着祖国温暖的阳光，顺风顺水，春风得意。1954年10月14日，他们又迎弄璋之喜，儿子庄飞的出生给这个幸福的家庭带来了新的欢乐。1956年，他们夫妇被调入北京国防部五院，开始从事我国的导弹事业。万事开头难，他们同所有的创业者们一起热火朝天地学习导弹专业知识，个个摩拳擦掌，准备大干、苦干。

然而，随着1957年不平凡春天的到来，在大鸣大放后，开始了急风暴雨的“反右派”斗争，他们两人在这场运动中也经受了洗礼和考验。当时，戴淑芬担任组长的国防部五院空气动力研究室理论组，有一位1956年从南京大学毕业的徐少白同志，因讲了一些要求平等、自由之类的言论，而遭到批判。国防部五院召开全院第一次大会，就是批判徐少白的“反动言论”，院长钱学森、副院长刘秉彦等国防部五院的领导，都出席了会议。在上午的批判会结束前，会议主

1957年，庄逢甘与夫人及儿子的合影

持人念了一张下面递上来的条子“戴淑芬在批判徐少白的小组会上从未发言，她今天应该在这个大会上表态”，她顿时被推到了风口浪尖。当时年轻气盛的庄逢甘一下子从座位上站起来，似乎要说点什么，但被坐在他旁边的刘秉彦副院长拽到了座位上。下午，戴淑芬无奈对徐少白的要求平等、自由、民主等言论做了批判发言，总算过了关。

庄逢甘的日子更难过。一天下午，戴淑芬上班一进门就看到前厅贴着一张漫画，画的是庄逢甘，并指名道姓地说庄逢甘是资产阶级的野心家，旁边的大字报也连篇累牍地批判庄逢甘（当天下午，漫画和大字报都被取了下来）。笔者曾就此事询问过当年同他一起从哈军工调到北京参加筹建国防部五院，后曾任七机部副部长的任新民：“庄总老实巴交的，怎么当年要将他打成‘右派’呢！？”任新民

“哎”了一声说道：“他那时年轻，家庭出身、社会关系、个人历史都没问题，所以他胆大，敢说。”任新民停了一会儿，接着说：“其实他也没说什么，无非就是建议成立专家委员会，讨论、决定重大科技问题等。但这就触及了外行不能领导内行这条高压线。”但幸运的是，庄逢甘虽被内定为“中右”，但未公布，受到了聂荣臻、刘有光、钱学森等领导的呵护，最后没有被定为右派，更未被调离国防部五院，照常从事科研工作，并于 1961 年 9 月 15 日，被任命为国防部五院三分院副院长兼空气动力研究所所长，1961 年 12 月 23 日，军衔由技术中校晋升为技术上校。

1958 年年初，国防部五院开展了“双反”运动，矛头又指向时任国防部五院第七研究室（空气动力研究室）副主任（技术负责人）的庄逢甘，对他在技术问题上的见解，大会小会进行批判。例如，当时国防部五院自己建设的高速风洞是暂冲式的，需要一个很大的空压站，庄逢甘提出 24 台空压机并行作业的方案，有人就写大字报，论证 24 台并行运作不可能，指责他的设计是“荒谬”的。其实当时国外有人就已经采用 15 台空压机并行运作，而且有技术资料可查，他提出的方案是可行的。更有甚者，指责他是资产阶级的野心家。当时，国防部五院决定，从民主德国引进的风洞建在北京航空学院，空气动力研究室随之搬迁到北航，庄逢甘的家也搬到了北航，有人在他家单元的门框上贴了标语，一边是“庄主任、庄专家、庄……”，另一边是“戴主任、戴……”，使处境已非常尴尬的戴淑芬也卷了进来，令她就鸣放阶段提的意见进行检查。无奈之下，她违心地作了检查，过了关。

作为运动，他们是过了关，但对他们的政治思想冲击还是很大的，从革命的动力变成革命的对象，资产阶级知识分子的帽子不戴也得戴，压力和包袱可想而知。直到 1962 年 3 月，国家科委召开了全国科学工作会议，周恩来、陈毅、聂荣臻等中央领导，公开为知识分子脱帽加冕，脱资产阶级知识分子的帽子，加劳动人民知识分子之冕。他们夫妇两人的政治环境、精神世界，得到了很大的改善。

然而，好景不长，1966 年，“文革”的动乱很快席卷全国。运动一开始，时任七机部三院副院长兼空气动力研究所所长的庄逢甘，首当其冲地受到冲击，当时，身为科技专家的庄逢甘虽在北京西南郊的云岗上班，家却在阜成路 8 号七机部部直机关的大院。1966 年 9 月下旬，庄逢甘就无端地被抄了家，并被限令三天内搬至云岗，离开部直机关大院。他受到的冲击接踵而至，被诬陷为反动学术权威，又在抄家时发现了一张他留美时在一家美籍华人开的照相馆拍的穿戴蟒袍玉带的古装照，个别人借题发挥，反复批斗。他儿子庄飞（时年已 12 岁）还清楚地记得当时的境况：“一次，造反派深夜闯进家里将父亲带走，只留我一个人在家。第二天还看见父亲被戴上高帽游街，直到当天晚上才被放回来。那时我出门也会被其他小朋友喊‘老右派’的儿子。那段时间，母亲也被隔离审查，妹妹庄玫在幼儿园全托。父亲每晚回来带两个馒头，煮一锅白菜，我们父子俩一起吃晚饭，从来不买肉。原来我家除了厨房、厕所，还有五间房，被挤进了三户人家，有的也是父亲主动让出来的，我家只剩下一间房间，只好把沙发摞起来，屋里只剩下能放床和饭桌的地方。父亲对此从未说过抱怨的话。”“文革”中，庄逢甘白天在炎热的夏天，低头弯腰地站在无遮挡的办公楼前请罪，晚上在狭小的房间内，还要学习有关的技术资料，研究和计算有关的问题，当时主要是气动烧蚀问题和细长体气动弹性的计算问题。

戴淑芬此时正在空军第一高级专科学校任教，学校停课闹革命，她的境况还不如庄逢甘。1968 年 3 月 14 日，遭坏人诬陷，私立专案、严刑逼供，她被关进“牛棚”，进行隔离审查。1969 年 10 月，林彪发出“一号命令”，她被复员回家，不予安排工作。

“文革”期间，庄逢甘经常说的一段话是：“不能用别人的误解、错误来惩罚自己，那是不值得的，也是愚蠢的。”“文革”中的一天，他麾下的一位科技人员张鲁民惊悉空气动力研究所六室（理论研究室）主任、留美回国的博士张东为突然自缢身亡，十分震惊，张鲁民十分担心老所长的安危，恐有不测，于是鼓足勇气，避开所有人的视线，在一天晚上的 9 点半，悄悄地来到他家，关切而急促地说：“您要想得开呀！”庄逢甘镇定自若地说：“揭发的问题，我在哈军工时都已向组织讲清楚了。”接着他话题一转，“告诉崔尔杰、杨希霓同志，烧蚀和细长体气动弹性计算的课题不能停，抓紧干，这是钱学森副部长定的课题，不能耽搁。”随后他还指了指书桌上正在阅读的文献，一篇是关于烧蚀模型的，另一篇是关于细长体气动弹性计算的。当时，夫人戴淑芬正在蹲牛棚，他却只字未提，而是略带惬意地说：“我每天晚上回家看看有关两个课题的技术资料，11 点就睡。明天我还要去站岗。”临别时，他语气沉重地说：“请放心，我想得开，相信群众，相信党嘛！张（东为）主任不值得！”

庄逢甘在“文革”中是幸运的，1968 年，一些年长的科学家被诬蔑为“反动学术权威”，许多科技人员被说成是资产阶级知识分子，有的还被戴高帽、游街、批斗。1968 年 6 月 8 日，七机部曾留英、留德，材料与工艺技术科学家姚桐斌（1957 年在瑞士秘密加入中国共产党，1999 年 9 月 18 日，荣获中共中央、国务院、中央军委追授的“两弹一星”功勋奖章）惨遭毒打，死于非命。周恩来总理获悉后非常震惊、震怒，周总理为了保护我国这支航天科技队伍，经过反复的思考，责令七机部军事管制委员会开列出需要保护的科技专家名单，尔后很快批准了这个名单，予以切实保护，必要时予以军事保护，庄逢甘名列其中。这样他的日子好过多了，不仅避免了被揪斗的皮肉之苦，保障了生命财产的安全，更为可贵的是使他始终没有中断航天科研工作，这使他得以为中国航天的发展作出贡献，并在实践中得以提高，增长才干。

从 1957 年“反右”斗争到 1976 年 10 月“文革”结束，在近 20 年的风风雨雨、坎坎坷坷中，他们夫妇两人相互扶持、关爱，手拉手、肩并肩、风雨同舟地走过来了。这是因为他们彼此都了解并坚信对方政治上没有问题，是热爱祖国、热爱党，拥护社会主义，一心一意为祖国、为人民服务的。对他们夫妇两人打击和伤害最大的，当属戴淑芬于1968年3月遭坏人诬陷被隔离审查，并定为“敌我矛盾”，1969年10月，她被复员回家，不予安排工作。这种打击，对于戴淑芬而言，已在军队服役十六年，现不明不白地被打发回家，所受到的伤害无疑是巨大的。庄逢甘虽沉默寡言，但他内心的苦楚也不言而喻。就在戴淑芬回家的当天，他问了她一句话:“为什么审查你？”内心充满了苦衷的戴淑芬不想多说，眼含泪珠地说了一句:“我是被坏人诬陷的！”他不忍心看到戴淑芬再受到伤害，所以再也没有提及此事，一直到1973年4月9日作出复查结论，结论中明确:“本人历史清楚，将戴淑芬作为‘特嫌’私立专案，严刑逼供，并定为敌我矛盾，是对戴淑芬同志的政治迫害，予以平反。”1975年9月27日，组织决定恢复她的军籍，复员期间的军龄连续计算，并补发了5年11个月的工资。戴淑芬从内心深处感激夫君，在其身处逆境时，他一如既往、始终如一地关爱夫人，并坚信，错误的东西终究会被推翻。

正由于夫妇两人互为坚强的后盾，庄逢甘在其从事的航天科技，尤其是在空气动力和气动热事业中，卓有建树；戴淑芬在其军旅生涯中，在空军气象事业中作出了重要贡献。她1953年9月参军，定为正排;1956年7月晋升为上尉，正连；1965年定为行政18级；1979年，提为行政17级；1990年在空军七所定为技术五级，正师职务，副军工资；曾任中国气象学会动力气象专业委员会委员，并担任动力气象专业委员会所属的动力统计预报委员会副主任。1991年5月退休。

戴淑芬和庄逢甘在政治上一直都积极上进，加入中国共产党是他们一生的夙愿，两人都曾多次提出入党申请。戴淑芬在1952年6月加入中国新民主主义

庄逢甘与夫人在家合影

庄逢甘与夫人在美国

青年团后，即写了入党申请书，尔后又于 1955 年在哈军工空军工程系气象科担任团支部书记时、1961 年在空三高专工作期间下放当兵时、1965 年在空军一高专工作期间参加农村“四清”工作时、1976 年在空军一高专工作期间恢复军籍后、1978 年在空军第七研究所工作期间，前后共六次提出入党申请。从她参加中共地下党外围组织“拓荒社”，到 1982 年 7 月被批准加入中国共产党，历经

33年5个月的漫长而曲折的过程，唯其曲折漫长，更为弥足珍贵。庄逢甘于1979年5月，早她三年被批准加入中国共产党。他们夫妇两人双双实现了多年的夙愿，成为了无产阶级先锋队的一员。戴淑芬还于2016年7月荣获北京市海淀区四季青军休所党总支颁发的“优秀共产党员证书”。

4. 贤妻良母 相夫教子

戴淑芬不仅是一位贤妻，与庄逢甘相敬如宾、相濡以沫，共同走过了57年的人生历程，而且又是子女们的良母，特别是由于庄逢甘是家中的长子，弟弟、妹妹又多，她作为大嫂，承担了赡养双方父母和弟弟、妹妹们的职责，她的担子着实很重。

一生之中，戴淑芬始终视庄逢甘如兄长，家中一些较为重要的大事都由他决定，戴淑芬只当参谋。她知道庄逢甘在家务方面能力较差，尽管她是一名军人，在职时都是平时住单位，只有节假日才能回家，但她还是千方百计、不辞辛苦地安排处理家务琐事，庄逢甘从不插手，也从无异议。几十年来，从生活习惯，到人生观、价值观日益趋近，感情日深，互为依靠。

20世纪50年代，庄逢甘的父亲庄德成已病退，退休金为每月46元，庄逢甘、戴淑芬就成了这个兄弟姐妹大家庭的经济支柱，他们每月都给庄逢甘的父母寄去50元。后来三弟庄逢康、四弟庄逢源分别考取北京医学院和北京大学，他们暂停了给父母的赡养费，每月给逢康、逢源各 25 元，直到大学毕业。尔后又恢复每月给父母的 50 元，直至父母去世。戴淑芬的家里也有负担，她的弟弟戴继祖于 1953 年考取清华大学，1953 年至 1955 年间，国家给大学生提供伙食费，他们每月给戴继祖 10 元钱的补贴，1955 年，国家停止提供伙食费，1955 年至 1958 年，他们每月给戴继祖 25 元补贴；她的父母在 1955 年后也需要她和她 1952 年从燕京大学毕业的三哥戴光祖每人每月提供 25 元的生活费，直至她的父母辞世。在当时，他们夫妇两人的工资收入确实是比较高的，但家庭的负担，上有老、下有小，也的确不轻。但在戴淑芬的统筹安排下，日子还是过得舒心、宽裕。在哈尔滨偶尔去秋林公司时，在北京偶尔去王府井时，也都要光顾西餐店，品尝煎牛排、烤鱼、鸡茸奶汁汤等。1961 年至 1966 年间，他们带儿子、女儿去动物园玩，中午就到莫斯科餐厅，光顾俄式西餐，如土豆炖牛肉、罐焖牛肉、红菜汤等，其乐融融，享受生活。

然而，人生的道路绝非一片坦途，除了“文革”的特殊灾难和政治运动中遭受的人生跌宕起伏外，在生活上也会有坎坎坷坷、沟沟壑壑，甚至是险关隘口，庄逢甘、戴淑芬夫妇也不例外，这就更显现出夫妻携手并肩、和谐关爱之重要。1968 年他们的女儿庄玫患了哮喘病，1969 年 10 月，戴淑芬被复员回家后，庄玫两年来在七机部三院云岗门诊部已打了 200 多针青霉素，病情不但没有减轻，反而越来越严重了，两侧臀部可供打针的地方已经变硬，针都扎不进，庄玫在患病期间不见长个，整天弓着腰，不停地咳，痛苦极了。她没有埋怨庄逢甘只顾工作不管孩子，也没有责怪医生的束手无策，强忍着身遭迫害心灵之痛苦，带着庄玫开始了长达半年的艰苦治疗过程。二姐戴淑兰在大学毕业后曾患严重的哮喘病，后经虞达这位德高望重的老中医精心治疗，得到了治愈。她劳请二姐找到虞达治疗庄玫的哮喘病。虞达确实是医术高明、医德高尚、名不虚传，这位老中医当时已退休，只是每个周日上午给熟人看病，不收费，不卖药，只开处方。经过虞老中医的精心诊治，庄玫的哮喘病终得痊愈。愈后，庄玫一年内长高 10 厘米，胸也挺起来了。全家由衷地感谢虞达老先生，庄逢甘和庄玫也一直感恩于戴淑芬的辛勤付出。

庄逢甘与戴淑芬在长达半个多世纪的共同生活中，相依为命、相互关爱、心心相印的事例，可以说是不胜枚举。那是 20 世纪 50 年代，国防部五院刚刚组建，高级科技专家都住在阜成路 8 号院（即后来的七机部部机关的驻地），当时的公交汽车只到甘家口，他们每次进城，都要从阜成路 8 号院步行到甘家口乘公交汽车。他们的儿子庄飞来北京时，才刚满两岁，在多次往来阜成路 8 号院到甘家口这段路时，庄逢甘都是抱着庄飞急行，尽管他身体一直比较弱，但却舍不得让儿子自己走，也不情愿让妻子代劳。每次回到家里，他都是气喘吁吁，但内心却是热乎乎的，洋溢着浓浓的父子情、夫妻情。

“文革”中，临时接到通知，要他去开会，他走到汽车队找汽车，由于天黑掉到了汽车队修车的水泥槽里，造成脚踝骨骨折，打了石膏，不能在浴盆里洗澡。戴淑芬为他买了一个大木盆，将受伤的腿放在盆边上，帮他洗澡。经过治疗和她的精心护理，庄逢甘才得以治愈和恢复。

正因如此，庄逢甘对这位集靓丽端庄、娴雅聪颖于一体的夫人的关爱、依恋备至，在他病危的最后日子里，有一次，他从昏迷中醒来，目光凝视着戴淑芬，声音低微而清晰地说：“我们这辈子生活在一起，下辈子、下下辈子也要生活在一起，一万辈子都要生活在一起。”寥寥数语就像一股暖流涌进了这位贤内助的心窝，连日来的疲惫、困倦就好像烟消云散了，戴淑芬拉着他的手，娓娓地说道：“好的，我们永远不分离。”其实，这也正是这位平日少言寡语的科学家临终前对夫人倾诉的衷肠。

他们夫妇两人对子女的亲情及教诲自不待言。他们笃信身教重于言传的道理，从来不只说要好好学习之类原则性的话，至少说是很少对子女进行理论上的说教，而是通过父母的实际行动，耳濡目染，影响着子女。1963 年，正在读小学的庄飞放寒假，庄逢甘把庄飞带到他在云岗的宿舍住了一段时间，每周回一次位于阜成路 8 号院的家。白天庄逢甘上班，庄飞就按着父亲的安排和布置的作业，自己学习和玩耍。看到父亲在台历上摘抄的《雷锋日记》，给庄飞幼小心灵里留下了深刻的记忆。那是雷锋在 1961 年 10 月 19 日的日记中写下的话："有些人说工作忙，没有时间学习。我认为问题不在工作忙，而在于你愿不愿意学习，会不会挤时间。""要学习时间是有的，问题是我们善不善于挤，愿不愿意钻。""一块好好的木板，上面一个眼也没有，但钉子为什么能钉进去呢？这就是靠压力，硬挤进去的，硬钻进去的。由此看来，钉子有两个长处：一个是挤劲，一个是钻劲。我们在学习上，也要提倡这种'钉子'精神，善于挤和善于钻。"在台历上，庄逢甘还抄写了鲁迅的名言："时间

2004 年，庄逢甘夫妇在美国与儿子一家合影

2009年，庄逢甘儿女回国探亲时与家人合影

就像海绵里的水，只要愿意挤，总还是有的。”正在读小学三年级、聪明伶俐的庄飞，看到父亲抄写工整的这些格言，就好像父亲在叮嘱自己，在学习上要挤时间，要钻进去。这些格言使庄飞受益终身，以致后来在北京冶金机械厂做翻砂工，读大学、研究生，直至读博士后和从事研究设计工作，庄飞都是用“钉子”精神要求和鞭策自己，挤时间、刻苦钻研。

当然，对子女的衣食住行和说错了话、做错了事的管教等，还得靠母亲，戴淑芬对子女们说错了话、做错了事的处理，也一贯坚持调查研究、实事求是、以理服人的原则，把事情的来龙去脉搞清楚，摆事实、讲道理，让孩子们懂得什么是对的、什么是错的，做正直、诚实的人。这些都对庄飞、庄玫的成长、成才，产生了深远而重要的影响。戴淑芬相夫教子、操持家务功不可没。

5. 为夫送终 乐享晚年

戴淑芬自1991年5月退休，到庄逢甘2010年11月8日逝世，在这近20年的岁月里，可以说比她在职时更为辛苦，在体力上和精力上都为庄逢甘、为庄逢甘的工作、为这个家做出了极大的付出，这就是家国情怀吧！

她退休后，成了全职的家庭主妇，一切家务事她都担当起来了，为使庄逢甘全身心地投入到他一生挚爱的航天事业之中。她耗费体力、精力最大的当属他们三次搬家和装修，第一次装修住房、搬家，那是2000年，她69岁，最后一次是2007年，她已76岁。众所周知，装修住房和搬家是一件苦差事，从找装修公司、确定装修方案、选定装修材料，到购买家俱、家电等，同时，还要进行监理和验收。至于搬家，从原有家什的整理、包装、运输，到拆包、就位等，这些都要煞费苦心、耗费体力，古稀之年的戴淑芬为了使这个家更温馨，为了使庄逢甘更能集中精力投身于事业，她心甘情愿地为之付出。有时，她带庄逢甘到现场看一看，并向他介绍情况，征求意见。庄逢甘当然十分相信夫人，只是不停地表达同意和赞赏。

2006年，庄逢甘患帕金森综合征，身体僵直，生活不能自理，他工作、生活，包括衣食住行，就更离不开戴淑芬的照顾了。在他病重住进北京医院前，还一直在上班工作，由家到办公室需走20分钟左右的路，为了安全，戴淑芬每天早上都送他去中国航天科技集团公司的食堂用早餐，尔后送他到办公大楼，亲眼看他刷卡进楼，她才回家。日复一日，年复一年，三年多的时间，戴淑芬都是这样度过的。

戴淑芬陪同庄逢甘上班

2010年7月28日，庄逢甘病情加重住进北京医院，直至11月8日辞世，戴淑芬一直陪着他、照顾他。一入院，他就住进了重症监护室，一直到辞世。开始阶段，护士24小时监护，她和女儿庄玫（刚好是暑假回国探亲）住在医院的一间家属休息室内，两人挤在一张床上，她心里又挂牵着丈夫的病情，根本睡不踏实，每天夜里总要到监护室去探视，并向护士询问庄逢甘的病情。一天夜里，她刚要起身去监护室，突然头晕目眩，庄玫找来了护士，一量血压竟高到200/100毫米汞柱高，和平时相比，几乎高出了一倍，护士嘱咐她必须好好休息，否则会病倒。可当时哪儿有条件休息呀！

戴淑芬就是这样拼着命熬着、伺候着庄逢甘。大约半个月后，护士不再值夜班护理了，也不再允许她住在医院了，她便自费请了两个护工护理。她每天早上7点离家去医院，晚上7点离医院回家。回家后，她还要按医生、护士的要求，煮西洋参水，洗换用的浴巾、面巾、擦手巾等，每天都要忙到晚上10点多。次日早晨，她还要榨果汁，用早餐，带上西洋参水、果汁、浴巾、面巾、擦手巾等赶去医院，中午和晚上就在医院的食堂凑合。体力上精疲力竭，思想上的煎熬是庄逢甘的病情一直不稳定，住院后的头三个月时好时坏，多次反复。到临终前的半个月，他的病情是每况愈下，她每天都在病房里守候十多个小时，精神上的压力几乎到了崩溃的边缘。在庄逢甘住院期间，庄飞恰遇工作最忙的时候，但还是从海南回京探视八次。庄逢甘的三个弟弟及其家人也多次来医院探视，单位的领导与同志们也络绎不绝地前来医院，但这些都无法替代戴淑芬的地位与作用。

值得欣慰的是，在庄逢甘临终时，戴淑芬、庄飞和他的三个弟弟都守护在他身旁，送他驾鹤西行。

庄逢甘的逝世，使她伤心和痛苦到了极点，痛不欲生。痛定思痛，这位刚毅和睿智的女性，经过思考，认定活着的人还要好好活下去，这才对得住故人。

她勇敢而坚定地站了起来，而且心理比过去更坚强了。她知道自己已步入耄耋之年，已不大可能在工作、专业技术上再为党、为祖国、为人民做大的贡献了，但还可以在具体的小事上继续做有益的贡献，这种小事无处不在，只要认真地做，就可以积少成多，积小成大。因此，她科学而合理地安排晚年生活，过一个充实、快乐、有价值的晚年。

首当其冲的，要牢记自己是一名共产党员，不忘初心和使命，她每天通过报纸、电视等了解国内外的大事，自觉地跟上改革发展的新形势，与党中央保持高度的一致。

戴淑芬越来越清楚地认识到，年龄的增长和身体的逐步衰老，这是不可抗拒的自然规律，但老年人在其身体条件允许的情况下，要积极地做自己喜欢做的事。她有两大爱好，一是爱阅读，二是爱唱歌。她通过对国内外名著的广泛阅读，理出了自己最喜欢的十几本书，并摆放在床头柜，一有闲暇时间，就取出来阅读，阅读与自己的人生观、价值观相近的作者的著作，这是与智者交流思想、提高自己思想认识的捷径。好书值得反复读，隔几个月或更长时间重读，会有新的不同的感悟。她的另一个爱好就是唱歌，她从小就喜欢唱歌，退休后参加过多个合唱团，到 2016 年 7 月，她还参加三个合唱团，两个中文合唱团，一个英文合唱团。现在还参加两个合唱团，每周唱三次，每次唱两个小时，加上来回乘车、走路，每次需要 4 个小时。这样既愉悦了心情，又锻炼了身体。更为可贵的是，她在参加这些活动时，也时刻牢记自己是一名共产党员，是一名中国人民解放军的老军人，当合唱团中发生一些矛盾和纠纷时，她都像习近平总书记所说的“共产党员在关键时候要站出来”，做劝解和说服工作，为和谐出力。例如，2013 年，在玉渊潭公园唱歌的两个合唱团，为了争合唱的亭子，发生了争吵，争吵越来越激烈，参加争吵的人越来越多，大有群殴之势。戴淑芬参加了其中的一个合唱团，这时，她勇敢地站了出来，劝解双方停止争吵，通过商谈解决问题，使势态得以缓解。2015年，她参加的另一个合唱团的团长、副团长与手风琴师兼合唱团指挥发生矛盾，争吵得面红耳赤，话越说越难听。琴师背起手风琴走了，并声称以后再也不来了。在场的人，包括团里的其他领导和团员，都保持沉默，又是她起身追了上去，述说了这位手风琴师的业绩与贡献，并讲道："你来指挥和拉琴是一种享受，我们大家来唱歌也是一种享受。你与团领导有矛盾、有意见，可以通过交流、沟通解决……在感情冲动时，不宜作出决定。我们诚恳地希望你以后还来。"最后，这位琴师表示："看在你老大姐的面子上，我以后还来。"当天中午回家后，她通过电话与合唱团团长进行了沟通，团领导去琴师家道了歉，使这一风波得以圆满解决。总之，她在参加社会活动中，总是不遗余力地做有利于团结、有利于社会和谐的事。

这位刚强而自立的知识女性，认为老年人要有尊严地活着，在身体条件允许的情况下，就必须自立，不能给别人，包括子女添麻烦，成为别人的负担。她的子女及孙辈都远在海南和美国，各自都有自己的事业及幸福美满的家庭，子女们也都祈盼她前去享受天伦之乐，然而，她觉得自己的身体尚可，选择在京空巢独居。在家务方面，每周只请钟点工打扫一次卫生，其他的事，诸如买菜、做饭、洗衣等，只要力所能及的，她都自己做。她认为，做家务，自己的事自己干，既可锻炼身体，更可保持健康的心态。平时外出，短程的靠步行，路程长的坐公交车，只是每年子女们回京为庄逢甘扫墓时才坐出租车，因为庄逢甘的墓地万安公墓不通公交车。

戴淑芬这位已过88周岁的老人就这样劳其筋骨地、愉快而充实地生活着，子女们的敬佩与孝顺也是与日俱增。庄逢甘在世时，子女们都是几年才回国探视一次，现在是每年都回来探望母亲；过去没什么事都是几个月通一次电话，现在在海南省海口市工作的庄飞每天晚上都与母亲通电话，远在美国的庄玫是每周两次定时来电话，通过电话交流，就如同子女孙辈们在眼前，相互鼓励、帮助、支持，共识越来越多，感情越来越浓，人生观、价值观日益趋同。子女们反复地说："要照顾好自己。"这位耄耋老人的幸福感油然而生，她还叮嘱子女们："努力工作，爱护身体，过有意义、有价值的生活。"

这位自立自强的老人，从不花子女一分钱，尽管子女们经济都很宽裕，她还想方设法地为子女孙辈花些钱，以求快感。她还特别嘱告子女们："千万别再给我捎带衣食用的物品，实在是物质极大丰富了。"这也正是这位擅理家务、安排生活的知足常乐者的心声。

戴淑芬将自己的家整理和布置得像庄逢甘在世时一样，书房和办公桌依然如故，仿佛庄逢甘还在那里查阅科技文献、研究技术难题，以此来寄托自己对夫君的哀思与缅怀，从中得以慰藉。庄逢甘逝世后，她依然按照庄逢甘生前的惯例，在农历春节的大年初一请他的弟弟们及家人来他们家团聚，她已不能像当年亲自下厨烹饪，前几年叫外卖，自己再下厨做一些，近两年则在航天大院餐厅预订春节套餐，气氛依然红火热烈。她这位大嫂为维系这个大家庭，操尽了心。

更为难能可贵的是，戴淑芬科学而理性地对待生老病死。组织上、领导、同事和亲友、子女都非常关心和担心她这位高龄独居老人，主动提出给予帮助，但都被她婉言谢绝，因为她不愿意给别人，包括亲友、子女增加麻烦。但她也是一位非常理性的老人，她为预防万一和不测，做了精心的安排。儿子庄飞每晚来电话，约定好如长时间无人接听，则给同住在航天大院，原来是国防部五院她的同事、庄逢甘的老部下的一对夫妇打电话，问明情况，或请其前去察看。戴淑芬已给这对夫妇留了进她家单元的门卡和进套间的钥匙，并在预定的抽屉里放了医疗卡及备用的现金，以备打的、请"120"救护车及挂号等应急用。她确实考虑和安排得周到、细致。她还写了预嘱，如患大病、重病，基本放弃治疗；如不能速故，也不要过度治疗，浪费医疗资源。她正在像庄逢甘一样，活着要树立一面旗帜，走后要留下一座丰碑。

庄逢甘

庄逢甘院士传记

Academician Zhuang Fenggan's Biography

第十四章

组织送别 亲属悼念

2010年11月8日，庄逢甘驾鹤仙逝，我国的航天事业失去了一位德高望重的奠基者和学术造诣高深的优秀科学家，他的伟大精神、高尚品格和卓越的业绩与贡献，永远值得后人怀念。

仙翁驾鹤西行，科学巨星陨落。噩耗传来，广大航天工作者和空气动力学界的广大科技人员更是无比沉痛。为了寄托哀思，传承和弘扬老一辈科学家的好思想、好作风、好品质，沿着老一辈航天工作者所开辟的道路，高擎“两弹一星”的旗帜，勇往直前，开拓创新。中国航天科技集团公司和中国航天科工集团公司，为庄逢甘举行了隆重的遗体告别仪式。

1. 鞠躬尽瘁 死而后已

一路走来，庄逢甘还带着“淮海战役”（东风五号再入弹头的气动攻关）的征尘和豪气；满载着神舟飞船气动开路的累累硕果；胸怀空气动力学前沿的基础研究与应用基础研究的雄心壮志……耄耋之年的庄逢甘虽已步履蹒跚，可斗志仍不减当年正在向科学进军的道路上砥砺前行。

然而，自然规律是不可抗拒的。2010 年 7 月 27 日，患帕金森综合征多年的庄逢甘终因病重住进北京医院，一入院就很快陷入了半昏迷状态，一直呓语不断：“现在开会……感谢大家，感谢党组织的关心……我没有做什么事情，工作是大家做的……” 2010 年 9 月，崔尔杰院士前去看望，他吃力地睁开眼睛，望了望，随即又闭上了双眼。看上去他很疲惫，已经没有力气再说什么了。崔尔杰俯在床边，听着他下意识地喃喃自语：“会就开到这里吧！谢谢大家来参加，给了我们很多帮助。”短短的几句话，字字句句都撞击着崔尔杰的心灵，这些话不正是两个月前庄逢甘在主持型号故障归零和某专项工程技术研讨会上的讲话嘛！此情此景使在场的人再也无法抑制沉痛的心情，禁不住热泪夺眶而出。过了一会儿，他似乎清醒了一些，拉着崔尔杰的手说：“带领大家好好干！”

在庄逢甘聪睿且容量大的脑海里，装的全是工作、技术、空气动力学问题。在他病重强忍着病痛时，冥冥中念念不忘的还是国家、型号、空气动力学和工作的职责。在 29 基地的中国科学院院士张涵信来看望他时，他谆谆地嘱咐道：“要把气动界团结好！”庄逢甘曾指导过的博士后，曾任中国空气动力研究与发展中心总工程师，后任中国人民解放军国防科技大学副校长、校长，中国空气动力学学会理事长的邓小刚，在得知他生病住院后，火速从长沙赶赴北京看望，已经病入膏肓的庄逢甘还强打精神，叮嘱他的高徒：“气动界要搞好团结，为国家服务。”邓小刚望着老师期许的目光，哽噎了。邓小刚想起了 1996 年夏天，从日本学习回来所听到的老师的叮嘱与教诲：“要创新，要改革，要大胆借鉴国外的先进管理模式，不断推进科研管理的创新。”高山仰止，景行行止，一时百感交集，庄逢甘的崇高境界和炽热执着的情怀一起涌上邓小刚的记忆，更感恩师情长、德高望重。

庄逢甘病重期间，他也伤心落泪过，但他强忍感情，不向同事、麾下和子女、亲属们表露，他向夫人戴淑芬诉说了衷肠：“我舍不得空气动力学，舍不得湍流研究呀！我还有很多事要做呀！”他还一再表示：“病好了还要回去工作。”他还念念不忘把工作的愿望嘱托给自己的子女和弟弟们。儿子庄飞在他住院期间，曾 8 次从海南飞回北京看望，他几乎每次都郑重其事地对儿子说：“谢谢你回来看我。”并反复地嘱咐：“好好工作。”一次，弟弟庄逢源看他时，大声地对他说：“好好休息养病，现在不开会了，你有什么话可以对我说。”他停止了呓语，似乎醒了，微弱而清晰地对弟弟说：“不要骄傲，要努力工作！”

他想的、说的、做的都是工作，用实际行动做到了“活到老，学到老；活到老，干到老。”鞠躬尽瘁，死而后已。

2. 组织送别 众人哀悼

庄逢甘院士的逝世，使我国航空航天界、学界，特别是空气动力学界，失去了一位可亲可敬、随和宽容、德高望重、造诣精深的长者、师者、学者、善者，是我国空气动力学事业、航天科技事业乃至整个科技事业的一个重大损失。为了悼念、缅怀和颂扬庄逢甘的伟大精神、高尚品格，褒奖他卓越的贡献、辉煌的成就，激励年轻一代航天人沿着老一代航天人开辟的道路，牢记使命和责任，开拓创新，步调一致地去夺取中国航天新的更大的成功，中国航天科技集团公司、中国航天科工集团公司于 2010 年 11 月 15 日，在北京八宝山殡仪馆东大厅为庄逢甘举行了隆重的遗体告别仪式。党和国家有关领导人、国家和军队的有关部门、航天两大集团公司、有关高等院校、科研机构、社会团体等的领导、科学家，以及有关的科技人员、干部、工人等，都怀着沉痛和崇敬的心情前来悼唁或参加遗体告别。

庄逢甘辞世后，在家中设立了简单的灵堂，中国航天科技集团公司、中国航天科工集团公司、中国科学院、中国科协、北京航空航天大学、中国空气动力研究与发展中心（29 基地）、航天科技一院、航天科工二院、航天科工三院、航天科技四院、航天科技五院、航天科技十一院等单位的领导，中国科学院和中国工程院的院士、科技人员、干部、工人等，络绎不绝地来到家中吊唁。

前去吊唁的七机部（航天工业部、航空航天工业部、中国航天工业总公司）的领导有：任新民、李明实、马云涛、孙家栋、王礼恒、白拜尔、夏国洪等；中国科学院、中国工程院的院士有：屠守锷、陆元九、梁思礼、崔国良、俞鸿儒、戚发轫、张涵信、崔尔杰、包为民等；国家有关部委和航天两大集团公司的领导有：张庆伟、马兴瑞、许达哲、吴卓、雷凡培、李金生、吴艳华、袁家军、吴燕生等；航天各院的领导有：张连成、于世元、董群、潘旭东、杨西玲、李锋等；航天机关的同事或部下有：钱维松、史长捷、曾庆来、汪国林、谭邦治、倪行震、白敬武、周晓飞、庞海涛、史克禄等；空气动力学的同行、同事和他的学生有：张文杰、毛国良、赵梦熊、黄志澄、李素循、忻鼎定、蔡金狮、闫喜勤、施岳定、郑永藻、汪楚云、高智、董兴德、田震、姜贵庆、艾邦成、楼洪钿、陈河梧、佘振苏、胡如忠、邓小刚、蔡国飙、秦燕华、符松、杜玉波、杨超、袁礼、杨武兵、王强、尚庆、苗文博、袁湘江；还有庄逢甘故乡的代表庄元英等（注：上述各名单排序不分先后，名单恐有遗漏，请谅解）。

参加庄逢甘遗体告别仪式的党和国家原领导人：曾庆红；解放军总部、国家有关部委、有关部门、高等院校的原领导和现任领导有：刘居英、丁衡高、聂力、沈荣骏、沈椿年、胡世祥、张建启、张瑞、迟万春、李伯勇、程连昌、栾恩杰、王勇、高潮、朱发忠、孙来燕、李慧芬、胡亚枫等；中国科学院、中国工程院院士和知名专家教授有：陆元九、梁思礼、崔国良、屠守锷、屠善澄、郑哲敏、王希季、闵桂荣、杜善义、乐嘉陵、刘连元、沈士团、余梦伦、吴承康、童秉纲、钟山、崔尔杰、吴宏鑫、何鸿燊、朱起鹤、林金、陈耀松、申功炘、柳克俊等；航天科技集团、航天科工集团及各院原任、现任领导有：王礼恒、花禄森、宋欣、刘石泉、许祖凯、王可立、阎雍贵、沈伯南、张连成、于世元、李洪等；庄逢甘的故旧、同事、麾下及学生主要有：张文杰、毛国良、邓宁丰、吴美蓉、李锋、蔡金狮、黄志澄、赵梦熊、楼洪钿、

庄逢甘（左）与崔国良（右）在澳门海边

2006年，在北京休假时庄逢甘（右）与梁思礼（左）在一起

纪楚群、闫喜勤、汪楚云、郑永藻、胡海清、傅德熏、马延文、符松、陈瑛、陈河梧、尚法尊、曾庆来、谭邦治、陈庄、吴国庭、姜贵庆、张鲁民、艾邦成、方方、胡如忠、安复兴、沈清、邓小刚、蔡国飙、祝成民、秦燕华、袁湘江、陈兵、樊菁、袁礼、杨武兵、尚庆、王博等（注：以上名单排序不分先后，名单恐有遗误，请谅解）。

庄逢甘溘然辞世，故乡人民和常州庄氏家族无比惋惜和哀痛，特委派庄元英专程来京，代表中共常州市委、市政府、毗陵庄氏家族和庄逢甘就读的常州觅渡桥小学，前来吊唁和参加遗体告别仪式，向庄逢甘敬献了花圈，毗陵庄氏家族还敬献了挽联（追随钱学森，爱国终生，献身航天事业，不愧名门子弟；开拓气动学，始终如一，作出巨大贡献，确是人中豪杰），以寄托故乡人民的哀思。

庄逢甘逝世后，《中国航天报》随即发表了庄逢甘逝世的消息，并表示沉痛的哀悼和深切的怀念。

3. 子女亲属 怀念承业

庄逢甘的逝世，使他的夫人戴淑芬、儿子庄飞、女儿庄玫、他的弟弟及其家人们都陷入了悲恸之中，而使他们没有遗憾和感到宽慰的是，在庄逢甘辞世时，戴淑芬率儿子及弟弟们都在场，看他安详地闭上了双眼，为他驾鹤西去送行。

儿子庄飞，1954 年 10 月 14 日出生于哈尔滨，两岁时随父母迁来北京。父母都以庄飞引以为豪，戴淑芬曾谈道："在我的潜意识里，庄飞在学习、工作、为人等方面，有些像他父亲。"庄飞于 1961 年 9 月至 1966 年 6 月，在北京十一学校读小学，在校期间品学兼优，每年都获得学校颁发的最高奖项"特等生"，并一直担任班主席和少先队中队长；"文革"开始后，即停学在家，后入北京云岗中学读初中；1970 年 6 月，被分配到北京冶金机械厂做翻砂工，一干就是五年，由于其工作努力、不怕苦、不怕累、不怕脏，1975 年 9 月，经群众投票推荐、领导批准，被选送到东北重型机械学院冶金系冶炼设备专业就读（工农兵学员），在校学习期间，庄飞勤奋刻苦，各门功课考试成绩都是全班最佳，于 1978 年毕业；1978 年 7 月至 1982 年 1 月，在北京冶金机械厂任技术员、助理工程师，从事轧钢机、连续铸钢机、剪板机和卷板机等大型冶金机械设计工作，由于潜心致力、刻苦钻研，虚心向老专家、老工人学习，技术水平快速提高。

奋斗总会有收获，是金子总会发光的。在改革开放的新形势下，1982年1月至1984年6月，庄飞在北京航空学院第二基础部机械设计教研室读研究生，获力学专业硕士学位；在读硕士研究生期间，他不仅努力学习、积极参加科研工作，而且在政治上严格要求自己，思想积极上进，1983年2月光荣地加入了中国共产党。庄飞入党的消息和事迹，当时在《光明日报》《北京日报》和《北京晚报》上都作了报道，在北航1984年研究生毕业典礼上，庄飞代表全体应届毕业的研究生发了言；1984年6月至1986年9月，他留校在机电系机械设计教研室任助教、讲师，讲授机械零件等课程，指导了两届本科生的毕业设计，从事机械设计的科研工作，同时担任机电系研究生的辅导员和党支部书记，并发展了八名中共党员。

子承父志，子承父业。1986年9月，庄飞考取美国加州理工学院机械工程系研究生，1989年6月获机械工程专业工程师学位。1989年6月至1989年9月，在美国加州理工学院机械工程系任助理工程师。1989年9月至1996年6月，在美国南加州大学土木与环境工程系读博士研究生，获土木工程专业博士学位。1996年6月至1997年10月，在美国南加州大学土木与环境工程系做博士后、副研究员，从事海岸工程有关项目的科研工作，如水流和波浪与结构的动力问题等，同时讲授流体力学、水资源工程等大学本科的课程。1997 年 10 月至 2009 年 6 月，在美国摩菲尔尼克（Moffatt & Nichol）公司做海岸工程科学家和项目经理，该公司长期排在美国工程设计公司的 100 名之内，所做项目多次获奖。庄飞所负责或参加的项目主要与海岸工程和港口设计有关，包括游艇码头规划与设计，大型集装箱码头、油轮码头和游轮码头设计，海滩保护与恢复工程，海边栈桥设计，海边湿地恢复与保护工程，海边设施结构设计，河流动力学计算，波浪动力学计算等近 100 项。2009 年至今，庄飞在海南白马建设开发有限公司担任总工程师，该公司负责和协调海口市占地 2100 亩的司马坡岛大型文体基地项目规划设计、相关政府部门的评审和报批，以及设计和施工的技术支持、图纸修改和技术把关。

这位学有所成、孜孜矻矻的留美学子，在其丧父的悲恸之际，情不自禁地回忆起慈父生前一桩桩、一件件往事，一幕幕掠过脑海，仿佛父亲的一言一行、一举一动就在眼前。父亲十分勤勉、刻苦工作，每天晚上都要挤时间看书，时常是夜里醒来看到父亲还在目不转睛地看外文的技术书籍或外文科技期刊。庄逢甘对子女要求很严，他教育自己的子女没有好好学习之类的口头说教，而是遵循身教重于言教的古训，通过耳濡目染影响和鞭策子女刻苦学习、奋发向上，要求子女从小自立自强，不要依靠家里。1970 年 6 月，15 岁、初中还没毕业的庄飞被分配到北京冶金机械厂工作，150 人之中，有四人被分配做最脏最累的翻砂工，其中就有庄飞，庄飞闷闷不乐，庄逢甘听闻后淡定地说：“干什么都好，好好干，就行了。”庄飞没有辜负父亲的教诲与嘱托，一干就是五年，以其出色的表现赢得了领导和工人们的一致好评。

庄逢甘虽很少坐下来与儿女谈话，但他对庄飞、庄玫的关心、爱护、支持，却是默默的和周到的。庄飞在考研究生的前一天发烧，庄逢甘心急如焚，亲自徒步带庄飞到医院门诊部诊治；庄飞在北航读研究生时，突然发现眼睛里有黑点，戴淑芬起大早到同仁医院眼科去挂号，他们夫妇却不肯让在同仁医院做医生的弟弟庄逢康给弄个眼科的号，对此，庄飞心知肚明。庄逢甘对子女的学习从不提“学习的重要性”之类的说教，也从不问及子女的学习情况，但子女们在学习上遇到困难时，他都是鼎力相助，予以解决。庄飞在读研究生时，一次回家说到自己承担的课题遇到了困难，庄逢甘立即问清了情况，亲自带庄飞登门去请教两个相关专业的专家，问题迎刃而解。还有，当子女们在学习上有困难向他请教时，特别是关于数学、物理和他熟悉的专业问题时，他略加思考马上解答，有时一写就是一张纸，有时还请子女们坐下来看他演算，而且思路清晰、逻辑严谨，子女们由衷地敬佩这位慈父。

庄飞记忆最深的，也是对子女潜移默化作用最大的就是父亲刻苦学习、嗜书如命的精神。庄飞上小学时，每天晚上睡觉醒来时，总是看到父亲在一丝不苟地在钻研技术书籍；“文革”结束后，广播电台教授英文，留美多年的庄逢甘，英文的读、听、写都已很流利，“文革”中虽有所荒废，但还捡得起来，可他为了把英语的基础打得更牢，使英语知识更全面、更系统，坚持从英语的初级班学起，再学中级班，直到高级班结束，每天晚上他都一次不落地到书房去听电台的英语广播。英语广播学习结束后，他又开始学法语，一直坚持四五年，不仅认真听，还按照要求认真做作业。他的这种学海无涯、刻苦自学的精神，对子女的影响着实是太深刻了。

女儿庄玫，1962 年 7 月生于北京，庄玫在就读的学校和从事的专业更是女承父业，1984 年 7 月毕业于北京航空航天大学空气动力学专业，获学士学位；1985 年 8 月赴美国加州理工学院读空气动力学专业的研究生，1986 年 6 月获美国加州理工学院航空系硕士学位；1990 年 6 月获美国加州理工学院航空系博士学位。1990 年至 1992 年，在美国密歇根州立大学航空航天工程系做博士后；

1992年，庄逢甘（中）与吴建民（左）、女儿庄玫（右）在美国加州理工学院

1993 年至 2000 年，被美国密歇根州立大学机械工程系聘任为助理教授；2000 年至 2008 年，升任为该系副教授，期间（2003 年至 2004 年）曾兼任德国柏林工业大学流体力学研究所客座教授；2008 年至 2010 年，被聘任为美国俄亥俄州立大学（OSU）航空航天工程系终身教授；2010 年至现在，被聘任为美国俄亥俄州州立大学机械与航空航天工程系终身教授，在此期间（2015 年至 2016 年）曾兼任美国本田研究与发展中心外形空气动力学组客座教授。庄玫现在不仅担任美国俄亥俄州立大学机械与航空航天工程系终身教授，还是 054 模拟创新与建模中心（SIMCenter）的指导委员会成员。庄玫的研究经验和专业知识包括计算流体力学和计算气动声学在汽车与航空航天工业中的应用，还包括对垂直轴风力发电机（VAWT）和无人驾驶机的空气动力学与气动声学性能的研究。与其父庄逢甘生前从事的专业非常相近，是一位学业有成的女教授。

庄玫对慈父的辞世更是悲恸欲绝，父亲对自己及哥哥的关爱、抚育的往事就像是昨天一样。眼前闪过的是父亲在百忙中抽空趴在地毯上，让自己当马骑；闪过的是父亲的脚摔坏了，打着石膏，将所里的叔叔、阿姨召集到家里开会，研究工作问题；闪过的是自己在盛夏学游泳的情景：庄玫父母都不会游泳，父亲请了一位会游泳的同事教庄玫学游泳，一天下午，酷热难熬，父亲依然顶着烈日在露天游泳池边陪着自己学，父亲的头皮被晒得通红，可他完全不在意，而看到庄玫的游泳技艺有所提高时，他满意地笑了。庄玫还清楚地记得，当年考大学选择专业征求父亲的意见时，他缓缓地说："你自己喜欢就好，你自己决定。"而当他得知庄玫选的是空气动力学专业，仍不动声色，随之满意地笑了，并嘱咐说："空气动力学可有很多前沿性的难题，险关隘口、明堡暗硼比比皆是，需要刻苦钻研、勇敢地登攀。"

庄飞、庄玫对慈父的怀念溢于言表，但兄妹及晚辈们更懂得，生老病死的自然规律是无法抗拒的，兄妹及晚辈们许下了共同的心愿：化悲痛为力量，矢志承业，发奋工作和学习，做有益于科技事业的人，有利于人民的人，有利于祖国的人。

4. 纪念文集 缅怀崇敬

2011 年 11 月，在庄逢甘院士逝世一周年之际，他生前的亲朋好友、同事同志、麾下学生为了寄托怀念与崇敬之情，撰写了《庄逢甘院士纪念文集》，主编为王礼恒，副主编为包为民、李锋，编委为马晖扬、毛国良、王晋军、邓小刚、石磊、伍贻兆、刘文科、佘振苏、吴国庭、张涵信、李家春、李素循、杨武兵、沈清、周恒、尚庆、俞鸿儒、施岳定、徐睿、高正红、符松、童秉纲、樊菁等，文集共收录了 68 篇怀念与追忆文章，文章的作者共 83 位。

中国航天科技集团公司高级技术顾问、中国工程院院士王礼恒为该纪念文集作了序，概述了庄逢甘院士的生平、业绩、贡献、品格及治学精神，序中写道："庄总的一生是热爱祖国、追求真理、奋力拼搏、成就卓著的一生，也是光明磊落、谦虚谨慎、廉洁奉公、顾全大局的一生。他是中国航天的骄傲，是我们学习的榜样。"

中国航天空气动力技术研究院院长李锋撰写了《为国效力一代师表》的专文，简述了庄逢甘在我国空气动力事业创建与发展、航天型号工程研制中气动难题与气动热关键的解决、空气动力学领域前沿性的基础研究项目的研究等方面的成就与贡献，并追忆了他“求真务实，自主创新”，处事为人公正、谦和，做学问严谨、认真、涵容广大又能由博返约的学术思想。专文中谈道：“庄逢甘先生，一位杰出的学者、师者，毕生献身于空气动力的学术研究。他的独具匠心的学术创新、方法和见解，涉猎广泛而博大精深的丰硕研究成果，以及运用他的数学力学天赋才华而获得的令人叹服的学术成就，已经成为航天空气动力学界的宝贵财富，必将对后世产生十分深远的历史影响。”李锋还真切地指出：“终生而为百代师。在千千万万空气动力研究工作者心中，庄先生的师表将永世长存。”

中国空气动力研究与发展中心以中心的名义为文集提供了《庄逢甘与中国空气动力研究与发展中心》的专文，从参与领导中国空气动力研究与发展中心奠基、倾心培养后备人才、悉心指导中心建设三个方面追述了庄逢甘在中国空气动力研究与发展中心创建与发展中的重要贡献。专文深切地指出：“时至今日，中国空气动力研究与发展中心已经走过了43年的艰辛历程，每一步都离不开庄先生的指导关怀。庄先生的高尚情怀、科学精神和崇高品格，始终是气动中心全体科技人员学习的榜样。我们将时刻铭记庄先生对中国空气动力研究与发展中心的谆谆教诲和殷切希望，继承先生遗志，发扬先生精神，不断提高空气动力试验与研究能力，为我国航空航天事业和气动事业的创新发展作出新的更大贡献。”

中国科技大学教授、中国科学院院士童秉纲撰写了《钱学森技术科学思想的杰出践行者》，文中写道：“庄逢甘院士是我国杰出的空气动力学家和中国空气动力学事业的引领人。几十年来，他始终是钱学森技术科学思想的杰出践行者。空气动力学是一门技术科学，它既植根于基础科学，又面向航空航天的工程应用。因此，庄先生既强调应用是气动研究工作的归宿，又十分重视气动基础性研究，要求建立新概念、新方法和新理论。他审时度势，针对国家需求，不断提出各个阶段气动界需要着力的聚焦点，成功地发展了我国的空气动力学事业。”文中的最后，童秉纲作了总结：“庄逢甘全心全意为中国的空气动力学事业奉献终生，他谦虚谨慎、作风民主、宽厚待人，具有大家风范。他的卓越贡献将载入史册，他的献身精神将垂范后代。”

中国航天空气动力技术研究院研究员、中国科学院院士崔尔杰撰写了《永难忘却的记忆》，文中写道：“他是我国航天事业的开拓者之一，是著名的空气动力学家。他一直追随钱学森等老一辈科学家，努力践行技术科学思想，为我国航天事业和力学学科的发展，不懈奋斗一生，建立了卓越功绩，作出了突出贡献。”崔尔杰院士简要地追述了庄逢甘的生平：他在我国北京和四川两个空气动力研究试验基地，包括各类风洞等试验设施设备建设中的贡献；在攻克弹道导弹弹头气动热难关，担任“淮海战役”前线总指挥中的功绩；他担任载人飞船气动攻关委员会负责人和攻关指导小组组长中，统领各方面的科技人员，呕心沥血，攻克了飞船的气动难关；积极推进我国计算流体力学（CFD）的发展和国际化进程；亲自担纲领导和参加重大基础研究项目……崔尔杰在文章的最后沉痛地写道：“庄先生走了，带着他未了的心愿、对党和祖国的热爱、对事业和工作的忠诚、对后辈青年的关心与爱护……匆匆地、安详地走了！他把高尚的道德情操、光辉的科学成就、感人至深的人格魅力和对后辈年轻人的殷切期望留给了我们，这是一笔多么宝贵的精神财富啊！”崔尔杰还动情地说：“庄先生走了，永远离开了我们，我们要以百倍的努力，继承他为之献身的伟大祖国的航天事业，学习他的崇高精神，努力工作，以出色的工作成绩，告慰他老人家的在天之灵。”

北京大学湍流与复杂系统研究国家重点实验室主任、留美学者佘振苏撰写了《庄逢甘先生与湍流世纪难题的攻关》，文中追忆了庄逢甘在担任湍流研究国家重点实验室学术委员会主任和名誉主任期间，在攻克湍流世纪难题中所付出的劳动与心血，文中写道：“2005 年至 2007 年间，庄先生以长者的智慧和风范，酝酿开展了一系列活动。通过这些活动，首先使人们从现实的需求中看到坚持湍流研究的必要性，其次，也对我们立志在湍流世纪难题研究中取得突破、为民族的科学复兴作出一点贡献的后辈带来了莫大的鼓舞。”佘振苏还以十分怀念的心情写道：“先生虽然离我们而去，但他的精神还在，音容犹在。先生在晚年一直心系湍流，是我开展边界层湍流研究的引导者，先生积极倡导在尊重科学规律的基础上，跳出传统的理论，以解决前辈理论家提出的理论问题为出发点的局限，结合航空航天工程发展的需要，以科学界群体对当代湍流问题的认识为解决问题的标准，形成湍流攻关的新思路、新方法，力争拿出国际学术界信得过的结果。”

中国航天空气动力技术研究院第二研究所的陈河梧撰写了《学者、师者、长者》的怀念文章，文中深情地表述，痛惜庄逢甘的离去，此情绵绵无尽期。陈河梧以深切的缅怀之情写道：“对于晚辈后学来说，庄逢甘先生更是一位和蔼可亲、平易近人、诲人不倦的慈祥长者。庄先生常说，研究学问必须要求真实和透彻。他亲笔为中国航天空气动力技术研究院题写的‘求真务实，自主创新’，至今仍深深地镌刻在研究院大门内的巨石上，熠熠生辉，给年轻学者留下了永远的教诲。”陈河梧还对庄逢甘的业绩贡献和人品作了概述：“庄逢甘一生对中国空气动力技术的发展作出诸多创新性贡献。他定战略、建设备、带队伍、攻难关，承前启后，开拓新兴领域，推动了气动事业大发展。他的学识之广、造诣之高、成就之大，没有哪个从事空气动力研究的人不知道。他为航天的矢志、他的为政、他的为人，乃至他的为师，在气动学界堪称典范。”

凡此种种，缅怀的文章还有很多。如中科院院士、中国空气动力研究与发展中心的张涵信，中科院院士、中科院力学所的吴承康，中科院院士、天津大学机械学院力学系的周恒；庄逢甘生前的故旧、同事、麾下，如罗时钧、张文杰、赵梦熊、黄志澄、李素循、姜贵庆、纪楚群、郑永藻、杨希霓、艾邦成、张鲁民、毛国良、申功炘、陈耀松、忻鼎定、姜玉平、楼洪钿、张宏显、傅德薰、马延文、石磊、王国雄、安复兴、刘连元、曾庆湘、吴国庭、方方等；在庄逢甘领导下从事风洞设计与建设的朱孝业、贾英胜、赵之平、孙勇堂、施岳定等，都以痛惜和怀念之情撰写了缅怀的文章。他的博士后学生邓小刚撰写了《盛世逢春创伟业 愿洒甘霖长报国》，他的博士后学生蔡国飙撰写了《缅怀敬爱的导师庄逢甘院士》，还有在他指导下从事空气动力技术研究和他指导的研究生们，如袁礼、沈清、尚庆、杨武兵、苗文博、袁湘江等，也都撰写了缅怀的文章。他的小弟庄逢源、常州庄氏族亲庄小虎，更是以深切的怀念之情，撰写了悼念的忆文，赞颂庄逢甘的思想、精神、成就和品格，寄托对亲人的想念。斯人已渺，风骨犹存。

结束语

明代思想家吕坤在《呻吟语》中言道:“树立沉静厚重的人格为上等智慧;养成磊落豪雄的勇气次之;锻炼聪明思辨的能力为第三等。”综观庄逢甘的一生,寻觅他的言行、足迹,探究他的思想、精神、品格、风范,总结他的科技成就、科技思想、治学态度,阅研他的科技报告、论文、讲话,可以毫不夸张地说,庄逢甘在吕坤所言的三个方面是兼而有之。

在《庄逢甘院士传记》即将完稿之际,不妨将他经常挂在嘴边的话和见于笔端的题词,作一汇总,足以佐证他在上述三方面是兼而有之。1987 年,他在纪念我国著名女空气动力学家陆士嘉逝世一周年的大会上,在发言中引用了爱因斯坦在《悼念玛丽·居里》一文中的一段话:“第一流人物对时代和历史进程的意义,在其道德品质方面,也许比单纯的才智成就方面更大,即使是后者,它取决于品质的程度,也远远超过通常认为的那样。”庄逢甘曾不止一次地对同志们说:“我喜欢这段话。”其实,这段话正是他人生的追求和一生的轨迹。

庄逢甘生前常说:“人要活得简单些。”他还常说:“不要拿别人的误解和错误来惩罚自己,这样不值得。”这两句话正是他淡泊名利,专注事业和工作,在身处逆境、遇到坎坷时所表现的磊落豪雄的勇气。

2000 年,常州工学院在院区中心建立常州籍院士语林,庄逢甘应邀为之题词“三人行,必有我师”,这既彰显了他谦虚好学之精神,也是他对年轻学子的鼓励。

2000 年,在中国航天空气动力技术研究院组建时,他应邀题写了“求真务实,自主创新”,这正是他一生从事科技工作、从事空气动力学研究的切身感悟,更是对新一代空气动力学工作者的鼓励和寄予的厚望。

毋庸多言，仅上述寥寥数语就可见庄逢甘人生之一斑。

在为庄逢甘举行的遗体告别仪式上，印发了经中国航天科技集团公司党组审定的《庄逢甘同志生平》，就以此作为《庄逢甘院士传记》的结束语。

庄逢甘同志生平

中国共产党的优秀党员，久经考验的忠诚的共产主义战士，我国航天事业的奠基者之一，著名空气动力学家，中国科学院院士，中国航天科技集团公司与中国航天科工集团公司高级技术顾问庄逢甘同志，因病医治无效，于2010年11月8日2时30分在北京逝世，享年85岁。

庄逢甘同志1925年2月生，江苏省常州人。1950年8月参加革命工作，1979年5月加入中国共产党。1935年在常州县立初级中学学习，1942年在上海南洋模范中学毕业后，进入交通大学航空工程系（重庆）学习，1946年留校任教。1947年赴美国加州理工学院攻读航空工程与数学学位，师从国际著名流体力学家李普曼教授，1950年获美国加州理工学院航空工程与数学博士学位。1949年在加州理工学院任助理研究员，1950年6月到1950年8月受聘担任美国加州理工学院研究学者。

1950年8月，庄逢甘同志毅然放弃在美国已经获得的荣誉、地位和优裕的工作、生活条件，满怀振兴中华的理想回到祖国，担任交通大学数学系副教授。1951年7月调入中国科学院数学研究所任副研究员兼北京大学物理系副教授。1953年6月担任中国人民解放军军事工程学院空军工程系主任教员、教授。1957年2月担任国防部五院空气动力研究室副主任。后来，空气动力研究室扩建为研究所，隶属国防部五院三分院，庄逢甘同志先后担任空气动力研究所副所长、所长、三分院副院长。1978年到1983年任七机部一院副院长兼国防科委29基地副司令员、七机部总工程师。1983年到1988年任航天工业部总工程师，1989年到1993年任航空航天工业部科学技术委员会副主任，1993年到1998年任中国航天工业总公司科学技术委员会副主任、常务副主任，1999年到2002年任中国航天科技集团公司科技委主任，2002年6月起，担任中国航天科技集团公司、中国航天科工集团公司高级技术顾问。

庄逢甘同志是第三届全国人大代表，第五届全国政协委员，第八、九届全国政协常委，中国科协第三、四、五届副主席，中国空气动力研究会（后改为中国空气动力学会）第一、二、三届理事长，中国力学学会第五届理事长，中国遥感应用协会（2002年前称全国地方遥感应用协会）第一、二、三届理事长，中国航空学会第三、四届副理事长，中国宇航学会名誉理事长，亚洲计算流体力学学会主席。1980年当选中国科学院学部委员（数学物理学部），1985年当选国际宇航科学院院士。1985年，因对我国战略导弹技术的重大贡献，获得国家科技进步奖特等奖，1990年享受国务院政府特殊津贴，1991年被航空航天工业部批准为有突出贡献的老专家，1993年获航天奖，1995年获何梁何利基金奖，2004年获光华工程科技奖、载人航天突出贡献者奖，2008年获曾宪梓载人航天基金奖。

从20世纪50年代起，庄逢甘同志主持了中国航天空气动力学试验基地的规划和建设。1957年8月，他起草了第一份中国航天空气动力学试验基地的设备建设规划，并作为技术负责人之一，一直在第一线主持和领导空气动力学试验设施建设的全过程。在他的正确决策和指导下，我国先后建成了具有国际技术水平的跨声速风洞、高超声速风洞、激波风洞等设施，形成了具有一定规模的气动试验设备，奠定了我国航空航天空气动力学发展的基础，对我国飞机、导弹、运载火箭、卫星等各种飞行器的气动试验和研究设计发挥了重要作用。

庄逢甘同志是我国烧蚀防热气动理论、烧蚀实验和测试技术研究领域最早的开拓者之一。20世纪60年代中期以后，远程火箭及返回式卫星成为航天工程新的发展目标，再入气动技术成为关键技术之一。庄逢甘同志运用系统工程思想，组织了全国性的理论、实验、设计人员参加的三结合小组，形成了一个跨部门、多学科、横向联合的研究体系，充分发挥风洞试验、理论计算和飞行试验三大手段优势，集中力量攻克了再入飞行器的气动、防热和再入物理多项重大技术关键，为我国远程导弹的飞行试验成功起到了重要的保障作用。作为航天气动研究的带头人，他还出色地领导了返回式卫星和各类导弹研制中的诸如稀薄气体动力学、多体分离、气动布局、动稳定性、回收气动技术等大量气动问题的研究解决，为这些飞行器的研制成功作出了重要贡献。

庄逢甘同志非常重视流体力学前沿问题的研究，十分注重新观点、新概念、新方法和新理论的探索。1989年起，先后主持了两个国家自然科学基金重大项目“旋涡、激波和非平衡起主导作用的复杂流动”“复杂气体流动中旋涡、分离的流动机理与控制”课题，带领百余名科技人员，对非定常流和旋涡运动，从理论、实验和数值模拟等方面开展了系统研究，取得了重大进展，这一前沿课题，孕育着下一代航空航天飞行器的许多新概念，具有很大的发展前途与应用价值。20世纪80年代后，庄逢甘同志全力投入到中国空间计划发展蓝图的制定工作，主持了载人航天空气动力学关键问题研究，准确地提出载人航天涉及的空气动力十大关键课题，积极促进和参与载人航天工程等重大工程的立项和论证。1999年担任中国航天科技集团公司科技委主任后，多次主持国家重大工程和重点型号立项、转阶段评审和型号重大故障的分析、审查，在我国探月工程“绕、落、回”三步走的发展战略论证中发挥了重要作用，为航天工程的圆满成功作出了重要贡献。他积极参加和推动技术交流、科普教育，活跃在国内外力学界、航空航天界的学术论坛。近年来，庄逢甘同志十分关注我国空天技术发展和国家空天安全等重大问题，认为空天安全是国家安全的命脉，需要大力加强空天技术有关重大基础科学问题的研究，为我国空天技术发展提出了重要的指导意见。

庄逢甘同志一生治学严谨，学术思想活跃，对空气动力学技术作出多方面开拓性贡献。他重视与青年同行的合作，注意培养新生力量和发掘人才。他工作认真，关心同志，受到广大科技工作者的尊重和爱戴。他为人正直、光明磊落，严于律己、宽以待人，谦虚谨慎、廉洁奉公，不计名利、顾全大局，表现出一名优秀共产党员的高贵品质。庄逢甘同志高尚的思想品德、无私奉献的精神和严谨的工作作风将永远留在我们心中。

庄逢甘同志的逝世，使我们失去了一位好党员、好干部，使航天事业失去了一位德高望重的奠基者和学术高超的优秀科学家。我们要化悲痛为力量，学习他的崇高精神和优秀品质，为航天事业又好又快发展而努力奋斗。

庄逢甘同志永垂不朽！

庄逢甘大事年表

1925 年

2月11日，出生于江苏省常州城内西门早科坊池塘沿七号。

1930 年 5 岁

1月，入常州市觅渡桥小学读书。

1935 年 10 岁

8月，入常州县立初级中学读初中。

1937 年 12 岁

11月，因日本侵略者入侵停学在家。

1938 年 13 岁

9月，入上海私立青年中学学习。

1939 年 14 岁

7月，考入上海天平路私立南洋模范中学，读高中。

1942 年 17 岁

6月，考取上海私立圣约翰大学医学预科班，肄业。

12月，开始从上海奔赴重庆求学。

1943 年 18 岁

3月，入重庆交通大学试读半年，考取重庆交通大学电机工程系，后转入机械工程系，三年级时转入航空工程系。

1945 年 20 岁

10月，抗日战争胜利后，随交通大学迁回上海。

1946年 21岁

8月，在国立交通大学航空工程系应用空气动力学及航空发动机设计专业毕业，获学士学位，毕业论文的题目为《航空发动机机架的振动问题》。毕业后留校任助教。

1947年 22岁

9月，考取美国加州理工学院航空研究院研究生，师从国际著名流体力学家李普曼。

1948年 23岁

6月，取得硕士学位，任美国加州理工学院航空研究院理论空气动力学助教。

1949年 24岁

1月，在美国加州理工学院航空研究院任助理研究员，从事空气动力学有关的研究工作。

1950年 25岁

6月，博士研究生毕业，获美国加州理工学院航空研究院航空和数学博士学位，博士论文的题目为《湍流统计理论》；同时，被聘任为研究学者，继续从事空气动力学研究工作。

8月，离美回国。

9月，任交通大学数学系副教授。

1951年 26岁

8月，由著名学者周培源、钱伟长推荐，调入中国科学院数学研究所，任助理研究员，从事流体力学研究工作。

1952年 27岁

3月，应聘兼职于清华大学航空系研究部，讲授工程数学，编写了《工程数学》讲义。

7月，被聘任为中国科学院数学研究所副研究员。

9月，被聘任为北京大学物理系副教授，讲授流体力学，编写了《流体力学》讲义。

1953年 28岁

3月，撰写了《湍流耗散的研究》论文，中文稿刊登于《物理学报》9卷3期，英文稿刊登于《中国科学》2卷3期。

6月，调赴哈尔滨，在中国人民解放军军事工程学院空军工程系任主任教员，后于1955年被评定为高教三级教授。

9月1日，与戴淑芬结婚。

11月，参加中国人民解放军。

1955年 30岁

6月2日，被哈尔滨工业大学聘为理论力学专业研究生结业答辩委员会委员。

11月，被授予中国人民解放军空军技术少校军衔。

11月，钱学森到哈尔滨参观考察，根据钱学森的提议，会见了在美时的朋友和学生罗时钧、庄逢甘。

1956年 31岁

7月，晋升为空军技术中校军衔。

8月，调至北京，参加筹建国防部第五研究院。

10月8日，参加了国防部五院的成立大会。

11月23日，聂荣臻批准国防部五院下设10个研究室（代号为第六至第十五研究室），被任命为七室（空气动力研究室）副主任（主持工作）。

1957年 32岁

6月，作为技术负责人，开始领导我国第一个从民主德国引进的直流航空发动机抽气式跨声速风洞HK-2（现为中国航天空气动力技术研究院FD-08风洞）的建设，1959年建成投入使用。

8月，按照钱学森的指示，主持并组织起草了中国第一个航天空气动力学试验基地的设备建设规划，规划内列出了16个各种类型和尺寸的风洞。

7月至10月，多次陪同钱学森与苏联谈判，商定北京空气动力研究试验基地风洞建设有关事宜，后作为工程负责人，与苏方签订了中国空气动力建设工程（8108工程）的议定书，开始领导工程建设。

12月，担任国防部五院第三研究室（由空气动力研究室和冲压发动机研究室合并而成）副主任。

1959年 34岁

4月，国防部五院第三研究室组建为国防部五院空气动力研究所，任副所长。

1960年 35岁

组织有关人员编制了《新型风洞汇编》，之后，又相继领导了脉冲风洞的建设和电弧加热设备的研制。

1961年 36岁

9月15日，国务院总理周恩来任命一批国防部五院各分院的领导，其中任命庄逢甘为国防部五院三分院副院长兼空气动力研究所所长。

12月23日，晋升为技术上校军衔。

1963年 38岁

10月，主持召开了国内“第一届气动力试验工作年会”，确定了生产性风洞的合格标准和常规试验技术过关的要求。

组织编写了《有翼飞行器气动力学计算手册》。

1964年 39岁

3月，主持召开了“红旗一号”气动问题专业会议。

3月，国防科委成立了空气动力专业组（第16专业组），任副组长，领导和主持了中国第二个（三线地区）空气动力学研究试验基地暨风洞建设的规划工作。

11月，当选为第三届全国人大代表，出席了全国人大三届一次会议。

1965年 40岁

1月，被任命为七机部三院副院长兼701所所长。

6月，随中国人民解放军总字741部队（国防部五院），集体转业。

1966年 41岁

作为技术负责人，领导701所建成了从低速到高超声速9座风洞及配套设备。

1969年 44岁

带领701所理论分析、传感器和测试仪器研制相结合的课题组，研制成功了部分设备，并从国外引进了一批仪器，为多个导弹型号的模型做了吹风试验。

1970年 45岁

5月，风洞建设指挥部（后更名为中国空气动力研究与发展中心）成立。钱学森、郭永怀、庄逢甘等领导和组织了风洞建设规划的深入论证工作，决策了四川风洞基地的建设方案，并领导和组织了风洞的建设。

1972年 47岁

6月，在北京接待了美籍华人知名学者林家翘教授，并与其座谈。

1974年 49岁

12月13日，七机部党的核心小组批复701所革命委员会成立，庄逢甘被任命为所革委会副主任之一。

1975年 50岁

9月，中国科协组织了第一个赴美代表团访美，周培源为团长，庄逢甘为代表团成员，参观考察了美国有关高等院校和科研机构的空气动力学研究单位，并在普林斯顿大学、麻省理工学院和斯坦福大学等处作了学术报告。

9月，七机部召开了东风五号导弹弹头气动会议，研究东风五号弹头气动防热这一关键技术，时任国防科委副主任的钱学森称此关键技术的攻关为“淮海战役”，庄逢甘被指定为“淮海战役”指挥长。

1976年 51岁

4月29日，主持了七机部701所与美国加州大学王正平教授的座谈会，座谈内容为高温高速空气动力和大功率激光器技术。

1977年 52岁

10月，被授予“北京市先进科学技术工作者”称号。

11月，当选为北京市第七届人民代表大会代表。

11月15日，国防科委组织了中国风洞考察团，庄逢甘为团长，率领代表团访问了英、法、西德、荷兰等国的有关单位。

1978年 53岁

1月，被任命为七机部一院副院长兼701所所长。

2月，任第五届全国政协委员。

3月，参加全国科学大会，并获全国科学大会奖。

12月25日，中央军委任命庄逢甘为中国空气动力研究与发展中心副主任。

1979年 54岁

2月6日至26日，参加美国航空航天学会（AIAA）年会，并访问了美国洛克希德公司等12个单位。

4月26日，被聘任为中国科学出版社力学丛书编委会编委。

5月，加入中国共产党。

10月，担任国家科委理论与应用力学学科组副组长。

1980年 55岁

6月，倡导并促成中国空气动力研究会（1989年改称中国空气动力学会），并连续当选为第一、二、三届理事会理事长，并担任《空气动力学学报》主编。

11月，被七机部任命为总工程师。

11月，当选为中国科学院数学物理学部学部委员（后改称院士）。

被聘任为中国宇航学会名誉理事长，并担任《宇航学报》主编。

1981年 56岁

7月6日，被北京航空学院聘为兼职教授，后一直兼任北京航空航天大学教授和空气动力学学科的博士生导师。

1982年 57岁

3月20日，被聘为中国科学院技术科学学部委员会工程力学分组成员。

1982年至1990年担任《力学学报》第二、三届理事会常务理事。

1985年 60岁

5月，“液体弹道导弹与运载火箭”项目获国家科技进步奖特等奖，是项目的主要完成人之一。

5月，被聘任为国防科学技术进步奖评审委员会航天行业组成员。

10月，在国际宇航联合会第36届大会上，同中国其他11名宇航科学家当选为我国第一批国际宇航科学院院士。

1986年 61岁

1月16日，被聘为清华大学研究生院流体力学博士学位研究生论文答辩委员会委员。

6月起，连任中国科学技术协会第三、四、五届副主席。

1987年 62岁

9月，担任中国科协代表团团长访问苏联。

1989年 64岁

1月，开始主持国家自然科学基金重大项目“旋涡、激波和非平衡起主导作用的复杂流动”研究课题研究。

被聘任为国际计算流体力学会议科学委员会成员。

1989年至1993年，任航空航天工业部科学技术委员会副主任。

1989年11月至1990年9月，应美国加州理工学院的荣誉特邀，以Sherman Fairchild卓越学者的身份赴美国进行学术访问讲学。

1990年 65岁

7月，首批享受国务院颁发的政府特殊津贴。

1991年 66岁

5月27日，被聘任为中国科学技术协会第四届全国委员会委员。

9月，被航空航天工业部批准为“有突出贡献的老专家”。

12月30日，被航空航天工业部授予“从事航天事业30年荣誉证书”。

赴法国巴黎参加了世界科学工作者协会举办的会议，当选为世界科协副主席。

1992年 67岁

9月21日，被聘为北京大学力学系兼职教授。

在国际航空理事会举办的第18届国际航空科学大会上，作了《旋涡控制技术》学术报告，并荣获国际航空理事会颁发的理事会最高奖古根海姆奖。

1993年 68岁

10月5日，在全国地方遥感应用协会第一次全国会员代表大会上，当选为第一届理事会理事长。

1993年至1998年，任中国航天工业总公司科学技术委员会常务副主任。

任第八届全国政协常委。

被聘为美国航空航天学会的高级会员，并担任美国《飞机杂志》的国际编委。

荣获“航天奖”。

1994年 69岁

8月，当选为中国力学学会第五届理事会理事长。

1995年 70岁

获何梁何利基金科学与技术进步奖。

被聘任为国际宇航科学院理事会理事。

1996年 71岁

9月14日，赴法国参加世界科学工作者协会第17届全体大会，并当选为执行局成员。

10月7日~11日，率团参加了在北京召开的第47届国际宇航联合会大会。

10月25日，被国防科工委聘为国防科工委空气动力专业组顾问，任期五年。

1997年 72岁

1月，被中国科协聘为中国科协工程学会联合会（工程联）名誉主席。

6月20日，代表中国科协赴法国巴黎参加世界科学工作者协会（WFSW）执行委员会会议，并担任WFSW副主席。

1999年 74岁

被任命为中国航天科技集团公司科技委主任。

2000年 75岁

6月，被清华大学聘为力学系教授。

2001年 76岁

11月，被北京理工大学聘为顾问教授。

2002年 77岁

6月，被聘任为中国航天科技集团公司、中国航天科工集团公司高级技术顾问。

9月，出席中俄高超声速流动第五次会议，在这次会议上，俄罗斯宇航科学院和宇航局联名授予庄逢甘等三人齐奥尔科夫斯基奖章，以表彰和褒奖他在中俄航天领域合作中所作出的贡献。

2003年 78岁

4月，被聘为中国科学技术协会推荐中国科学院院士候选人委员会主任委员。

2004年 79岁

获光华工程科技奖。

荣获总装备部、国防科工委、国家人事部授予的“中国载人航天工程突出贡献者”奖章和证书。

2006年 81岁

1月10日，被聘为中国航天工业科学技术咨询公司专家委员会委员，聘期至2009年1月9日。

8月13日，被聘为中国遥感应用协会名誉理事长。

12月1日，被授予中国航天空气动力事业创业奖。

2007年 82岁

1月，被聘为中国力学学会第八届理事会名誉理事，任期四年。

4月29日，被聘为中国空气动力研究与发展中心第一届专家顾问组专家。

2008年 83岁

获曾宪梓载人航天基金奖。

2009年 84岁

3月，被聘为中国航天科技集团公司重大专项工程专家委员会副主任。

2010年 85岁

11月8日，在北京因病逝世，享年85岁。

庄逢甘公开发表的部分著作与论文目录

[1] Chuang Feng gan.On the Statistical of Turbulence.[PHD thesis],California Institute of Technology,1950.

[2] Chuang Feng gan.On the Decay of Turbulence.Science in China 1953,ser.A,vol.2(3);187-200.

[3] 庄逢甘．湍流耗散的研究．物理学报，1953，vol.9(3):201-214.

[4] 庄逢甘．湍流底微结构——理论及应用力学第一册（科学译丛）．北京：中国科学院出版社，1953.

[5] 庄逢甘．抛物型似线性微分方程的辐射问题和湍流的数学模型．数学学报，1953，vol.3(4)：316-327.

[6] 庄逢甘．查甫雷金气体的超声运动．物理学报，1955，vol.11（2）：107-124.

[7] 查甫雷金（著），庄逢甘（译）．论气体射流．北京：科学出版社，1955.

[8] 庄逢甘．论激波后的气流．第一次全国力学学术报告会，1957，北京．

[9] 庄逢甘，黄志澄，董兴德．再入气动理论和实验的评述．宇航学报，1981，vol.3：1-12.

[10] 庄逢甘．高速粘性流的数值计算．全国计算物理会议，1982.

[11] 庄逢甘．计算流体力学特辑前言．力学进展，1983，vol.13（1）：3.

[12] 庄逢甘，张涵信．计算空气动力学的回顾与展望．力学进展，1983，vol.13（1）：4-20.

[13] 庄逢甘．分离流动研究的进展．空气动力学学报，1984，vol.4:3-11.

[14] Chuang Feng gan.On a matching interaction method solving gas clynamic equations.Proceedings of 10th International Conference on Numerical Methods in Fluid Dynamics,Lecture Notes in Physics,Springer-Verlay,1986,264.

[15] 庄逢甘，王垒．用于二维无粘跨音速流计算的隐式 TVD 有限体积法(英文)．空气动力学学报，1987，vol.4：10-17.

[16] 庄逢甘，赵梦熊．航天飞机的空气动力学问题．气动实验与测量控制，1987，vol.4:3-10.

[17] 庄逢甘，张涵信．求解气体动力学方程的推进迭代方法．空气动力学学报，1987，vol.3:3-23.

[18] 庄逢甘．中国计算流体力学．美国航空航天学会（AIAA）第八届计算流体动力学会议，1987.

[19] 庄逢甘，忻鼎定，王祖丰，等．涡襟翼及其与前端襟翼组合的气动特性．空气动力学学报，1988，vol.1:83-92.

[20] 庄逢甘，赵梦熊．航天飞机的粘性干扰素效应——航天飞机的空气动力学问题之二．气动实验与测量控制，1988，vol.1：3-13.

[21] 庄逢甘，赵梦熊．航天飞机的低密度效应——航天飞机的空气动力学问题之三．气动实验与测量控制，1988，vol.2：3-10.

[22] 庄逢甘，赵梦熊．航天飞机的低密度效应——航天飞机的空气动力学问题之四．气动实验与测量控制，1988，vol.3：3-9.

[23] Chuang Feng gan.Effectiveness of combination of apex and leading edge vortex flaps on a 74 degree delta wing with or without traling edge flap.ICAS-88-4.5.1,Sept,1988.

[24] 庄逢甘，赵梦熊，何峻．航天飞机的随控布局研究——航天飞机的空

气动力学问题之六．气动实验与测量控制，1989，vol.1:3-11.

[25] 王垒，庄逢甘．二维跨音速流动计算的显式多步有限面积方法．空气动力学学报，1989，vol.1:28-36.

[26] 庄逢甘，赵梦熊．航天飞机驮机空气动力学——航天飞机的空气动力学问题之七．气动实验与测量控制，1989，vol.2:3-10.

[27] 庄逢甘，董兴德．航天飞机风洞数据库——航天飞机的空气动力学问题之八．气动实验与测量控制，1989，vol.2:3-10.

[28] Zhuang Feng gan.NND Schemes and the their application to numerical simulation of complex plume flow problems.Advances in Fluid Mechanics,1989:45-56.

[29] 庄逢甘．不可压缩离散涡方法新进展——介绍用质点处理扩散项的方法．北京计算流体力学讨论会文集（第二辑）．北京：中国科学院力学研究所，1990,4.

[30] 庄逢甘．一流的人物优良的品德．纪念陆士嘉教授学术报告会文集．北京：航空工业出版社，1991,10.

[31] 庄逢甘．物理尺度分析在流场数值计算中的应用．北京计算流体力学讨论会文集（第三辑）．北京：中国科学院力学研究所，1991,10.

[32] 郭文海，忻鼎定，庄逢甘．模拟细长翼分离涡的多涡线法改进．航空学报，1992.vol.1:89-92.

[33] 庄逢甘．数值模拟与解析分析．计算流体力学的理论方法和应用．北京：科学出版社.1992,1.

[34] Zhuang Feng gan.Vortex Control Technology,ICAS92-0.1,1992.99.XXX1-XX11.

[35] 郭文海，忻鼎定，庄逢甘．前端襟翼对带涡襟翼的细长翼影响力的实

验研究 . 航空学报，1993，vol.8:55-59.

[36] 申功炘，马广云，庄逢甘 . 白光气泡图象测速技术 . 航空学报，1993，vol.9:75-77.

[37] 庄逢甘 . 当前科技界关心的十二个问题——在“学科发展与科技进步研讨会”开幕式上的讲话 .1994,9.

[38] 邓小刚，庄逢甘 . 低速流动数值模拟的新方法 . 北京计算流体力学讨论会文集 . 北京：中国科学院力学研究所，1994,10.

[39] 唐少杰，庄逢甘，忻鼎定 . 卡门涡街的慢不稳定性 . 力学学报，1996，vol.28(2):129-134.

[40] 洪尔森，庄逢甘，忻鼎定，等 . 尖顶襟翼 / 涡襟翼干扰对三角翼背风面流动的影响 . 空气动力学学报，1996，vol.14（2）:223-229.

[41] 庄逢甘 . 航天与力学的发展 . 中国科学院院刊，1993，5:356-360.

[42] 袁礼，忻鼎定，庄逢甘 . 不同轴长比椭球体的绕流计算与分离形态分析 . 航空学报，1996，vol.17（7）:13-19.

[43] Chen Jian qiang,Zhuang Feng gan.Numerical simulation of supersonic reacting mixing layer.Acta Mechanics Sinica(English serics),1997,vol.13(2):97-105.

[44] 张正科，庄逢甘，朱自强，等 . 网络间距及正交性控制在翼—身—尾组合体三维绕流中的研究 . 计算物理，1997，vol.14(2):247-252.

[45] 张正科，庄逢甘，朱自强 . 两种椭圆型方程求源项方法在喷管内流场网络生成中的应用 . 推进技术，1997，vol.18(2):95-97.

[46] 庄逢甘 . 航天与力学的发展 . 世界科技研究与发展，1997,vol.19（2）:1-5.

[47] 张正科，朱自强，庄逢甘，等 . 三维椭圆型方程网络生成中的新源项

修正法.北京航空航天大学学报，1997,vol.23(4):452-455.

[48] 庄逢甘.中国力学学会40年.力学与实践，1997，vol.19(6):1-13.

[49] 庄逢甘.中国地方遥感应用进展.全国地方遥感应用协会成立五周年论文集，北京，1997.

[50] Chuang Feng gan.On the numerical simulation of supersonic combustion.1997,AIAA Paper 97-1914.

[51] Chuang Feng gan.Proceedings of the seventh International Symposium on Computational Fluid Dynamics.September 15 International Symposium on Computational Fluid Dynamics.7th,1997,Beijing.

[52] 王为国，庄逢甘，忻鼎定.平行涡管三维合并的直接数值模拟.力学学报，1998，vol.30(1):1-8.

[53] 张涵信，李沁，庄逢甘.关于建立高阶差分格式的问题.空气动力学学报，1998，vol.16(1):14-23.

[54] 张正科，朱自强，庄逢甘.一种战斗机外形涡流场Euler方程数值模拟.北京航空航天大学学报，1998，vol.24(2):233-236.

[55] 张正科，朱自强，庄逢甘.某型双立尾战斗机的网络生成及流场解.计算力学学报，1998,vol.15(2):137-143.

[56] 蔡国飙，王慧玉，庄逢甘.真空羽流的数值模拟及真实羽流污染的数值模拟分析研究.宇航学报，1998，vol.19(3):1-9.

[57] 蔡国飙，王慧玉，庄逢甘.真空羽流场的N-S和DSMC耦合数值模拟.推进技术，1998，vol.19(4):57-61.

[58] Qin Yan hua,Zhuang Feng gan.Anexperimental investigation of improving unsteady aerodynamic characteristies for a wing-body combination in pitching oscillation by spanwise blowing Experiments and

Measurements in Fluid Mechanics.1998,vol.12(3):39-47.

[59] 张正科，朱自强，庄逢甘．多部件组合体分块网格生成技术及应用．空气动力学学报，1998，vol.16（3）:311-317.

[60] 秦燕华，庄逢甘，沈礼敏．展向射流控制机翼前缘涡的机理及其应用．空气动力学学报，1998，vol.16(3):267-275.

[61] 蔡国飙，张化照，庄逢甘．氢氧发动机推进室化学反应流场计算．北京航空航天大学学报，1998,vol.24(6):672-675.

[62] 张正科，朱自强，庄逢甘．复杂外形网格生成技术及应用．北京航空航天大学学报，1998，vol.24(6):642-645.

[63] 庄逢甘．振兴航天，开拓天疆，服务国民经济建设——首届世界空间周大会上的讲话．中国航天，2000，11：8-11.

[64] 蔡国飙，张化照，庄逢甘．双组元姿控发动机喷管化学反应流场数值模拟．宇航学报，2000，vol.21(3):6-12.

[65] 蔡国飙，郭景晶，庄逢甘，等．考虑化学反应的真空羽流的数值模拟．宇航学报，2001,vol.22(4):13-19.

[66] 张涵信，庄逢甘．与物理分析相结合的计算流体力学．新世纪力学研讨会——钱学森技术科学思想与力学．北京：国防工业出版社，2001.

[67] 郑哲敏，庄逢甘．序．钱学森技术科学思想与力学论文集.2001.

[68] 郑哲敏，庄逢甘．祝贺钱学森90寿辰．力学进展，2001，vol.31（4）:482-483.

[69] 庄逢甘．忆周老．宗师巨匠，表率楷模——纪念周培源文集.2002.

[70] 祝成民，忻鼎定，庄逢甘．改进油流显示法研究层流和湍流下绕椭球分离流．空气动力学学报，2002，vol.20(3):312-319.

[71] 庄逢甘．我国航天的发展与应用．遥感应用协会2003年年会论文

集.2003.

[72] 庄逢甘，张德良.扩散抛物化（DP）NS方程组的意义及其在计算流体力学的应用.空气动力学学报，2003，vol.21(1):1-10.

[73] 祝成民，忻鼎定，庄逢甘.绕椭球三维流动的分离结构随雷诺数的变化.空气动力学学报，2003，vol.21(1):75-81.

[74] 祝成民，忻鼎定，庄逢甘.利用截面数据显示三维涡结构的新方法.航空学报，2003，vol.24(3):75-81.

[75] 庄逢甘.序.2003年空气动力学前沿研究论文集.北京：宇航出版社，2003.

[76] 庄逢甘，黄志澄.未来高技术战争对空气动力学创新发展的需求.2003年空气动力学前沿研究文集.北京：宇航出版社，2003.

[77] 祝成民，忻鼎定，庄逢甘.两种湍流模式对绕椭球体三维分离流计算的比较.航空学报，2003，vol.24(6):491-494.

[78] Gao Zhi,Zhuang Feng gan.Multi-scale Equations for Incompressible Turbrlent Flows.Journal of Shanghai University，2004，vol.8（2）：113-116.

[79] 庄逢甘.载人航天空气动力学研究的回顾与展望.载人航天工程气动研究文集，2004.

[80] Zhuang Feng gan.Recent advances in fluid mechanics.proceedings of the fourth International Conference on Fluid International Conference on Fluid Mechanics,2004,Dalian,China.

[81] Gao Zhi,Zhuang Feng gan.Multi-scale Equations for Compressible Turbulent Flows.Journal of Shanghai University,2004,vol.8(3):241-244.

[82] 王强，程晓丽，庄逢甘.基于简化Boltzmann方程的超声速流稀薄效应分析.航空学报，2005，vol.26(3):281-285.

[83] 邓小刚，庄逢甘，向大平，等．微可压缩模型(SCM)的研究及应用．近代空气动力学研讨会论文集，2005.

[84] 王强，程晓丽，庄逢甘．稀薄流非线性模型方程离散速坐标法有限差分解．计算力学学报，2006，vol.23(2):235-241.

[85] 庄逢甘．未来空间飞行器的某些发展和空气动力学的任务（代序）．中国第一届近代空气动力学与气动热力学会议论文集，2006.

[86] Shen Qing,Guan Fa ming,Zhuang Feng gan,et al.Numerical Simmulation on secondary Instability of a Planar Supersonic Free Shear Layer at Mc=0.5,Proceedings of the Fifth Asaian workshop on CFD, Xi’an, China,August,2006.

[87] Shen Qing, Zhuang Feng gan,Guan Fa ming,et al.Numerical Simmulation on a Plannar Supersonic Free Shear Layer Secondary Instability,2006,AIAA Paper 2006-3351.

[88] 沈清，王强，庄逢甘．超声速平面剪切层声辐射涡模态数值分析．力学学报，2007，vol.39(1):7-14.

[89] 祝立国，王永丰，庄逢甘，等．高速高机动飞行器的横航向偏离预测判据分析．宇航学报，2007 vol.28(6):1550-1553.

[90] 庄逢甘．空气动力学在航天技术发展中的成就和未来，宇航技术发展高峰论坛特约稿件文集，2007.

[91] 庄逢甘．中国力学事业50年．庆祝中国力学学会成立50周年暨中国力学学会学术大会2007论文摘要集（上），北京，2007.

[92] Shen Qing,Guan Fa ming,Zhuang Feng gan,et al.Three-Dimension Numerical Simulation on Controlled Stability of a Plannar Supersonic Free Shear Layer,2007,AIAA Paper 2007-1311.

[93] Shen Qing,Guan Fa ming,Zhuang Feng gan,et al.Study on secondary instability of a planar supersonic free shear at Mc=0.5 using DNS approach,ICMAR 2007,NOVOSIBIRSK,Russia,2007.

[94] 祝立国，王永丰，庄逢甘，等．Weissman 图的产生、发展及其在再入航天飞行器气动布局设计中的应用．宇航学报，2009 vol.30(1):13-17.

[95] 庄逢甘，李明，王立，等．未来航天与新能源的战略结合——空间太阳能电站．中国航天，2008，vol.208(8):36-39.

[96] 杨武兵，庄逢甘，沈清．可压缩混合层流动近十年研究进展．力学进展，2008，vol.38(1):62-76.

[97] 沈清，李锋，庄逢甘．面向航天技术创新的空气动力学专业发展设想．中国力学学会学术大会 2009 论文摘要集，郑州，2009.

[98] 杨武兵，庄逢甘，沈清，等．超声速混合层（Mc=0.5）流动现象的实验观测和计算分析．中国科学 G 辑，2009，vol.39(8):1126-1133.

[99] Yang Wu bing,Zhuang Feng gan,Shen Qing,et al.Flow visualitation of secondary instability in compressible plane mixing-layer.第二届近代实验空气动力学会议，2009,8.

[100] 沈清，张涵信，庄逢甘．可压缩湍流数值计算研究进展概述．第十四届全国计算流体力学会议，2009.

[101] 尚庆，沈清，庄逢甘．简化微小液滴在超声速气流横向喷射中的运动探索．空气动力学学报，2010，vol.28(2):226-233.

[102] 尚庆，沈清，庄逢甘．超声速气流中简化微小液滴横向喷射的汽化过程探索．空气动力学学报，2011，vol.29(1):1-9.

[103] 沈清，杨武兵，庄逢甘．航天飞行器中的湍流问题．现代防御技术，2012，vol.40(1):21-25.

主要参考文献

[1]《当代中国的航天事业》编辑委员会．当代中国的航天事业．北京：中国社会科学出版社，1986.

[2]《当代中国的国防科技事业》编辑委员会．当代中国的国防科技事业：上册．北京：中国社会科学出版社，1992.

[3]《当代中国的国防科技事业》编辑委员会．当代中国的国防科技事业：下册．北京：中国社会科学出版社，1992.

[4] 俞鸿儒．近代空气动力学研讨会文集．北京：中国宇航出版社，2005.

[5] 聂力．山高水长——回忆父亲聂荣臻．上海：上海文艺出版社，2006.

[6] 国防科学技术工业委员会．走进新世纪的中国航天——纪念中国航天事业创建50周年．北京：中国宇航出版社，2006.

[7] 中国航天科技集团公司．前进中的航天科技——纪念中国航天事业创建50周年．北京：中国宇航出版社，2006.

[8] 国防科学技术工业委员会．中国航天50回顾．北京：北京航空航天大学出版社，2007.

[9] 奚启新．钱学森传．北京：人民出版社，2011.

[10] 庄逢甘，郑哲敏．钱学森技术科学思想与力学．北京：国防工业出版社，2011.

[11]《庄逢甘院士纪念文集》编委会．庄逢甘院士纪念文集．北京：中国宇航出版社，2011.

[12] 毛国良，杨武兵，尚庆．庄逢甘和中国空气动力学．北京：中国宇航出版社，2012.

后 记

从航天院士从事的航天科技工作类别而言，大体上可分为两类，一类是以航天型号的系统工程为主，担任型号工程的总设计师、副总设计师或技术负责人，其传记的主线无疑是所从事的型号工程；另一类则是以专业技术为主，既要为航天型号工程的研制提供专业技术上的支撑和服务，又要致力于发展专业技术，这一类院士亦可称为专业总师。前已撰写的《任新民院士传记》《梁守槃院士传记》都是属于第一类。《蔡金涛院士传记》虽传主在无线电电子技术领域颇有建树，但在其航天生涯中，主要从事的还是航天型号工程的系统（总体）技术。然而，庄逢甘院士的科技生涯和航天历程中，一直是秉承技术科学的思想，理论结合实际，潜心致力地钻研空气动力学和气动热力学技术，成为我国广大航天工作者，特别是空气动力学工作者所景仰的一代宗师。

诚然，大型航天型号工程的研制成功，其彰显度要远大于某些专业技术的成果，担任型号的总设计师、副总设计师的科学家的业绩、成就与贡献也不言而喻。而记述专业总师们的业绩、成就、贡献就相对困难了。

尽管诸院士的人生历程、所从事的科技工作与专业，不尽相同。但他们的传记皆如为各位院士画像，写出的传记要像传主本人，不仅要做到史实准确无误，涉及的科技概念和专业术语等要清晰正确，而且要力求做到客观而准确地记述传主的科技成就与贡献，鲜明地反映传主的道德风范和人品。这既是对传主负责，对传主的亲属负责，也是对中国航天史负责，对传主所在单位负责，更是对逝者的慰藉与缅怀。

责任重大，颇有难度。我不是从事空气动力学专业的，所学和工作中所接触的空气动力学知识也都是浅显的。好在有毛国良、杨武兵、尚庆等空气动力学科技人员编著的《庄逢甘和中国空气动力学》的研究报告，有诸多中科院院士、庄逢甘的同事、麾下及高徒们撰写的缅怀文章，更有庄逢甘的夫人戴淑芬老师及庄飞、庄玫等提供的材料，这些都为《庄逢甘院士传记》的编撰提供了强有力的支持。在此一并向为之付出心血和劳动的诸位致以诚挚的谢意！

有了这些原始材料，还要进行消化、核理、归纳和融会贯通，使之熔为“铁水”，再按既定的框架进行浇注，尔后进行打磨等精加工，方出“成品”。尽管如此，仍难免有挂一漏万和谬误之处，诚请有关专家、学者和读者拨冗赐正。

“鞠躬尽瘁，死而后已”，这是庄逢甘院士一生的真实写照。他是我们航天事业一位德高望重的奠基者和学术造诣高超的空气动力学家。热爱祖国，服务人民，忠诚事业，勤奋钻研，随和谦虚，淡泊名利，严谨务实，技术民主，坦荡磊落，诲人不倦……他以朴实而厚重的足迹、随和且宽容的品格和业内公认的成就与业绩，彰显了至高至善、无怨无悔的科学家的本色与底蕴，成为了广大航天工作者敬仰的楷模。

值此《庄逢甘院士传记》即将付梓之际，我又审读了文稿，对照庄逢甘院士的综述，在文稿的相关章节都有相应的支持，自感庄院士之传记内容是较为全面系统的，也有一定的专业深度。这正是笔者的欣慰之处，旨在将他的科技思想、科技成就和品格风范昭示后人，并可告慰九泉之下的庄院士。更使我们欣慰和期盼的是，一代代航天人将永远铭记老一辈航天人的伟大精神和高尚情操，沿着老一辈航天人开辟的道路继往开来，勇往直前，更加紧密地团结在以习近平同志为核心的党中央周围，继承和弘扬“两弹一星”精神，薪火相传，续写辉煌，为实现中国两个一百年的奋斗目标，实现中华民族伟大复兴的中国梦而作出中国航天的贡献。

谭邦治

2018 年 5 月 22 日